Schuljahr	Name	Vorname	Klasse
08/09	Düzgün	Ece	7D
12/13	Fitzell	Laura	7E
14/15	Laurenz	Friedrich	7d
18/19	Tzenk Kada	Ali	7c

Ulrich Babl, Claudia Christ, Hans Feldmeier, Bernd Heidysch,
Stefanie Hillmann, Andrea Luber, Martin Rister, Angelika Schrader,
Christine Storch, Isabel Wunderle

BWR 7

mit Spannung und Spaß

Betriebswirtschaftslehre/Rechnungswesen
sechsstufige Realschule

2. Auflage

Bestellnummer 74100

.Bildungsverlag EINS
a Wolters Kluwer business

Bildnachweis

S. 7: MEV Verlag, Augsburg; S: 9–11: M. Rister, Nersingen-Straß; S. 15: Hessischer Rundfunk, Frankfurt am Main; S. 17–19: M. Rister, Nersingen-Straß; S. 22: H. Schindlbeck, Regensburg; S. 23: M. Rister, Nersingen-Straß (u.); S. 27: H. Schindlbeck, Regensburg; S. 28: Project Photos, Augsburg; S. 30: M. Rister, Nersingen-Straß; S. 41: M. Rister, Nersingen-Straß; S. 65, 67, 68, 69, 71: Ch. Storch, Nürnberg; S. 72: MEV Verlag, Augsburg, G. Nußstein 8 (re.o), H. Schindlbeck, Regensburg 8 (re. u.); S. 74: MEV Verlag, Augsburg; S. 75: M. Rister, Nersingen-Straß (Familie, Junge), MEV Verlag, Augsburg (Haus), Project photos, Augsburg (Roller, Autobahn), J. Prasch, Regensburg (Schule); S. 81: MEV Verlag, Augsburg; S. 82: M. Rister, Nersingen-Straß (o.), Preußischer Kulturbesitz, Berlin (u.); S. 84: Dr. Peter Münder, Hamburg; S. 86: Sparkassen Verlag, Augsburg; S. 87: M. Rister, Nersingen-Straß; S. 90: MEV Verlag, Augsburg (o.), Süddeutscher Verlag, Bilderdienst, München (u.); S. 95: Deutscher Sparkassen Verlag, Stuttgart; S. 86; 103–194: Ch. Storch, Nürnberg; S. 197 u. 198: M. Rister, Nersingen-Straß; S. 200: Ch. Storch, Nürnberg; S. 201. M. Rister, Nersingen-Straß; S. 202: Ch. Storch, Nürnberg;

www.bildungsverlag1.de

Bildungsverlag EINS
Sieglarer Straße 2, 53842 Troisdorf

ISBN 978-3-523-**74100**-1

Vorwort

Liebe Schülerin, lieber Schüler!

Du hast dich für den wirtschaftskundlichen Zweig entschieden. Herzlichen Glückwunsch zu dieser Wahl; denn Wirtschaftswissen eröffnet dir große Chancen für dein privates und berufliches Leben. Wirtschaft ist interessant und spannend. Da geschieht ständig Neues, da „geht viel ab". Du willst jetzt sicherlich wissen, was dein neues Schulbuch **Betriebswirtschaftslehre/Rechnungswesen** in der 7. Jahrgangsstufe bringt. Wir bieten dir die Lerninhalte in 13 Kapiteln an – hoffentlich eine Glückszahl für dich:

- **Das wirtschaftliche Handeln im privaten Haushalt**
- **Arbeiten mit dem Computer**
- **Die Prozentrechnung**
- **Auswertung von Belegen im privaten Haushalt**
- **Wirtschaftliches Handeln im Unternehmen**
- **Geld muss fließen – der Wirtschaftskreislauf**
- **Unser Geld – wie wir bezahlen**
- **Wirtschaftliche Vorgänge im Unternehmen**
- **Wir untersuchen Eingangsrechnungen**
- **Der Einsatz von Werkstoffen im Betrieb**
- **Der Verkauf von Fertigerzeugnissen**
- **Wiederholung und zusammenfassende Aufgaben**
- **Auf den Punkt gebracht**

Das Kapital 13 „Auf den Punkt gebracht" beginnt mit einer dreiseitigen Lern- und Übungshilfe „Lernen mit dem Wirtschaftspauk". Es folgen eine Zusammenstellung des Grundwissens und wichtiger Fachbegriffe, das Sachwort- und Abkürzungsverzeichnis. Auf der letzten Seite findest du einen vereinfachten Kontenplan. Er hilft dir dabei, die Kontennamen und deren Abkürzungen einzuprägen.

Von Beginn an begleiten dich bei deinem wirtschaftlichen Handeln und Entscheiden die **Familie Klug, Tochter Beate**, etwa so alt wie du, **Sohn Martin**, Auszubildender, gerade volljährig geworden, **Mutter Chris, Vater Hans** und der **Wirtschaftsdoc Bernd**, den du immer um Rat fragen kannst. Der Haushund **Globo** gehört auch zur Familie.

Vor allem hast du es mit zwei Firmen zu tun, nämlich dem Produktionsunternehmen von Armin Dall, **ADA-Sportartikel**, und Onkel Uwes neu gegründetem Dienstleistungsbetrieb **CompuSoft**, einem Spezialisten für PC-Hardware und -Software. Die beiden Unternehmen machen Inventur, erstellen ein Inventar und ihre Bilanzen. Sie buchen ihre Geschäftsfälle auf der Grundlage von Eigen- und Fremdbelegen. So wirst du in das neue Fach Rechnungswesen eingeführt, praxisnah wie im realen Leben. Die beiden Firmen wollen Gewinn erzielen, möglichst günstig einkaufen und durch Kundenfreundlichkeit höhere Umsätze erreichen.

Wir wünschen dir beim Lernen viel Erfolg und
– soweit möglich – auch Spaß und Spannung.

Dein Autorenteam

Inhalt

1   DAS WIRTSCHAFTLICHE HANDELN IM PRIVATEN HAUSHALT . . 7

1.1   Vom Umgang mit Geld 7
1.2   Die Familie Klug stellt sich vor 9
1.3   Einkommensart und Einkommenshöhe 13
1.4   Verwendung des Haushaltseinkommens 16
1.5   Vom Konsumieren und Sparen 18
1.6   Haushalten in der Familie: fixe und variable Ausgaben 20
1.7   Der Haushaltsplan 23
1.7.1   Einführung 23
1.7.2   Die Finanzplanung im privaten Haushalt 24
1.7.3   Geld im Griff mithilfe des Haushaltsplans 25
1.7.4   Erst sparen – dann konsumieren 26
1.7.5   Sechs große Schritte des Haushaltsplans 29
1.7.6   Der Taschengeldplaner – erster Schritt zum Sparen 33
1.7.7   Wege zur Erfüllung deiner Wünsche 36

2   ARBEITEN MIT DEM COMPUTER 38

2.1   Der PC als unser Hilfsmittel 38
2.2   Einführung in die Tabellenkalkulation 41

3   DIE PROZENTRECHNUNG 49

3.1   Die Berechnung des Prozentwertes 50
3.2   Die Berechnung des Prozentsatzes 51
3.3   Die Berechnung des Grundwertes 51
3.4   Rasches Abschätzen ist vorteilhaft 52

4   DIE AUSWERTUNG VON BELEGEN IM PRIVATEN HAUSHALT . 55

4.1   Die Umsatzsteuer am Beispiel der Telefonrechnung 55
4.2   Die Prozentrechnung mit vermehrtem Grundwert 58

5   WIRTSCHAFTLICHES HANDELN IN UNTERNEHMEN 64

5.1   Das Modellunternehmen ADA 64
5.2   Die Standortfaktoren 64
5.3   Der Aufbau eines Unternehmens 66
5.3.1   Funktionsbereiche im Unternehmen 66
5.3.2   Umweltschutz im Unternehmen 69
5.3.3   Überblick über die Wirtschaftszweige 71

6   GELD MUSS FLIESSEN – DER WIRTSCHAFTSKREISLAUF 74

7   UNSER GELD – WIE WIR BEZAHLEN 81

7.1   Wie ist Geld entstanden? 83
7.2   Geld – was ist das eigentlich? 85
7.3   Möglichkeiten der Bezahlung – der Zahlungsverkehr 86

7.3.1	Die Eröffnung eines Kontos	89
7.3.2	Einige Formen des bargeldlosen Zahlungsverkehrs	91
7.4	Moderne Bankgeschäfte – das Internetbanking	99
7.5	Der Zahlungsverkehr im Wandel der Zeit	102

8 WIRTSCHAFTLICHE VORGÄNGE IM UNTERNEHMEN 103

8.1	Die Firma ADA als Einzelunternehmen	103
8.2	Firmenname – Handelsregister – Rechtsform	105
8.3	Onkel Uwes Firmengründung	107
8.4	Die Inventur führt zum Inventar	111
8.4.1	Onkel Uwe verschafft sich einen ersten Überblick über sein Vermögen	111
8.4.2	Die Pflicht zur Buchführung	114
8.4.3	Onkel Uwe erstellt seine erste Inventarliste	115
8.5	Onkel Uwes Firma CompuSoft erstellt ihre erste Bilanz	122
8.6	Martin führt die Bücher für die Firma ADA	131
8.6.1	Der Geschäftsfall	131
8.6.2	Grundsätze ordnungsgemäßer Buchführung	134
8.6.3	Die Bedeutung der Belege	135
8.6.4	Arbeiten mit Belegen	138
8.6.5	Veränderungen im Betrieb durch Geschäftsfälle	142
8.6.6	Die Auflösung der Bilanz in Konten	149
8.6.7	Das Buchen in Bestandskonten	153
8.6.8	Der einfache Buchungssatz	157
8.6.9	Der zusammengesetzte Buchungssatz	162
8.7	Berechnung und Buchung der Vorsteuer	164
8.8	Buchungslesen	170
8.8.1	Deutung von Buchungssätzen	170
8.8.2	Das Deuten von Buchungen in T-Konten	171

9 WIR UNTERSUCHEN EINGANGSRECHNUNGEN 174

9.1	Der Händler gewährt Rabatt und Skonto	174
9.2	Wir ziehen beim Bezahlen Skonto ab	176
9.3	Die erste Eingangsrechnung	176
9.4	Rechnungsüberprüfung mit vermindertem Grundwert	180

10 DER EINSATZ VON WERKSTOFFEN IM BETRIEB 184

10.1	Wir kaufen Werkstoffe ein	184
10.2	Bezugskosten beim Einkauf	189

11 DER VERKAUF VON FERTIGERZEUGNISSEN 194

11.1	Die Umsatzerlöse für Fertigerzeugnisse	194
11.1.1	Die Ausgangsrechnung	195
11.1.2	Die Buchung von Umsatzerlösen	197
11.2	Die Umsatzsteuer	200

12 WIEDERHOLUNG UND ZUSAMMENFASSENDE AUFGABEN 206

12.1	Das Ziel eines jeden Unternehmens: der Gewinn	206
12.2	Zusammenfassende Aufgaben	207

13 AUF DEN PUNKT GEBRACHT 215

13.1	Lernen mit dem Wirtschaftspauk	215
13.2	Grundwissen – Grundbegriffe	218
13.3	Sachwortverzeichnis	224
13.4	Abkürzungen	227
13.5	Kontenplan	228

Zeichenerklärung

Der Wirtschaftsdoc

Lexikon

Grundwissen, Grundbegriffe

Fehlerteufel

Zuordnungsrätsel, Rätsel für Einzel- und Partnerarbeit

Merksätze, Merkverse

Aufgaben für Einzel-, Partner- und Gruppenarbeit

Aufgaben Rechnungswesen

① Das wirtschaftliche Handeln im privaten Haushalt

1.1 Vom Umgang mit Geld

Über Geld sind unzählige Sprüche im Umlauf. Die meisten dieser Aussagen haben ziemlich wenig mit dem Geld selbst zu tun. Vielmehr verbergen sich dahinter Lebensgefühle, Lebensziele und Wertvorstellungen. Wird Geld verteufelt, geschieht dies häufig auch aus Neid und Missgunst. Es ist leicht, etwas als „unmoralisch" zu verdammen, wenn es einem selbst zwischen den Fingern zerrinnt oder es an allen Ecken und Enden fehlt. Es hängt vom Menschen selbst ab, ob er mit Geld Gutes tut oder Schaden anrichtet. Geld hält beides aus.

Aufgaben für Einzelarbeit

Lies die Aussagen über Geld. Vergib für jeden Spruch bei Zustimmung ein „Ja" und bei Ablehnung ein „Nein". Begründe deine Entscheidung bei acht Aussagen deiner Wahl.

1. Geld allein macht nicht glücklich, aber es beruhigt.
2. Geld stinkt und verdirbt den Charakter.
3. Geld macht unabhängig und frei.
4. Viele Leute geben Geld aus, das sie nicht haben, für Sachen, die sie nicht brauchen, um Leuten zu imponieren, die sie oft gar nicht mögen.
5. Wer den Pfennig nicht ehrt, ist des Talers nicht wert.
6. Das letzte Hemd hat keine Taschen.
7. Geld ist nicht alles, aber ohne Geld ist alles nichts.
8. Geld schafft die Plattform, um viel Gutes zu tun, um zu teilen und zu spenden.
9. Geld frisst die Sorgen auf, schafft Sicherheit und Verlässlichkeit.
10. Wem das Geld zwischen den Fingern zerrinnt, kann nicht wirtschaften.
11. Wo Geld ist, gedeihen Neid und Missgunst.
12. Wer reich ist, um den versammeln sich falsche Freunde.
13. Geld macht auf die Dauer satt, faul, träge, anspruchsvoll und unzufrieden.
14. Wer zu viel Geld hat, kann sich über kleine Dinge nicht mehr freuen.
15. Geld ist zum Ausgeben da: Ich lebe jetzt, hier und heute und will genießen.
16. Reichtum und Geiz sind untrennbar verbunden wie eineiige Zwillinge.
17. Ein großer Überfluss an Geld ist unmoralisch und zeugt von Gier.
18. Reichtum führt zu menschlicher Verarmung, zu Gefühlskälte und Härte.

Unsere neue Währung – der Euro – stellt sich vor

Für uns ist der Euro schon ganz alltäglich geworden – dabei gibt es ihn als gesetzliches Zahlungsmittel in den beteiligten Ländern der Europäischen Union (EU) erst seit 2002.
Die Umstellung von der D-Mark auf den Euro fiel nicht allen Bundesbürgern leicht. Es gab Befürchtungen, die neue Währung könnte nicht so stabil sein wie die D-Mark. Auch rechnete man mit steigenden Preisen für die Verbraucher.
Nach den ersten Jahren mit dem Euro lässt sich ein Fazit ziehen: Wir freuen uns bei Urlaubsreisen in das europäische Ausland darüber, dass in fast allen Länder der lästige Geldumtausch weggefallen ist. Geschäftsleute sind erleichtert, weil das einheitliche Zahlungsmittel den Handel in der EU vereinfacht und gefördert hat. Allerdings ließ sich in manchen Bereichen tatsächlich ein Preisanstieg beobachten.

Vielleicht fallen dir noch weitere Vor- und Nachteile ein, die der Euro brachte?

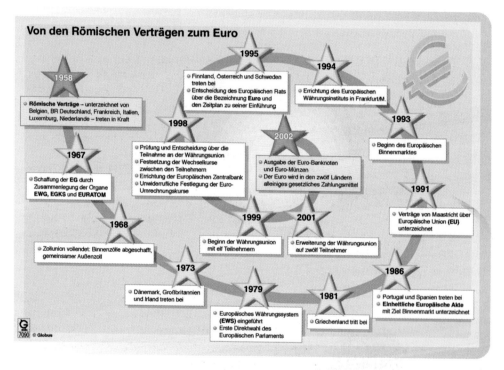

Von den Römischen Verträgen zum Euro

1958
Römische Verträge – unterzeichnet von Belgien, BR Deutschland, Frankreich, Italien, Luxemburg, Niederlande – treten in Kraft

1967
Schaffung der EG durch Zusammenlegung der Organe EWG, EGKS und EURATOM

1968
Zollunion vollendet: Binnenzölle abgeschafft, gemeinsamer Außenzoll

1973
Dänemark, Großbritannien und Irland treten bei

1979
Europäisches Währungssystem (EWS) eingeführt
Erste Direktwahl des Europäischen Parlaments

1981
Griechenland tritt bei

1986
Portugal und Spanien treten bei
Einheitliche Europäische Akte mit Ziel Binnenmarkt unterzeichnet

1991
Verträge von Maastricht über Europäische Union (EU) unterzeichnet

1993
Beginn des Europäischen Binnenmarktes

1994
Errichtung des Europäischen Währungsinstituts in Frankfurt/M.

1995
Finnland, Österreich und Schweden treten bei
Entscheidung des Europäischen Rats über die Bezeichnung Euro und den Zeitplan zu seiner Einführung

1998
Prüfung und Entscheidung über die Teilnahme an der Währungsunion
Festsetzung der Wechselkurse zwischen den Teilnehmern
Errichtung der Europäischen Zentralbank
Unwiderrufliche Festlegung der Euro-Umrechnungskurse

1999
Beginn der Währungsunion mit elf Teilnehmern

2001
Erweiterung der Währungsunion auf zwölf Teilnehmer

2002
Ausgabe der Euro-Banknoten und Euro-Münzen
Der Euro wird in den zwölf Ländern alleiniges gesetzliches Zahlungsmittel

G 7090 © Globus

Die Europäische Union wird mehr und mehr erweitert: 2004 traten mit Zypern, Malta, Slowenien, der Slowakei, Tschechien, Estland, Litauen, Lettland, Polen und Ungarn gleich 10 neue Länder bei. Zum 1.1.2007 folgten Rumänien und Bulgarien, so dass die EU damit schon auf 27 Mitgliedsstaaten angewachsen ist. Doch nur knapp die Hälfte davon – nämlich 13 Länder – haben bisher den Euro als gesetzliche Währung eingeführt.

1. Werte das vorstehende Schaubild aus:
   a) Wie bist du selbst bislang mit der Umstellung auf den Euro zurechtgekommen?
   b) Welche Erfahrungen hat deine Familie gemacht? c) Welche Probleme sind dir
   bekannt geworden? d) Wie stehst du selbst zur Euro-Umstellung?
2. Die DM galt als eine ausgesprochen stabile und „harte" Währung. Was ist damit
   gemeint?

1.2 Die Familie Klug stellt sich vor
Fallbeispiel

Tochter Beate

*Ich bin die Beate und etwa so alt wie ihr, näm-
lich 13 Jahre, und besuche die 7. Klasse der
sechsstufigen Realschule, Wirtschaftszweig.
Ich interessiere mich für die kaufmännischen
Fächer und will auch mal einen Beruf in dieser
Richtung ausüben. Aber momentan interessiert
mich das noch nicht allzu sehr. Am liebsten bin
ich mit „Globo", meinem Schäferhund, zusammen. Eigentlich wollte ich ja lieber ein Reitpferd haben, aber da haben mich meine Eltern
wegen der hohen Kosten ausgelacht. Unsere
Eigentumswohnung ist ja auch noch nicht ganz
abgezahlt.*

Sohn Martin

*Hallo, ich heiße Martin, bin der Sohn des
Hauses, mit 18 Jahren endlich volljährig. Ich
habe einen Ausbildungsplatz als Industriekaufmann in der Firma ADA-Sportartikel, in der
auch mein Vater arbeitet. Bis ich meine Berufsausbildung abgeschlossen habe, will ich noch
zu Hause bei meinen Eltern wohnen. Danach
suche ich mir eine kleine Wohnung und ziehe
mit meiner Freundin und Arbeitskollegin Corinna zusammen.*

Die Mutter

Grüß Gott, ich bin die Christine, meist Chris genannt, 39 Jahre alt, Ehefrau von Hans und Mutter von Beate und Martin. Seit fünf Jahren bin ich in Teilzeit als Verkäuferin in einem Imbissrestaurant beschäftigt. Ich arbeite morgens, wenn Beate in der Schule ist. Meine in der Nähe wohnende Mutter hilft zu Hause mit aus, wenn es mir durch Familie und Beruf arbeitsmäßig mal wieder ein bisschen zu viel wird.

Der Vater

Hallo, ich heiße Hans Klug, bin 44 Jahre alt, seit 19 Jahren mit meiner Frau Christine verheiratet. Ich habe eine 13-jährige Tochter, Beate, und einen 18-jährigen Sohn, Martin. Seit zehn Jahren arbeite ich in der Firma ADA-Sportartikel als Facharbeiter. Wir bewohnen in Nürnberg eine Eigentumswohnung. Globo, unser Schäferhund, zählt mit zur Familie.

Die Oma

Grüß Gott, ich bin die Oma Kerstin. Seit dem Tod meines Mannes bin ich in die Nähe meiner Kinder gezogen. Vom Erlös des alten Hauses und mit eigenen Ersparnissen konnte ich mir eine moderne kleine Eigentumswohnung kaufen. Beim Großputz hilft mir meine Tochter Christine, ansonsten war und bin ich zur Stelle, wenn die jungen Leute mich brauchen.

Ich habe lange Zeit halbtags als Kassiererin im Supermarkt gearbeitet und öfter Urlaubsvertretungen übernommen. Aber jetzt, mit beinahe 64 Jahren, habe ich dazu keine Lust mehr, zumal mir diese Arbeit zu hektisch ist und es mir finanziell nicht schlecht geht.

Haushund Globo

Der Wirtschaftsdoc Bernd

Hinter seinem wohlwollenden Gekläff verbirgt sich folgende Mitteilung: „Als Ersatz für ein Reitpferd kam ich als junger Welpe vor fünf Jahren in dieses Haus. Mein Herrchen war anfangs gegen mich eingestellt. Ihn wurmte die Hundesteuer und er musste mal viel aus eigener Tasche löhnen, als ich ziemlich krank war. Frauchen ist zwar manchmal etwas launisch, sonst aber nett und fürsorglich.

Mit Beate, meinem Boss, und Martin kann man Pferde stehlen. Warum ich vom Herrchen „Globo" getauft wurde, weiß ich eigentlich nicht. Vermutlich hat es mit Wirtschaft zu tun, vielleicht mit den Kosten, die ich verursache. Ich bin aber auch nützlich. Ich warne meine Familie sofort, wenn sich jemand unserem Anwesen nähert. Anfangs reagierte ich voreilig. Ich erkannte den Briefträger nicht als freundlichen Typ, sondern sah in ihm einen Feind und biss ihn in die Hose, zum Glück nicht ins Bein. Um ein Haar wäre ich deshalb ins Tierheim abgeschoben worden. Aber Beate kämpfte um mich. Sie musste die Hose ersetzen. Sie schaffte dies durch Babysitting bei den Nachbarn, Helfen bei der Oma und Absparen vom Taschengeld."

Der Bruder von Vater Hans, der 55-jährige Wirtschaftsprofessor Dr. Bernd Klug, steht der Familie mit Rat und Tat zur Seite und bringt die Sache stets auf den Punkt. Die Tipps des gescheiten Mannes sind für dich als Lern- und Orientierungshilfen zu verstehen. Allgemein wird der Professor im Familien- und Freundeskreis als „Wirtschaftsdoc" bezeichnet. Dazu Beate: „Der Mann weiß alles." Und Bruder Martin ergänzt: „Was der Wirtschaftsdoc sagt, hat Hand und Fuß. Der irrt sich nie."

Aufgaben für Kleingruppenarbeit

1. Was hat das Fallbeispiel „Die Familie Klug stellt sich vor" mit wirtschaftlichem Handeln im Privatbereich zu tun? Wer wirtschaftet wo, wie, wann?
2. Sucht nach einer Erklärung für den Begriff „wirtschaftliches Handeln".

Aufgaben für Kleingruppenarbeit

3. Vergleicht die Lebensgeschichte (Biografie) der beteiligten Personen mit euren eigenen Lebensverhältnissen.
4. Über welche Einnahmen und Ausgaben wird im Fallbeispiel gesprochen?
5. In Zusammenhang mit dem Haushund Globo ist viel passiert, was mit Wirtschaften zu tun hat. Beschreibt die einzelnen Wirtschaftsprozesse.
6. Findet ihr es richtig, dass Beate die Hose des Briefträgers von ihren eigenen Ersparnissen bzw. vom Taschengeld ersetzen musste?
   Was spricht dafür, was dagegen?
7. Beate wollte ursprünglich ein Reitpferd haben, was der Vater wegen der hohen Kosten abgelehnt hat. Woran wird er dabei im Einzelnen gedacht haben?

Der Wirtschaftsdoc

Wirtschaft und wirtschaftliches Handeln

- **Wirtschaft (Ökonomie)** umschreibt denjenigen Teil des menschlichen Handelns, bei dem es um die Befriedigung bestehender Bedürfnisse geht.
  Beispiele: Ich will ein Haustier, einen PC, eine Konzertkarte, eine bestimmte CD, eine Pizza, eine neue Hose haben.

- Ein **Bedürfnis** entsteht aus einem empfundenen Mangel, dem Bewusstsein, dass mir etwas fehlt.
  Beispiele: Mir fehlt eine neue, modische Hose; diese CD besitze ich noch nicht. Ich habe Hunger und deshalb Appetit auf eine Pizza.

- Wenn Bedürfnisse erkannt oder durch Werbung geweckt werden, geht es darum, diesen Mangelzustand zu beheben. Es gilt, diese Bedürfnisse zu befriedigen. Damit findet **wirtschaftliches Handeln** statt.
  Beispiele: Die Familie Klug will am Wochenende einen Kuchen essen. Die Familie könnte den Kuchen selbst backen. Aber auch Bäckereien, Konditoreien und Cafés bieten Kuchen an.
  Es ist wirtschaftlich, für die gesamte Familie ein großes Pizzablech zu belegen und zu backen. Es ist unwirtschaftlich, wenn sich jedes Familienmitglied seine eigene Pizza zubereitet.

- Wirtschaftliches Handeln heißt, **Entscheidungen über knappe Mittel** zu treffen.
  Beispiel: Ich muss mich zwischen dem Kauf eines Computers und einem Urlaub entscheiden, da ich für beides nicht genügend Geld zur Verfügung habe.

Aufgaben für Einzel- oder Partnerarbeit

1. Nenne einige Beispiele für wirtschaftliches Handeln im privaten Haushalt.
2. Führe einige Beispiele für ein unwirtschaftliches Handeln im Familienhaushalt an.

1.3 Einkommensart und Einkommenshöhe

Fallbeispiel

Familie Klug verfügt monatlich über folgende regelmäßige Einkünfte: Der Vater verdient als Facharbeiter 1.900 € netto, die halbtags berufstätige Mutter 500 € netto. Der Sohn Martin bekommt als Auszubildender im 1. Lehrjahr 600 € netto. Das Kindergeld für Beate beträgt 154 €. Frau Klug hat von ihren Eltern einen alten Bauernhof geerbt, den sie für 310 € monatlich verpachtet hat.
Hinzu kommen noch Zinserträge, alles in allem rund 2.400 € pro Jahr.

Der Wirtschaftsdoc

Das Haushaltseinkommen

- Das Einkommen einer Familie setzt sich aus mehreren Einzelposten zusammen.
  Den größten Teil bildet normalerweise der **Arbeitsverdienst**.
  Das **Haushaltsbruttoeinkommen je Privathaushalt** betrug 2003 im Durchschnitt 3.561 €.

- Nach Abzug von Steuern und Sozialabgaben belief sich 2003 das **Nettoeinkommen** auf durchschnittlich 2.885 € pro Familienhaushalt.

- **Das Bruttoeinkommen ist immer höher als das Nettoeinkommen**, da hier noch nicht die Steuern und Sozialabgaben abgezogen sind. Je nach Arbeitsverdienst, Familienstand und Kinderzahl sind die steuerlichen Belastungen unterschiedlich hoch.

Aufgaben für Einzelarbeit

1. Schätze zunächst ab und berechne danach, wie hoch das monatliche Einkommen der Familie Klug ist.
2. Berechne das monatliche Nettoeinkommen deiner Familie. Sprich mit deinen Eltern die einzelnen Posten durch. Aus Gründen des Datenschutzes musst du deine Notizen *nicht* im Unterricht vorlegen.

Überblick über häufige Einkommensarten

Monatlicher Arbeitsverdienst	Einkommen als Arbeitgeber oder Arbeitnehmer: Lohn (Arbeiter) oder Gehalt (Angestellter und Beamter), Gewinn (Arbeitgeber) Arbeitslosengeld Rente (Altersversorgung von Arbeitern und Angestellten) bzw. Pension (Beamter)
Kindergeld	abhängig von der Kinderzahl: für das erste bis dritte Kind jeweils 154 € monatlich, ab dem vierten Kind 179 €.
Ersparnisse	jährliche Zinsen von Spareinlagen und Gewinnausschüttungen von Aktien und Aktienfonds
Miet- und Pachteinnahmen	Vermietung von Haus, Wohnung oder Zimmer (Untermiete) Verpachtung z. B. eines Ackers oder Bauernhofes
Sonstiges	Erbschaft Sonderzuwendungen des Arbeitgebers (Urlaubs- und Weihnachtsgeld) Hilfen des Staates (Wohngeld, BAFöG, Sozialhilfe) Zuwendungen von Verwandten Nebenverdienste, z. B. Ferienjobs Gewinne (z. B. Lotto, Toto)

Fehlertext

Beim Formulieren der folgenden Zeilen sind dem Verfasser etliche Fehler unterlaufen, sodass dem Wirtschaftsdoc sämtliche Haare zu Berge stehen.

Stelle den Text richtig und schreibe ihn komplett neu:

Wirtschaftliches Handeln bezieht sich nicht auf die Familie, sondern nur auf die Berufs- und Arbeitswelt. Es geht um die Befriedigung von Bedürfnissen. Bedürfnisse zeigen einen Überfluss an, der bekämpft werden soll. Das Bruttoeinkommen einer Familie umfasst alle Einkünfte nach Abzug von Steuern und Sozialabgaben. Angestellte bekommen Lohn, Arbeiter und Beamte ein Gehalt. Eine bundesdeutsche Familie verfügt im Durchschnitt über ein Nettoeinkommen von ca. 2.000 €.

Rätsel für Einzel- oder
Partnerarbeit

Die Einkommensarten tragen bestimmte Namen

So bekommt der Schauspieler eine Gage und der Not leidende Bundesbürger zur Sicherung seines Lebensunterhalts Sozialhilfe. Wer seinen Job verliert, bezieht Arbeitslosengeld. Das Einkommen des Soldaten heißt Sold, dasjenige des Seemanns Heuer. Der Sportler erhält eine Siegprämie. Und wer Aktien besitzt, bekommt als Gewinnausschüttung eine Dividende. Für

Spareinlagen gibt es Zinsen. Der Acker wird verpachtet, die Wohnung vermietet. Die Altersversorgung beim Arbeiter und Angestellten heißt Rente, die vom Beamten Pension. Ein Buchautor oder Rechtsanwalt erhält ein Honorar, ein Handlungsreisender eine Provision. Ein Nachkomme freut sich über eine Erbschaft, der Lottokönig über den Gewinn. Ein geschiedener Vater zahlt für seine Nachkommen Unterhalt.

Deine Aufgabe ist es, die passenden Einkommensbenennungen zu finden und richtig zuzuordnen. Am besten schreibst du immer das ganze Wort der gefragten Einkommensart in dein Heft untereinander. Das Lösungswort besteht aus den ersten Buchstaben und bringt einen Begriff aus dieser Lektion. Orientiere dich an der Buchvorlage.

1. Vergütung für einen Handlungsreisenden/Vertreter . . . .
2. Ruhestandsvergütung für Arbeiter, Angestellte . . . .
3. Beruf mit großen Chancen. . . . .
4. Vorzeitiges Ausscheiden aus dem Berufsleben. . . . .
5. Wer seinen Job verliert, bekommt zunächst . . . .
6. Pflichtfach für alle Schüler der 7. Klasse . . . .
7. Einkommen von Rechtsanwälten und Autoren. . . . .
8. Gehaltsempfänger sind Beamte und . . . .
9. Geschiedene Väter müssen für ihre Kinder . . . zahlen.
10. Staatliche Hilfe zur Sicherung des Lebensunterhalts . . . .
11. Sprichwort: „. . . hat goldenen Boden."
12. Viele Menschen sparen beizeiten für ihre. . . . .
13. Das Arbeitseinkommen von Arbeitern . . . .
14. Vor allem bei Frauen sehr beliebte Arbeitsform. . . . .

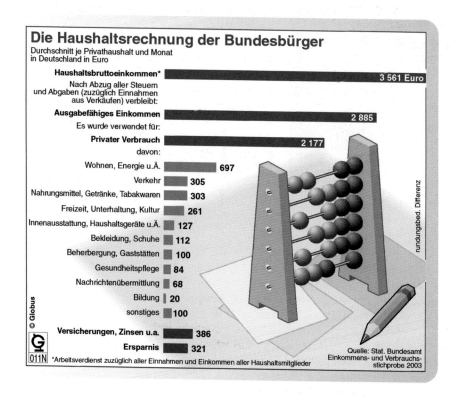

Die Haushaltsrechnung der Bundesbürger
Durchschnitt je Privathaushalt und Monat
in Deutschland in Euro

Haushaltsbruttoeinkommen*	3 561 Euro

Nach Abzug aller Steuern und Abgaben (zuzüglich Einnahmen aus Verkäufen) verbleibt:

Ausgabefähiges Einkommen	2 885

Es wurde verwendet für:

Privater Verbrauch	2 177

davon:

Wohnen, Energie u.Ä.	697
Verkehr	305
Nahrungsmittel, Getränke, Tabakwaren	303
Freizeit, Unterhaltung, Kultur	261
Innenausstattung, Haushaltsgeräte u.Ä.	127
Bekleidung, Schuhe	112
Beherbergung, Gaststätten	100
Gesundheitspflege	84
Nachrichtenübermittlung	68
Bildung	20
sonstiges	100
Versicherungen, Zinsen u.a.	386
Ersparnis	321

© Globus

rundungsbed. Differenz

Quelle: Stat. Bundesamt
Einkommens- und Verbrauchs-
stichprobe 2003

011N *Arbeitsverdienst zuzüglich aller Einnahmen und Einkommen aller Haushaltsmitglieder

Die Grafik zeigt die durchschnittliche Haushaltsrechnung der Bundesbürger für 2003.
Der größte Teil des Geldes ist fest verplant, z. B. für Miete und Strom, für Heizung und
Wasser. Das Wohnen verschlingt den mit Abstand größten Teil des Haushaltseinkommens,
nämlich im Durchschnitt 697 €. Das ist schon rund ein Viertel des verfügbaren Haushalts-
geldes. Danach folgen die Ausgaben für die räumliche Mobilität (Beweglichkeit), also für das
Auto und die öffentlichen Verkehrsmittel. Bereits an dritter Stelle stehen die Ausgaben für
Essen und Trinken. Das Vergnügen kommt ebenfalls nicht zu kurz. An vierter Position stehen Freizeit, Unterhaltung und Kultur. Hättest du gedacht, dass die bei den meisten Jugendlichen so beliebten Klamotten, modische Bekleidung und Schuhe, in dieser Rangliste erst
auf Platz 6 zu sehen sind?

Aufgaben für Einzelarbeit

1. Nenne die drei größten Ausgabearten beim privaten Verbrauch.
2. Wie hoch ist das derzeitige durchschnittliche Netto-Haushaltseinkommen einer
   Familie? Was bedeutet Brutto- und Netto-Verdienst?
3. Vergleiche die Ausgaben einer bundesdeutschen Durchschnittsfamilie mit denen
   deiner Familie. Worauf führst du Abweichungen zurück?

Beate passt einen günstigen Augenblick ab, um ihre Mutter davon zu überzeugen, dass sie unbedingt eine „topaktuelle" Hose braucht. Die Mutter reagiert etwas ungehalten: „Beate, schau einmal in deinen Kleiderschrank. Der ist nicht so leer wie meiner!"

Die Tochter: „Die anderen haben viel mehr und vor allem moderne Klamotten. Ich bin die einzige in meiner Clique, die noch keine dieser modischen Hosen trägt. Die anderen schauen auf mich herab und tuscheln, wenn ich nur altmodische Sachen trage. – Mutti, bitte sei mal spendabel. Ich verspreche dir dann auch ..."

Aufgaben für Einzel-, Partner- oder Kleingruppenarbeit

1. Beurteilt dieses Gespräch. Habt ihr schon auf ähnliche Weise versucht, eure Wünsche bei den Eltern durchzusetzen? Was ist zu erwarten, wenn die Mutter a) nachgibt, b) die Hose nicht spendiert?
2. Angenommen, Beate bekommt die Hose nicht. Wird das Mädchen nur deswegen von ihrer Clique abgelehnt? Bemüht euch um eine ehrliche Antwort. Es geht um das Problem „Gruppen- und Konsumzwänge".
3. Was könnte Beate tun, um sich ihre wichtigsten Wünsche künftig selbst erfüllen zu können?
4. Welche Konsumwünsche erscheinen euch vordringlich? Begründet eure Entscheidung.
5. Beates Freundin Birgit wünscht sich zum Geburtstag sehnlichst einen Computer mit Internetzugang. Sie reitet bereits, würde aber auch noch gern Tennis spielen. Die Eltern sagen: „Das können wir uns nicht leisten und du verzettelst dich sonst. Du musst dich zwischen diesen drei Dingen entscheiden. Gegen einen modernen PC mit Internet haben wir nichts, aber dann musst du das Reiten sein lassen!" a) Wie würdet ihr euch entscheiden? b) Birgit reitet das Pferd eines Landwirts. Gäbe es für Birgit eine Möglichkeit, künftig zu reiten, ohne dem Bauern etwas zu bezahlen?

Unterschiede in der Einkommensverwendung

Wirtschaft und wirtschaftliches Handeln

Jeder Haushalt hat unterschiedlich hohe Einnahmen und Ausgaben. Dabei verwendet jede Familie ihr Einkommen auf andere
Weise. Die Abweichungen entstehen vor allem durch:

- **die Höhe des Einkommens** (Arbeitsverdienst abhängig von
  Beruf, Qualifikation, Position, vielleicht auch von der Dauer
  der Betriebszugehörigkeit und dem Alter)
- **die Höhe des verfügbaren Vermögens** (Erbschaft, Zinserträge usw.)
- **die Anzahl der Personen und Größe des Hausstands** (Wie viele Kinder sind zu
  versorgen? Welche Wohnungs- oder Hausgröße besteht? Leben die Großeltern bei
  ihren Kindern?)
- **den Bildungsstand** (Welche Ansprüche? Welche Ausbildungskosten der Kinder?)
- **persönliche Wünsche und Bedürfnisse** (Welche Hobbys und Interessen?
  Welcher Lebensstandard? Streben nach Luxus? Statussymbole?)
- **Umweltbewusstsein** (Umweltschutz ist nicht immer teurer, z. B. Kauf von Eiern
  und Milch beim Landwirt, Radfahren oder Laufen statt Autofahren.)

1.5 Vom Konsumieren und Sparen

Fallbeispiel

Sparen heißt doch Konsumverzicht.

Frau Klugs Mutter, Beates und Martins Oma
Kerstin, kommt ganz glücklich vom Winterschlussverkauf heim, voll bepackt mit Trag-
taschen.

„Schaut mal, bei diesem Kostüm habe ich sage
und schreibe 100 € gespart. Es hat nur noch
150 € statt 250 € gekostet. Und ratet mal,
wie viel ich bei diesem Pulli gespart habe!
Genau 50 %! Ich musste nur noch 60 € hin-
blättern."

Die 13-jährige Beate erwidert pfiffig: „Omi,
eigentlich hast du doch gar nicht gespart, sondern nur viel weniger für die Sachen ausgegeben als sonst." Die Omi, leicht beleidigt und
spürbar verärgert: „Beate, red doch nicht solchen Blödsinn. Ich habe insgesamt 160 €
gespart. Und damit basta!"

Wer hat recht? Die Oma oder Beate? Wo handelt es sich in diesem Fallbeispiel um einen echten Sparvorgang? Begründe deine Meinung.

Fallbeispiel

Wir fahren in den Urlaub.

Wir kaufen uns Fahrräder.

Eine neue Waschmaschine wäre nötig.

Wir sparen auf ein neues Auto.

Es wird viel vom Geldausgeben und Sparen geredet, einerseits vom Konsumieren, andererseits vom Notgroschen, der zurückgelegt wird für schlechte Zeiten, Krisen und Schicksalsschläge. Manche junge Leute denken so: „Jetzt, hier und heute lebe ich. Ich will genießen, Spaß haben, Geld ausgeben. Sparen ist was für später, etwas für vorsichtige Typen und ältere Leute."
Andere Zeitgenossen behaupten: „Wer früh etwas spart, hat später viel! – Wer weniger ausgibt als er verdient, verschuldet sich nie. Wer in jungen Jahren spart, dem geht es im Alter finanziell gut und ist nicht auf staatliche Hilfe angewiesen."
So stellen sich die Fragen: Was ist überhaupt Sparen? Gar kein oder weniger Geld ausgeben? Konsumverzicht ausüben? Geld scheffeln? Ein karges Leben führen? In Geiz erstarren? Oder nur kaufen, was wirklich notwendig ist? Den Lebensstandard rigoros herunterfahren? Und dann soll Sparen auch noch Spaß machen?

Aufgaben für Einzelarbeit

1. Wozu soll Sparen gut sein?
2. Kannst du überhaupt sparen?
3. Welche persönlichen Erfahrungen hast du beim Sparen gemacht?

Was heißt Sparen?

- **Sparen bedeutet Konsumverzicht in der Gegenwart** für mehr Konsum bzw. Sicherheit in der Zukunft.
- **Sparen heißt, weniger auszugeben, als man einnimmt.**
- Preisgünstig einkaufen bedeutet weniger auszugeben. Eigentlich wird hier nicht gespart, sondern es wird ein geringerer Betrag aufgewendet als eingeplant wurde.

Warum und wofür überhaupt Geld sparen?

- „Spare in der Zeit, so hast du in der Not", lautet ein altes Sprichwort. Sparen ist der Schlüssel zur Vermögensbildung, die Voraussetzung für vernünftiges Wirtschaften.

- Sparen fällt leichter, wenn damit bestimmte Lebensziele verbunden sind. Junge Leute wollen von zu Hause ausziehen, eine eigene Wohnung mieten, vielleicht eine Familie gründen, sich ein Auto kaufen, sich eine größere Urlaubsreise leisten, evtl. auch schon den Grundstock für die Vermögensbildung legen und für ihr Alter vorsorgen.

Wovon und wie Geld sparen?

- Die erste Einnahmequelle ist das Taschengeld. Wie wäre es, ab jetzt ein Zehntel davon zu sparen? Vielleicht gibt es auch Verwandte, die das Sparschwein füttern. Oder es erfolgt ein finanzielles Dankeschön für eine Hilfeleistung.

- Über Sparschwein und Sparbuch sollte der Weg möglichst schnell zum Ansparplan für Wertpapiere führen. Vorerst soll genügen: Besser heute als morgen mit dem Sparen beginnen.

1.6 Haushalten in der Familie: fixe und variable Ausgaben

Fallbeispiel

Familie Klug weiß, dass ihr Einkommen begrenzt ist und sie sich nicht alle materiellen Wünsche erfüllen kann. Einige Ausgaben liegen fest. Hier kann zum Teil nicht oder nur sehr schwer gespart werden. Das gilt z. B. für die Miete, die Sozialabgaben, Kanalisation, Fernseh- und Müllgebühren, die Benutzung öffentlicher Verkehrsmittel zur Schule oder Arbeitsstelle, den Bezug der Tageszeitung, den Vereinsbeitritt für Beate und einige Versicherungen.

Andere fixe Kosten lassen sich zumindest reduzieren, so z. B. überflüssige oder zu teure Versicherungen.

Dazu kommen die variablen Ausgaben, z. B. Ernährung, Kleidung, Körperpflege, Hausrat, Schul- und Berufsbedarf, Benzin und Kundendienst für das Auto, die jährliche Urlaubsreise, Geschenke und Mitbringsel, Ausgehen, Feste feiern, Sonstiges.

Muss man so viel, so lange und noch dazu in den ungünstigsten Zeiten an der Quasselstrippe hängen? Braucht tatsächlich jedes Familienmitglied ein Handy? Werden alle Bücher, Zeitschriften und Zeitungen, die abonniert bzw. gelegentlich gekauft werden, auch wirklich gelesen? Muss grenzen- und ziellos im Internet gesurft werden? Rechnet sich der Vereinsbeitritt im Fitnessstudio oder Sportklub? Kann beim Heizen, Kochen, Waschen Energie auch im Interesse der Umwelt gespart werden?

Gebe ich das Geld wirklich für das aus, wofür ich es verwenden will?

Aufgaben für Einzelarbeit

1. Mache eine Zusammenstellung über die fixen (von vornherein festliegenden) Ausgaben in deiner Familie.
2. Welche variablen Ausgaben entstehen in deiner Familie?
3. a) Überlege, wo deine Familie sparen kann. b) Wo erscheint dir selbst das Sparen sinnvoll? c) Wo leidet darunter vielleicht die „Lebensqualität"? d) Wo würdest du Sparen als großes Opfer empfinden und lieber davon absehen? e) Wann kann Sparen Spaß machen?

Ohne Haushalten geht es nicht

- Jede Familie sollte vernünftig haushalten und wirtschaften.
- **Fixe Kosten sind feste Ausgaben**, die regelmäßig vorkommen. **Variable Ausgaben** sind in der Höhe **unterschiedlich**.
- Viele Ausgaben liegen von vornherein fest und lassen sich kaum verringern. Zum Teil kann aber auch bei den fixen Kosten gespart werden.
- **Vernünftig ist es, weniger auszugeben als eingenommen wird** und einen Teil (möglichst 10 %) des Nettoeinkommens auf die Seite zu legen.
- **Wer mehr ausgibt, als er einnimmt, verschuldet sich auf Dauer.** Wer einmal in diese Schuldenfalle tappt, kommt aus dem Schlamassel kaum mehr heraus und oft nie mehr „auf den grünen Zweig". Schuldsumme und Zinsen können ein Leben lang belasten und die Existenz einer Familie vernichten.

Die zwei großen Probleme im Umgang mit dem Geld

Problem 1: Überschuldung

Für manche Zeitgenossen trifft die schlichte Volksweisheit zu: *„Geld gewonnen – schon zerronnen."* Ständig leben sie über ihre Verhältnisse. Das Schuldenmachen gehört zum Alltag. Manche Leute beunruhigt das anfänglich nicht weiter. Andere Mitbürger leiden darunter, dass sie ihr Geld nicht festhalten und den Teufelskreis immer neuer Kredite und Schulden nicht durchbrechen können. Dabei fehlt es meist nicht an gutem Willen. Immerhin haben 3,5 Millionen Deutsche massive Geldprobleme. Die 640 Beratungsstellen können den Ansturm Rat suchender Schuldner kaum bewältigen.

Die Weichen für Verschuldung werden oft schon in jungen Jahren gestellt

Da pumpen Jugendliche ständig ihre Altersgefährten an. Und manche Eltern räumen ihren nicht volljährigen Kindern sogar ein, das Konto um einige hundert Euro zu überziehen. Umgekehrt erleben die Kinder mit, dass Mutter und Vater nicht warten können und auch einige nicht dringend benötigte Geräte, Möbel und Autos auf Kredit kaufen. Eventuell wird sogar die Urlaubsreise mit einem Kredit finanziert.

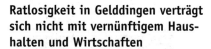 **Erkennst du dich selbst wieder? Dann ist es Zeit, etwas zu ändern!**

Problem 2: Auf dem Geldsack sitzen wie Dagobert Duck

Wer den hauptsächlichen Sinn seines Lebens darin sieht, Geld zu scheffeln, auf dem vielen ererbten oder erarbeiteten Vermögen zu sitzen, ohne es je zielgerichtet und lustvoll auszugeben, der wird auch nicht glücklich. Geiz führt zur Verarmung der Persönlichkeit und verärgert Angehörige und Freunde. So bleibt der Geizhals letztlich allein und ist auch nicht besser dran als der Mittellose, der nichts hat und sich nichts leisten kann. Wer auf seinem Geldsack sitzt, tut anderen und sich selbst nichts Gutes.

Ratlosigkeit in Gelddingen verträgt sich nicht mit vernünftigem Haushalten und Wirtschaften

Geld stinkt nicht und ist zu wichtig, um aus dem Familienleben verdrängt zu werden. Eltern und Kinder sollten auch über Geld, Vermögensanlagen und geplante Ausgaben wie Möbel oder ein neues Auto gemeinsam beratschlagen.

1.7 Der Haushaltsplan

1.7.1 Einführung

Fallbeispiel

Familie Klug führt seit zwei Jahren ein Haushaltsbuch. Martin schlug das in einer „Familienkonferenz" vor, als starke Nervosität wegen anstehender größerer Zahlungen herrschte. Die Eltern hatten sich verkalkuliert und für Neuanschaffungen mehr Geld ausgegeben als vernünftig gewesen wäre. Der damals 16-jährige Martin konnte die Familie davon überzeugen, dass es gut sei, künftig alle Einnahmen und Ausgaben übersichtlich und ehrlich zu führen. Martin erklärte: „Wir haben uns in der Berufsschule gründlich mit dem Haushaltsplan beschäftigt. Außerdem habe ich darüber mit dem Wirtschaftsdoc lange diskutiert und mich von ihm beraten lassen."

Aufgaben für Einzel-, Partner- oder Gruppenarbeit

1. Warum ist es günstig, einen Haushaltsplan zu führen?
2. Auf der Abbildung werden auch einige Bedenken aufgeführt. Äußert euch zu den positiven und negativen Überlegungen.
3. Diskutiert mit euren Eltern über das Problem und informiert sie über die Unterrichtsergebnisse. Zeigt ihnen eure Entwürfe für einen monatlichen Haushaltsplan.
4. Wie könnte ein solcher Plan für euer Taschengeld aussehen? Entwerft selbst ein entsprechendes Formblatt, möglichst am PC!

1.7.2 Die Finanzplanung im privaten Haushalt
Rollenspiel

Sohn Martin: „Ich **brauche** unbedingt einen neuen PC, ein neues Paar Ski und endlich ein Auto."

Tochter Beate: „Ich **brauche** neue Klamotten, einen CD-Player und einen Fernseher."

Vater Hans: „Das geht alles nicht. Es gibt viel wichtigere Dinge, die unsere Familie **braucht**. Vor allem ist dies ein Hochdruckreiniger für das Auto und ein neues Sofa fürs Wohnzimmer."

Mutter Chris: „Von wegen Hochdruckreiniger! Zuerst **brauchen** wir mal mehr Geld auf dem Konto. Im Übrigen ist das einzige, was wir alle wirklich dringend **brauchen**, ein Urlaub im Ausland in einem schicken Hotel."

Hund Globo: „Ich denke zuerst einmal an eine schöne große Portion Knochen. Das **brauche** ich wirklich. Was ihr dagegen angeblich so alles braucht, ist zum Teil Schnickschnack. Oft wollt ihr doch auch nur vor den Nachbarn und anderen Leuten angeben. – Wie gesagt, eine deftige Portion Knochen, das muss übrig sein!"

Aufgabe für ein Rollenspiel

Entwerft ein ähnliches Rollenspiel aus eurem Erfahrungsbereich.

Der Wirtschaftsdoc

Was wünsche ich? Was brauche ich?

- Viele Menschen machen den Fehler, dass sie sich keine genauen Ziele setzen und sich daher auch wichtige Wünsche nicht erfüllen können.

- Oder sie haben zu viele Wünsche und stellen zu hohe Ansprüche. So fällt es schwer, überhaupt ein Vorhaben zu verwirklichen.

- Bevor sich jemand vornimmt, künftig mit seinem Geld vernünftig umzugehen, sollte er sich klare Ziele setzen.

- Das Ziel darf nicht zu hoch gesteckt, sondern muss erreichbar sein.

- Da die Erfüllung von Wünschen an Geld gebunden ist, muss Klarheit darüber herrschen, wie viel Geld benötigt wird, wie viel Geld verfügbar ist, wie viel Geld ab sofort gespart werden kann.

Aufgaben für Einzelarbeit

1. Notiere auf einen Zettel zehn Wünsche, die du dir längerfristig mithilfe von Geld erfüllen willst. Lies erst nach erfolgter Auflistung weiter.

2. Wähle aus den zehn Wünschen zwei bis drei aus, die dir besonders wichtig erscheinen. Schreibe sie auf ein Blatt Papier und hebe es gut auf. Im Kapitel 1.7.6 erfährst du, wie du es schaffen kannst, deine Ziele tatsächlich zu verwirklichen.

3. Vergleiche deine eigenen Wünsche mit den beliebtesten Sparzielen in der nebenstehenden Grafik.

4. Sprich auch zu Hause mit deinen Eltern über eure Sparziele.
   a) Welche Wünsche decken sich mit der Grafik?
   b) Wo bestehen Abweichungen?
   c) Worauf sind diese Unterschiede wohl zurückzuführen?

Wofür wir sparen

Von je 100 Sparern nennen

im Westen

Altersvorsorge	65
Wohneigentum	56
Konsum	51
Kapitalanlage	46
Kinder	4
Notgroschen	4

im Osten

Altersvorsorge	67
Wohneigentum	53
Konsum	50
Kapitalanlage	39
Kinder	4
Notgroschen	3

© Globus

Stand 2005
Mehrfachnennungen
Quelle: Verband der privaten Bausparkassen, Infratest

0390

1.7.3 Geld im Griff mithilfe des Haushaltsplans

Nicht nur du selbst, sondern auch die Familie Klug hat viele Wünsche, die sie sich erfüllen will. Nicht zuletzt deshalb sind Mutter und Vater berufstätig.

Der Vater arbeitet hauptberuflich, die Mutter hat eine Teilzeittätigkeit angenommen. Auch Martin verfügt als Auszubildender im 1. Lehrjahr bereits über ein Einkommen, um sich gewisse Wünsche erfüllen zu können. Diesen Einkünften stehen etliche Ausgaben gegenüber. Die Ausgaben lassen sich nur decken, wenn genug verdient wird. Der Haushaltsplan gibt einen Überblick über die Einnahmen und Ausgaben. Damit ist auch recht gut überprüfbar, ob es gelingt, sich zumindest die wichtigsten Wünsche erfüllen zu können.

Martin hat sich beim Wirtschaftsdoc über die Vorteile und die Einzelheiten bei der Führung eines Haushaltsbuchs informiert. Was der Wirtschaftsdoc erklärt, dürfte für dich nützlich sein.

Der Wirtschaftsdoc

Es lohnt sich, einen Haushaltsplan zu führen:

- Wir wissen, wofür wir das Geld ausgeben, und kaufen nicht unüberlegt Sachen ein, die wir nicht brauchen.
- Wir werden kaum von unangenehmen Zahlungen überrascht und geraten nicht in Stress und Hektik.
- Wir sind uns über unsere finanzielle Lage im Klaren und wissen, was wir uns leisten können.
- Wir können für größere Anschaffungen vorsorgen.
- Durch Disziplin lässt sich Kapital für später bilden (z. B. Altersvorsorge).
- Bei ähnlichen Ausgaben in der Zukunft ist ein Preisvergleich möglich.
- Unser Haushaltsplan kann aufzeigen, dass es kostspielig und riskant ist, Ratengeschäfte abzuschließen und auf Kredit zu kaufen.
- Ein offen geführtes Haushaltsbuch stärkt den Zusammenhalt in der Familie. Es motiviert dazu, gemeinsam zu beratschlagen und zu entscheiden.

Der Auszubildende Martin will jetzt noch gern wissen, wie so ein Haushaltsplan gewöhnlich aussieht und worauf es dabei ankommt.

Der Wirtschaftsdoc verweist auf die täglichen bzw. wöchentlichen Aufzeichnungen seiner Frau Heike. Außerdem gibt er Martin aufgrund eigener Erfahrung noch ein paar praktische Tipps.

Diese Anregungen des Wirtschaftsdocs dürften auch für dich interessant sein.

Tag	Einnahmen Bezeichnung	Betrag EUR	Ct	Kassenbestand EUR	Ct	Ausgaben Summen EUR	Ct	Wohnungsausgaben Bezeichnung	Betrag	Ernährung Bezeichnung	Betrag
	Übertrag:										
	Bargeld	117	95								
1.	Lohn	3195	00	3312	95	988	25	Miete	850,00	Bäcker	6,80
2.				2324	70	188	70	Strom	64,00	Metzge.	34,70
3.				2136	00	198	70	Gas	75,80	Supermarkt	95,80
4.				1937	30	80	35	Putzmittel	7,60	Obst, Gemüse	10,95
5.				1856	95	90	80	Wasser	45,00	Bäcker, Metzg.	40,65
	Summe	3312	95	1766	15	1546	80		1041,60		188,90

Der Wirtschaftsdoc

Worauf kommt es beim Haushaltsplan an?

- Eine übersichtliche Führung des Haushaltsplans ist wichtig.
- Sämtliche Einnahmen und Ausgaben sind ehrlich einzutragen. Wer sich selbst betrügt, bestraft sich selbst.
- Es ist ratsam, den Haushaltsplan täglich zu führen.
- Alle Rechnungen, Kassenzettel und Quittungen sind sorgfältig aufzubewahren. Es ist praktisch, sie zu lochen und im Schnellhefter abzulegen.
- Wöchentlich oder monatlich sollte immer genau abgerechnet werden.
- Zum Schluss gilt es zu hinterfragen: Waren meine Ausgaben berechtigt? Muss ich eine überflüssige Ausgabe bereuen?

1.7.4 Erst sparen – dann konsumieren

Familie Klug plant im nächsten Jahr eine Italien-Rundreise. Die Reise kostet für die Familie schätzungsweise 2.500 €. Dies ist keine Kleinigkeit. Es muss also genau überlegt werden, wie dieser Urlaub finanziert werden soll. Da es riskant und zudem sehr teuer ist, einen solchen Urlaub auf Raten zu bezahlen, beschließt die Familie, alle größeren Anschaffungen und sonstigen Ausgaben zuerst anzusparen. Eltern und Kinder setzen sich das Ziel, nur dann diese Urlaubsreise zu buchen, wenn es zuvor gelungen ist, den gesamten Betrag nebst „Notgroschen" für unliebsame Überraschungen anzusparen. Die Mutter formuliert das Ziel, schreibt es in großer Schrift auf ein Blatt und hängt dieses an ihre kleine Korkwand in der Küche:

**Unsere Familie spart bis zum 1. März nächsten Jahres 3.000 € an.
Jeder fühlt sich verantwortlich, spart und verzichtet auf Unnötiges!
Sparen fängt bei den kleinen Dingen des Alltagsbedarfs an.**

Aufgabe für Einzelarbeit

Begründe, was es mit dem Ausspruch auf sich hat: „Sparen fängt bei den kleinen Dingen des Alltagsbedarfs an."
Nenne einige Beispiele, wo du in diesem Bereich sparen kannst, ohne dass darunter deine Lebensfreude und dein Wohlbefinden leiden.

Ein Rechenbeispiel zeigt, dass die Familie Klug richtig handelt

Familie Müller finanziert ihre Italienreise durch Ratenzahlungen.

Familie Klug spart monatlich auf ihre geplante Reise im nächsten Jahr.

Der Reiseveranstalter verlangt eine monatliche Ratenzahlung von 115 € über einen Zeitraum von 24 Monaten.

24 Monate x 115,00 EUR = 2.760,00 EUR

Der gleiche Urlaub kostet die Familie Klug 2.400 €. Die Familie spart den Betrag monatlich an und beginnt damit zwei Jahre vor Reiseantritt.

$$\frac{2.400,00 \text{ EUR}}{24 \text{ Monate}} = 100,00 \text{ EUR}$$

Die Familie Klug gibt durch Sofort- bzw. Barzahlung insgesamt 360 € weniger aus als die Vergleichsfamilie Müller. Außerdem muss sie jeden Monat nur 100 €, also 15 € weniger ansparen.

Der Wirtschaftsdoc

Erst sparen – dann konsumieren

- Wer sich größere Wünsche erfüllen will, sollte zuerst sparen und danach das Geld ausgeben.
- So kann man sich langfristig wesentlich mehr leisten, als wenn man sich das Geld leiht.
- Es besteht auch nicht die Gefahr, Schulden zu machen und über seine Verhältnisse zu leben.

Aufgabe für Partner- oder Gruppenarbeit

Wie aus der folgenden Grafik hervorgeht, haben die Bundesbürger einen neuen Sparrekord erzielt. Im Durchschnitt sparen sie heutzutage mehr als ein Zehntel ihres Einkommens.

1. Forscht nach den Gründen für die zunehmende Sparbereitschaft der Bundesbürger.
2. a) Warum solltet ihr euch bemühen, möglichst mindestens 10 % von euren Einkünften zu sparen?
   b) Wie lässt sich das Ziel am leichtesten verwirklichen?
   c) Begründet eure Vorschläge.

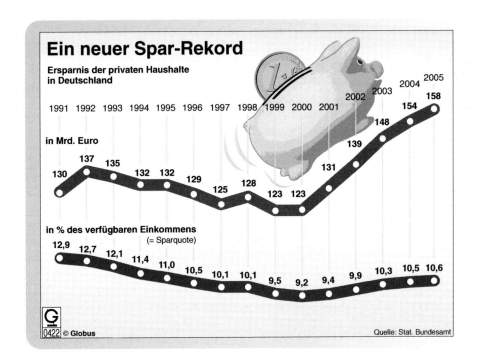

Ein neuer Spar-Rekord

Ersparnis der privaten Haushalte in Deutschland

1991 1992 1993 1994 1995 1996 1997 1998 1999 2000 2001 2002 2003 2004 2005

in Mrd. Euro

130 137 135 132 132 129 125 128 123 123 131 139 148 154 158

in % des verfügbaren Einkommens (= Sparquote)

12,9 12,7 12,1 11,4 11,0 10,5 10,1 10,1 9,5 9,2 9,4 9,9 10,3 10,5 10,6

0422 © Globus — Quelle: Stat. Bundesamt

1.7.5 Sechs große Schritte des Haushaltsplans

Um den eigenen Haushaltsplan bestmöglich nutzen zu können, empfiehlt der Wirtschafts-doc zur Orientierung das folgende Muster:

1. Schritt	Erstelle eine Übersicht über die voraussichtlichen **Einnahmen**, die in eurem Haushalt zu erwarten sind.
2. Schritt	Ermittle, welche **fixen Ausgaben** (Miete, Tilgung und Zinsen für Darlehen, Beiträge für Versicherungen, laufende Kosten für Heizung, Strom, Telefon, Wasser, Fernsehgebühren usw.) in eurem Haushalt anfallen.
3. Schritt	Schätze die **variablen Ausgaben** ab (Nahrung, Kleidung, Unterhaltung, Freizeit, Urlaub, Kosmetik usw.), die monatlich im Durchschnitt anfallen.
4. Schritt	Überlege, für welche größeren Anschaffungen bzw. Ausgaben durch gezieltes Sparen **Rücklagen** zu bilden sind.
5. Schritt	Erstelle einen Plan, der aufzeigt, wieviel Geld für die verschiedenen **Ausgabenarten** verfügbar ist.
6. Schritt	Führe genaue **Aufzeichnungen über die Ausgaben**. So kannst du jederzeit überprüfen, ob du deinen Plan auch wirklich einhältst.

↑↑↑ Fehlertext – Vorsicht: Falle

Bei ihrem ersten Nachdenken über Sparen und Taschengeldplan unterlaufen Beate etliche Fehler. Damit sich der Wirtschaftsdoc nicht länger ärgert, berichtige den Text und schreibe komplett neu, wie Beate vorgehen sollte. Mache auch einen Vorschlag für sinnvolle Sprechblasen.

> Ob ich plane oder nicht, mein Geld reicht nicht!

> Wenn du planst, dann weißt du schon vorher, dass dein Geld nicht reicht!

Beate ist sich anfangs ganz sicher, dass sie ihre Wünsche auch durch spontanes Sparen erreichen kann. Sie will sich die Arbeit sparen, einen Taschengeldplan zu führen. Sie meint, es reiche völlig aus, bei Lust und Laune die Ausgaben zu notieren und diese untereinander aufzulisten. Nach dem Grundsatz: „Was du heute kannst besorgen, das verschieb getrost auf morgen" verspürt sie keine Eile.

Beate vergisst deshalb auch öfter, ihre Ausgaben aufzuschreiben. Ebenso notiert sie nichts, wenn sie das Gefühl hat, für unnötigen Schnickschnack Geld ausgegeben zu haben. Was ihr peinlich ist, gehört ohnehin nicht in den Taschengeldplan. Geldgeschenke von der Oma und anderen Verwandten schreibt sie sowieso nicht auf.

Beate denkt: „Einen Haushaltsplan zu führen macht nur Arbeit. Warum sich also die Mühe machen?"

Besser so: Familie Klug führt ihr Haushaltsbuch

Es gibt verschiedene Möglichkeiten, ein Haushaltsbuch zu führen. Wichtig ist, dass die fixen und variablen Ausgaben sowie die einzelnen Posten voneinander getrennt werden. So lässt sich leicht überprüfen, wofür Geld ausgegeben wurde und wann Rechnungen zu bezahlen sind. Zunächst wird ermittelt, wie hoch das verfügbare Einkommen ist. Dies stellt die Familie Klug anhand ihrer Kontoauszüge fest. Das umseitige Schema gibt vereinfacht die wesentlichen Inhalte eines Kontoauszugs wieder.

Nicht zu vergessen ist, dass auch Einmalzahlungen und Sonderzahlungen zu den Einnahmen hinzuzurechnen sind. Dazu zählen das 13. Monatsgehalt, Urlaubsgeld, Bankzinsen, Staatsförderungen für Immobilienerwerb usw. So erhält die Familie Klug noch Weihnachtsgeld in Höhe von 1.300 €, Urlaubsgeld in Höhe von 420 €, 2.400 € an Zinsen im Jahr und eine Staatsförderung für die gekaufte Wohnung in Höhe von 1.280 €, einmal pro Jahr gezahlt. Die Einnahmen erhöhen sich also um 5.400 € pro Jahr. Umgerechnet auf den Monat sind dies 450 €. Dieser Geldbetrag wird aber nicht jeden Monat auf das Girokonto gutgeschrieben.

Die Höhe des Einkommens

FRANKENBANK NÜRNBERG	Girokonto	Kontonummer 515 795	Auszug/Jahr 99/2006	Blatt-Nr. 1 von 1
BLZ 760 611 91	**KONTOAUSZUG**		**EUROKONTO**	
Buchungstag	**Vorgang**		Belastung	Gutschrift
	Alter Kontostand (Übertrag)			**130,00**
06-11-01	Lohn für den Monat November Hans Klug			1.900,00
06-11-01	Lohn für den Monat November Christine Klug			500,00
06-11-01	Kindergeld			154,00
06-11-01	Pacht, Bauernhof, Manfred Köhler			310,00
06-11-01	Nebenkosten Wohnung November		100,00	
06-11-02	Lastschrift Hans und Christine Klug			
	Konto: 0 576 054 357 BLZ: 730 611 91			
	Zinsen: 410,00 EUR, Tilgung: 390,00 EUR		800,00	
06-11-02	Lastschrift Rundfunk/Fernsehen 4. Quartal		45,00	
06-11-03	Zeitungsabonnement BAYERNPOST		12,00	
06-11-03	Strom (Abschlagszahlung)		90,00	
	Neuer Kontostand in EUR			**1.947,00**

Familie Klugs Einkommen lässt sich wie folgt berechnen:

Reguläre monatliche Einnahmen		Zusätzliche Einkünfte	
Lohn des Vaters	1.900,00 EUR	Weihnachtsgeld	1.300,00 EUR
+ Gehalt der Mutter	500,00 EUR	+ Urlaubsgeld	420,00 EUR
+ Kindergeld	154,00 EUR	+ Zinsen	2.400,00 EUR
+ Pachteinnahmen	310,00 EUR	+ Bauzuschuss	1.280,00 EUR
Monatliche Einnahmen	**2.864,00 EUR**	**Gesamt**	**5.400,00 EUR**

Monatliche Einnahmen	**2.864,00 EUR**
+ durchschnittliche Zusatzeinnahmen (5.400,00 EUR/12 Monate)	**450,00 EUR**
durchschnittliches Monatseinkommen	**3.314,00 EUR**

Der Budgetplan – die Ausgabenplanung im Voraus

Für die Familie Klug ist es sinnvoll, ihre Ausgaben im Voraus zu planen. Dazu erstellt sie einen **Budgetplan**, der alle von ihr erwarteten Ausgaben erfasst. Es ist wichtig, dass nicht mehr Geld zum Ausgeben eingeplant wird, als tatsächlich zur Verfügung steht. Es empfiehlt sich, das **Prinzip der kaufmännischen Vorsicht** anzuwenden.

Der Budgetplan der Familie Klug

Regelmäßige, fixe Ausgaben	Belastung für die Wohnung	800,00 EUR
	Nebenkosten Wohnung	100,00 EUR
	Rundfunkgebühren pro Monat (Abbuchung viermal jährlich)	15,00 EUR
	Strom pro Monat (Abbuchung jeden 2. Monat)	45,00 EUR
	KFZ-Versicherung pro Monat (Abbuchung einmal jährlich zum Jahresanfang)	31,00 EUR
	sonstige Versicherungen pro Monat (Haftpflicht, Hausrat)	16,00 EUR
	Vereinsmitgliedschaft pro Monat	25,00 EUR
	Zwischensumme	**1.032,00 EUR**
Variable Ausgaben	Telefon	50,00 EUR
	Lebensmittel	450,00 EUR
	Benzin	100,00 EUR
	Kleidung	100,00 EUR
	Taschengeld für Beate	15,00 EUR
	Unterhaltung, Freizeit, Bildung	130,00 EUR
	Zwischensumme	**845,00 EUR**
Rücklagen	Anschaffungen	250,00 EUR
	Geschenke, Mitbringsel	50,00 EUR
	Urlaub	200,00 EUR
	PKW	200,00 EUR
	unvorhergesehene Ausgaben	200,00 EUR
	Zwischensumme	**900,00 EUR**
Gesamtausgaben		**2.777,00 EUR**
Einnahmen	Einkommen pro Monat	2.864,00 EUR
	weiteres Einkommen durch Sondereinnahmen	450,00 EUR
Gesamteinnahmen		**3.314,00 EUR**
verbleiben zum Sparen		**537,00 EUR**

Anmerkung: Die Familie Klug verfügt über ein Monatseinkommen, das etwas über dem Bundesdurchschnitt liegt. Es gibt etliche Familien, die mit deutlich weniger Geld auskommen müssen.

Ob nun jemand zu den Besserverdienenden zählt oder ob die Einkünfte bescheiden sind: Jede Familie muss ihren Finanzplan und Konsum an ihre Einkommensverhältnisse anpassen. Dies fällt bei einem niedrigen Monatseinkommen besonders schwer. Aber gerade hier gilt: Damit sich die Familie nicht verschuldet, muss zunächst auf einige Wünsche verzichtet werden, bis genug Geld angespart worden ist, um ihre Ziele verwirklichen zu können.

Was heißt „Budgetplan"?

Unter einem Budget verstehen wir die einer Person oder einem Haushalt für bestimmte Ausgaben zur Verfügung stehenden Geldmittel. Ein Budgetplan ist also die Bezeichnung für einen Haushaltsplan.

Was besagt das „Prinzip der kaufmännischen Vorsicht"?

Bei jeder Finanzplanung sollten die Ausgaben höher und die Einnahmen niedriger als erwartet angesetzt werden. So gibt es keine Fehleinschätzungen. Es bleibt ein genügend großer finanzieller Spielraum vorhanden.

Der beste Plan bringt ohne Kontrolle nichts.

Familie Klug hat einen Budgetplan für ihre Ausgaben erstellt, den sie auch einhalten sollte. Also sind alle Ausgaben laufend zu kontrollieren. Dabei ist zu beachten: Die tatsächlichen Ausgaben, **Ist-Ausgaben** genannt, stimmen nicht immer mit den geplanten Ausgaben, den **Soll-Ausgaben**, überein. Die Familie Klug muss also herausfinden, ob und wieweit sie ihren Haushaltsplan eingehalten hat. Es kann passieren, dass in dem einen oder anderen Bereich weniger Geld ausgegeben wurde als geplant. Vielleicht wurde diesmal bei Benzin und Geschenken gespart, weil aufgrund widriger Straßenverhältnisse zwei geplante Besuche ausfielen. Dies sollte nicht dazu verleiten, leichtsinnig zu werden und dafür in anderen Bereichen mehr Geld auszugeben.

1.7.6 Der Taschengeldplaner – erster Schritt zum Sparen

Fallbeispiel

Beate kommt entrüstet heim und beschwert sich bei ihren Eltern: „12 € Taschengeld im Monat, das ist einfach lächerlich. Birgit bekommt seit ihrem 13. Geburtstag 20 €, Tanja sogar 30 €. Und dass Ralf sogar jeden Monat 40 € einschiebt, das hat euch die Nachbarin selbst erzählt." – „Nun mal ganz sachte und vor allem sachlich", erwidert die Mutter. „Du kennst auch viele Mädchen und Jungen, die weniger bekommen. Aber darauf kommt es eigentlich gar nicht an. 10 € können ziemlich viel und selbst 100 € eher wenig sein!" „Wieso das? Wie soll ich das verstehen?" entgegnet Beate verunsichert, aber auch ungehalten. Der Wirtschaftsdoc, der gerade zum Kaffeetrinken eingeladen ist, erklärt Beate, worum es geht und worauf es ankommt.

Der Wirtschaftsdoc

Taschengeld

- Kinder im Alter zwischen 6 und 9 Jahren haben im Durchschnitt monatlich über 10 € zur Verfügung. Mit zunehmendem Alter steigt dieser Geldbetrag deutlich an. Auffällig ist, dass männliche Jugendliche und junge Männer über einen viel höheren Monatsbeitrag verfügen können als Mädchen und junge Frauen.

- Die Höhe hängt vom Alter ab und den damit verbundenen Verpflichtungen. Wie viel und was muss davon finanziert werden?

- Jugendliche, die sich ihre Oberbekleidung, ihre Schulsachen, eine warme Mahlzeit an Schultagen mit Nachmittagsunterricht, Körperpflegemittel, Sportzubehör wie Tennis- oder Tischtennisbälle usw. selbst kaufen müssen, brauchen natürlich mehr Geld, als wenn die Eltern die gewöhnlichen Kosten selbst übernehmen und das Taschengeld nur noch für kleine Vergnügungen wie Kino, Eis, Disco dient.

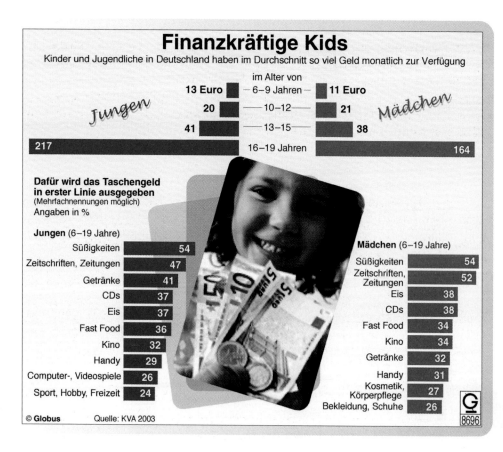

Finanzkräftige Kids

Kinder und Jugendliche in Deutschland haben im Durchschnitt so viel Geld monatlich zur Verfügung

Jungen — im Alter von — *Mädchen*

Jungen	im Alter von	Mädchen
13 Euro	6–9 Jahren	11 Euro
20	10–12	21
41	13–15	38
217	16–19 Jahren	164

Dafür wird das Taschengeld in erster Linie ausgegeben
(Mehrfachnennungen möglich)
Angaben in %

Jungen (6–19 Jahre)

Süßigkeiten	54
Zeitschriften, Zeitungen	47
Getränke	41
CDs	37
Eis	37
Fast Food	36
Kino	32
Handy	29
Computer-, Videospiele	26
Sport, Hobby, Freizeit	24

Mädchen (6–19 Jahre)

Süßigkeiten	54
Zeitschriften, Zeitungen	52
Eis	38
CDs	38
Fast Food	34
Kino	34
Getränke	32
Handy	31
Kosmetik, Körperpflege	27
Bekleidung, Schuhe	26

© Globus   Quelle: KVA 2003

8696

1. Studiert die Grafik auf der Seite 34 „Finanzkräftige Kids". Welche Erkenntnisse lassen sich daraus ableiten?
2. Überprüft, inwieweit die Angaben über die Verwendung des Taschengelds euren Gewohnheiten und Bedürfnissen entsprechen.
3. Entwerft ein Rollenspiel für zwei oder drei Personen. Es geht darum, Mutter und/oder Vater davon zu überzeugen, dass ihr etwas mehr Taschengeld braucht. Beachtet bei eurem Rollenspiel, dass es auf die richtige Strategie, einen günstigen Zeitpunkt, höfliche Umgangsformen und vor allem gute Argumente ankommt. Dabei dürft ihr nicht nur Wünsche stellen, sondern müsst den Eltern aufmerksam zuhören und auf ihre Antworten eingehen.
4. Setzt euch mit dem Thema auseinander: Geld als Belohnung für gute Schulnoten: Ja oder Nein? Sprecht zu Hause mit euren Eltern über dieses Problem.
5. Es gibt Eltern, die von ihren Kindern Rechenschaft über das ausgegebene Taschengeld fordern. Entwerft ein Rollenspiel mit der Absicht, die Eltern davon zu überzeugen, dass das Taschengeld frei verfügbares Geld ist, für das man selbst verantwortlich ist.

Nicht nur Erwachsene sollten Haushaltsbücher führen. Dies ist ebenso für Kinder und Jugendliche eine gute Möglichkeit, vernünftig mit dem Taschengeld umzugehen und möglichst 10 % oder auch mehr für ein besonderes Ziel anzusparen.

Der Taschengeldplaner von Beate zeigt dir, wie dies geht. Benutze Beates Modell als Kopiervorlage und führe ab sofort einen ähnlichen Taschengeldplaner. Du wirst schnell feststellen, dass du damit deine Ausgaben besser in den Griff bekommst.

Der Taschengeldplaner – erster Schritt zum Sparen

Hobby, Freizeit	CD, Bücher	Klei-dung	Essen, Trinken	Schul-bedarf	Ge-schenke	Sons-tiges	Gesamt	Sparen

1.7.7 Wege zur Erfüllung deiner Wünsche

Du wirst dich sicherlich an deinen Wunschzettel (vgl. S. 25) erinnern. Wir wollen dir helfen, ihn sinnvoll einzusetzen. Willst du deine Wünsche gezielt erfüllen, so gehst du am besten folgendermaßen vor: Stell dir vor, du willst ein neues Fahrrad haben und hast deshalb diesen Wunsch auch ganz vorn auf deiner Liste vermerkt. Vielleicht bastelst oder beklebst du dir eine Wunschdose mit der Abbildung deines Hauptwunsches. So wirst du immer an diesen Wunsch erinnert. Aber das Erinnern und Denken allein hilft nicht weiter. Du musst nicht nur wollen, sondern auch einiges dafür tun.

Der 1. Schritt: Du wirfst 50 % deines Taschengelds in die Wunschdose. Das fällt dir wahrscheinlich nicht leicht, aber ohne Verzicht geht es nicht. Von deinen 15 € Taschengeld wandern also gleich zum jeweiligen Monatsbeginn 7,50 € in den Spartopf.

Der 2. Schritt: Von allen Geldgeschenken (z. B. Oma, Tante, Onkel usw.) zweigst du ebenfalls 50 % in die Wunschdose ab. Hast du einen dreistelligen Betrag zusammen, ist das Geld bei der Bank besser aufgehoben.

Vielleicht wirst du nun sagen: „Mein Traumrad kostet doch 900 €. Da muss ich ohne Geldgeschenke etwa zehn Jahre und mit Geldgeschenken mindestens fünf Jahre sparen, bis ich mir meinen Wunsch erfüllt habe. Das dauert mir viel zu lange und vielleicht habe ich da ganz andere Interessen. Was soll das Ganze? Mit mir nicht!"

Der 3. Schritt: Deine Einwände sind nicht von der Hand zu weisen. Wir haben dies schon vermutet und machen dir deshalb einen weiteren Vorschlag: Du schreibst jetzt auf die Rückseite deines Wunschzettels fünf bis zehn Tätigkeiten auf, die du gern machst. Beate hat an erster Stelle notiert: „Mit Hunden und kleinen Kindern spielen!"

An zweiter Stelle steht „Inlineskaten", an dritter Position „bei Tennisturnieren dabei sein", auf dem vierten Rang: „Einkaufen", an der fünften Stelle: „Basteln" und zu guter Letzt: „sich um Pferde kümmern".

> **Mit nahezu jedem Hobby lässt sich bei Kreativität und Organisationsgeschick dein Taschengeld aufbessern.**

Vom Hobby zur Taschengeldaufbesserung

(z. B. einmal wöchentlich unter Beachtung der geltenden gesetzlichen Vorschriften)

Fahrrad fahren	Zeitung austragen
Inlineskaten	bei Ferienkursen mithelfen
bei Tennisturnieren dabei sein	Ballmädchen, Balljunge auf Turnieren
Einkaufen	für ältere Nachbarn gelegentlich einkaufen
Basteln	Christbaumschmuck herstellen
sich um Pferde kümmern	Stallmädchen, Stalljunge beim Landwirt

Erst Schule – dann Hobby!

Der 4. Schritt: Sicherlich findest auch du einige Tätigkeiten, die dir Spaß machen und mit denen du dir sogar ein paar Euro dazuverdienen kannst. Am besten alles, aber mindestens die Hälfte deiner Zusatzverdienste wandert ebenfalls in die Wunschdose. Bist du kreativ und aktiv, wirst du sehen, dass du sehr viel schneller deinen Hauptwunsch erfüllen kannst. Vor allem in den Schulferien fällt dir dazu wohl einiges ein.

Aber Vorsicht! Natürlich darf dies nicht dazu führen, nun von deinen Eltern, der Oma oder deinen Freunden für Gefälligkeiten Geld zu verlangen. Deine Eltern und deine Freunde tun sicherlich auch einiges für dich. Entgegenkommen geschieht hier auf Gegenseitigkeit. „Gutes zu tun, kommt früher oder später auch so zurück!" Wer dagegen z. B. von seinen Freunden für jede Leistung Geld fordert, gilt als berechnend und hat bald keine Freunde mehr.

Aufgaben für Einzelarbeit und Anregungen

1. Schreibe fünf bis zehn Tätigkeiten auf, die dir Spaß machen. Überlege, ob es für dich die eine oder andere Möglichkeit gibt, dir auf diese Weise ein paar Euro zu verdienen.
2. Hast du dir schon manchmal etwas Geld verdient? Welche erfreulichen und vielleicht auch unerfreulichen Erfahrungen hast du dabei gesammelt?
3. Viele junge Leute kaufen und verkaufen gern Sachen auf dem Flohmarkt. Verwandte, Freunde und gute Bekannte sind manchmal sogar froh, etwas „ausmisten" zu können und trennen sich deshalb gar nicht ungern von Klamotten, alten Büchern, Schallplatten, Stofftieren, Spielzeug usw. Vielleicht kannst du mitmachen, wenn z. B. volljährige Verwandte mit dem Auto hinfahren und dort einen Stand aufmachen.

2 Arbeiten mit dem Computer

2.1 Der PC als unser Hilfsmittel

Längst hat sich der PC als Arbeitsmittel in der Wirtschaft durchgesetzt. Für jeden tüchtigen Wirtschaftler ist der Computer unverzichtbar. Auch wir wollen die Vorzüge der elektronischen Datenverarbeitung nutzen. Da er uns die nächsten Jahre in den Fächern BWR, Informatik und Textverarbeitung immer wieder begegnen wird, wollen wir die Grundzüge erlernen.

Fallbeispiel

Christine Klug, Beates und Martins Mutter, hat einen älteren PC zu Hause und will ihren Haushaltsplan nun mithilfe des Rechners erstellen. Da sich Frau Klug nicht so ganz sicher ist, ob der Computer für ihre Zwecke noch ausreicht, wendet sie sich an den Wirtschaftsdoc Bernd, der ihr gern alle Fragen beantwortet.

Chris: „Hallo, Bernd. Ich will künftig meinen Haushaltsplan mit dem PC erstellen. Kannst du mir dabei behilflich sein? Ich weiß nicht, ob mein PC dafür noch tauglich ist. Wahrscheinlich brauche ich einen neuen Rechner."

Doc: „Grüß dich Christine. So schnell solltest du dich nicht für den Neukauf eines Computers entscheiden. Zunächst ist zu überprüfen: Welche Hard- und Software hast du bereits?"

Chris: „Hardware? Software? Mit diesem Fachchinesisch kann ich nicht viel anfangen. So etwas haben wir in der Schule nicht gelernt."

Doc: „Nur keine Panik, Chris. Das verstehst du gleich. Die Geräte nennt man Hardware. Dazu zählen der Computer selbst (Prozessor, Festplatte, Diskettenlaufwerk, CD-Laufwerk), die Tastatur, der Bildschirm, der Drucker, die Maus. Jede neue Computergeneration trägt ihren eigenen Namen."

Chris: „Oh je, dann werde ich ja wohl einen neuen PC für meinen Haushaltsplan brauchen, sicherlich ein teurer Spaß."

Doc: „Nein, nicht unbedingt! Es kommt darauf an, was du mit deinem PC alles machen willst, wozu du ihn brauchst und wie schnell er arbeiten soll."

Chris: „Eigentlich will ich damit nur Briefe und Notizen schreiben und unseren Haushaltsplan erstellen."

Doc: „Was die Hardware betrifft, dazu reicht ein Pentium I völlig aus. Nur wenn du im Internet surfen oder Bilder bearbeiten willst, lohnt sich ein schnellerer Rechner. In diesem Fall sollte der PC über einen großen Arbeitsspeicher und eine höhere Frequenz verfügen. Aber selbst dann musst du dir keinen neuen Computer kaufen. Nachrüsten ist möglich und wesentlich billiger.

Wichtig für dich ist aber auch die Software. Das sind die Programme, mit denen der Computer arbeitet. So wie ein Auto ohne Benzin nicht fährt, ist ein PC ohne Software völlig nutzlos.

Für das Schreiben von Texten brauchst du ein Textverarbeitungsprogramm. Für die Wirtschaft speziell ist die Tabellenkalkulation unverzichtbar. Mit einem solchen Programm kannst du rechnen, Grafiken erstellen und auswerten."

Chris: „Welches Programm bietet sich für mich an?"

Doc: „Auf dem Markt gibt es einige gute Programme. Sie funktionieren alle ähnlich. Setzt du auf weitverbreitete Programme, kannst du andere Anwender bei Problemen um Hilfe bitten. Außerdem lassen sich beschriebene Disketten untereinander austauschen. Wichtig ist ein gutes Antivirenprogramm, damit Daten und Datenträger nicht verseucht werden.

Entscheidend ist, dass du lernst, mit dem Programm umzugehen. Nicht die Technik darf dich, sondern du musst die Technik beherrschen. Die Nummer hinter dem Programmnamen zeigt an, wie alt das Programm ist. Je höher die Nummer ist, um so neuer ist die Version. Aber für deine Zwecke reicht eine ältere Version aus. Du bekommst sie wesentlich billiger. Jedes gute Programm verfügt über ein Lernprogramm. So wird es für dich nicht allzu schwierig sein, dich einzuarbeiten."

Aufgaben für Einzel- oder Partnerarbeit

1. Erkläre die Begriffe: Software, Hardware, Tabellenkalkulation.
2. Worauf kommt es beim Kauf eines Computers an?
3. Informiere dich darüber, welches Tabellenkalkulations- und Textverarbeitungsprogramm ihr an eurer Schule eingeführt habt. Sollte deine Familie an einem Erwerb interessiert sein, so ist es vorteilhaft, die gleichen Programme anzuschaffen. Oft bieten die Programmhersteller den Schülern sogar besonders günstige Lizenzen an. Beachte aber die Vorschriften über den Datenschutz.

4. Erstelle eine Tabelle, die sich beim Kauf eines neuen PC als nützlich erweist. Wozu soll der PC dienen? Mit welchen Programmen willst du arbeiten? Welches Betriebssystem und welcher Prozessor werden gewünscht? Überlege, warum du den einen oder anderen Rechner in die engere Wahl ziehst.

Dazu ein Tipp: Mit Prospekten und Informationen, auch aus dem Internet, kannst du gezielter arbeiten. Die Informatik- und Textverarbeitungslehrer oder andere Fachleute helfen sicherlich gern weiter. Das folgende Beispiel zeigt, wie du eine Tabelle gliedern und gestalten kannst.

Verwendungszweck des Computers	Programme (Anwendersoftware)	Betriebssystem	Ausstattung (Prozessor, Monitor)
Textverarbeitung, Tabellenkalkulation	Word 2003, Excel, Lotus 1-2-3, Ami-Pro	UNIX/LINUX, MAC OS, Windows 2000 oder XP	Pentium, AMD, Bildschirm mit 17 oder 19 Zoll

Wichtige Begriffe rund um den PC

Hardware: Darunter verstehen wir die Geräteausstattung des Computers, vor allem: Gehäuse, Bildschirm, Tastatur, Maus, Drucker, Festplatte, Arbeitsspeicher, CD-Laufwerk, Diskettenlaufwerk.

Beispiel: Du wünscht dir einen Rechner mit dem neuesten Prozessor, einer 160-GB-Festplatte (GigaByte), einem Arbeitsspeicher mit 512 MB und einem 19-Zoll-Bildschirm.

Software: Damit sind die Programme gemeint, ohne die ein Computer gar nicht nutzbar wäre. Dazu zählen: Textverarbeitungs- und Tabellenkalkulationsprogramme, verschiedene Computerspiele.

Festplatte: Darauf werden sämtliche Daten gespeichert. Sie dient dazu, die geschriebenen Texte und Rechenblätter sowohl zu sichern als auch zu laden.

Prozessor: Er wird als das Herzstück des Computers bezeichnet und ist verantwortlich für die Verarbeitung aller wichtigen Daten.

Tabellenkalkulation: Hier handelt es sich um ein Programm zur Erstellung von Tabellen und Grafiken sowie zur Durchführung von Berechnungen.

2.2 Einführung in die Tabellenkalkulation

Fallbeispiel

Beates Mutter überprüft ihren PC. Sie stellt fest, dass es ein Computer mit neuerem Prozessor sowie mit gängigem Textverarbeitungs- und Tabellenkalkulationsprogramm ist. So macht sie sich gleich daran, die wichtigsten Schritte beim Umgang mit dem PC und danach auch mit den beiden Programmen zu erlernen. Der Wirtschaftsdoc ist behilflich und rät ihr, mit der Textverarbeitung zu beginnen. „Das ist für den Anfang leichter. Sobald du dich eingearbeitet und fleißig geübt hast, zeige ich dir, wie es weiter geht. Bald wirst du einen Brief schreiben, abspeichern und wieder in den Arbeitsspeicher laden können. In ein paar Wochen bist du so weit fortgeschritten, dass  *du mit dem Tabellenkalkulationsprogramm euren Haushaltsplan erstellen kannst."*

Bei kleinen Pannen nicht verzagen und einen neuen Anlauf wagen!

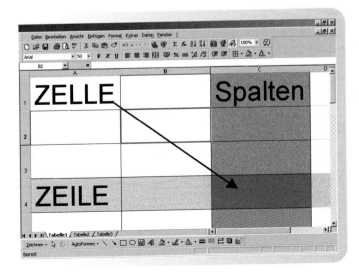

Die Struktur der Tabellenkalkulation

Die Struktur ist bei allen Tabellenkalkulationen gleich. Die Tabelle unterteilt sich in Zeilen und Spalten. Der Schnittpunkt von Zeilen und Spalten wird als Zelle oder Feld bezeichnet.

Struktur der Tabellenkalkulation: Zeilen, Spalten und Zellen

Die **Spalten** werden meistens mit Buchstaben, die **Zeilen** dagegen mit Ziffern versehen. So lassen sich die **Zellen** eindeutig kennzeichnen. **Zelle A1** bedeutet also: Es handelt sich in der Spalte A um die 1. Zeile. **Zelle E2** zeigt an, dass in der 5. Spalte E die 2. Zeile gemeint ist.

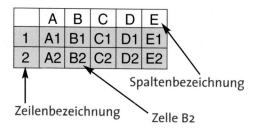

Spaltenbezeichnung

Zeilenbezeichnung

Zelle B2

Der Zelleninhalt: Text, Zahlen, Formeln

In jede **Zelle** kannst du unterschiedliche Inhalte eingeben. Dabei wird zwischen drei wesentlichen Zelleninhalten unterschieden. Es handelt sich um die Möglichkeit, **TEXT**, **ZAHLEN** oder **FORMELN** einzutragen. Die Eingabe von Buchstaben interpretiert der Computer stets als Text. Eine Kombination aus Buchstaben und Ziffern erfasst der PC, sofern ihm nichts anderes mitgeteilt wird, als Text und nicht, wie vielleicht erwünscht, als Zahl. Werden nur Ziffern eingetragen, erkennt der PC diese Eingabe als Zahl. Durch die Eingabemöglichkeit von Formeln kann mit der Tabellenkalkulation gerechnet werden.

Die Formeln: Rechnen mit der Tabellenkalkulation

Du kannst in die einzelnen Zellen Rechenformeln mit Bezügen auf andere Zellen eingeben. So lassen sich Zahlen aus einzelnen Zellen miteinander addieren oder multiplizieren, subtrahieren oder dividieren. Dabei orientiert sich das Programm an den amerikanischen Rechenzeichen. Dies führt vereinzelt zu etwas veränderten Schreibweisen. An diese Umstellungen wirst du dich rasch gewöhnen.

Veränderte Rechenzeichen

Rechenvorgang	Anstatt	Darstellung am PC
Multiplizieren	Punkt	Stern *
Dividieren	Doppelpunkt	Schrägstrich /
Formelbeginn		Gleichheitszeichen =

Das Rechenblatt: Tabellen erstellen

Wenn wir mithilfe der Tabellenkalkulation eine Berechnung durchführen oder verschiedene Daten zusammenstellen, so sprechen wir von einem **Rechenblatt**. Wir können unsere Berechnungen jederzeit auf der Festplatte des Computers abspeichern und beliebig darauf zurückgreifen.

Sofern bei gleichgearteten Berechnungen nur veränderte Zahlen in den betroffenen Zellen abzuwandeln sind, ersparen wir uns einen Großteil der Arbeitszeit. So brauchen wir bei unserem Haushaltsplan nur noch die aktuellen Zahlen einzugeben und der Computer berechnet uns die Summe für die betreffende Ausgabeart. Bei Berechnungen mit gleichen Rechenschritten wird uns die Arbeit also wesentlich erleichtert.

Die Eingabe am PC

Bei der Eingabe am PC werden durch einmaliges Drücken der linken Maustaste mit dem Mauszeiger die einzelnen Zellen angeklickt bzw. markiert. Daraufhin wird der gewünschte Zelleninhalt, also Text, Zahl oder Formel, in die Zelle eingegeben. Bei Formeln rechnet der Computer den Zelleninhalt selbstständig aus und schreibt das berechnete Ergebnis in die betreffende Zelle. Um alles problemlos überprüfen zu können, vermerkt er in einer Zeile oberhalb des Rechenblattes, was in die Zelle eingegeben wurde (vgl. die Kontrollzeile auf der folgenden Abbildung). In dieser Zeile lassen sich auch etwa gewünschte Verbesserungen des Zelleninhaltes vornehmen, ohne den Zelleninhalt nochmals vollständig neu eingeben zu müssen.

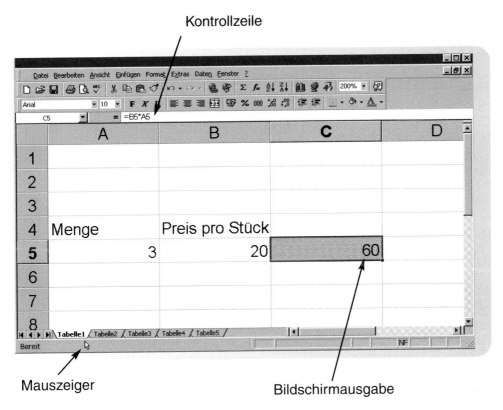

Kontrollzeile

Mauszeiger

Bildschirmausgabe

Beispiel: Beate geht für die Familie zum Einkaufen. Sie soll 1 kg Äpfel, 500 g Wurst und 300 g Käse einkaufen. Die Äpfel kosten 0,70 €/500 g, die Wurst 0,80 €/100 g und der Käse 0,60 €/100 g. Beate erstellt zur Übung ein Rechenblatt, um mithilfe der Tabellenkalkulation auszurechnen, wie viel Geld sie zum Einkaufen benötigt.

Dateneingabe in das Rechenblatt

	A	B	C	D
1	Ware	Menge	Preis je Einheit	Preis gesamt
2	Äpfel		2	0,70 EUR	=B2*C2
3	Wurst		5	0,80 EUR	=B3*C3
4	Käse		3	0,60 EUR	=B4*C4

Darstellung am Bildschirm

	A	B	C	D
1	Ware	Menge	Preis je Einheit	Preis gesamt
2	Äpfel		2	0,70 EUR	1,40 EUR
3	Wurst		5	0,80 EUR	4,00 EUR
4	Käse		3	0,60 EUR	1,80 EUR

Die Addition mit der Summenformel

Mehrere **nebeneinanderliegende Zellen** werden mithilfe der **Summenformel** zusammengezählt. Dazu ein Beispiel: Die Zellen von D2 bis D4 sollen in D5 zu einem Gesamtergebnis addiert werden. Wir geben folgende Formel in D5 ein: =Summe(d2:d4)

	A	B	C	D
1	Ware	Menge	Preis je Einheit	Preis gesamt
2	Äpfel		2	0,70 EUR	=B2*C2
3	Wurst		5	0,80 EUR	=B3*C3
4	Käse		3	0,60 EUR	=B4*C4
5		Gesamtpreis für den Einkauf			=summe (d2:d4)

Probleme bei der Formatierung des Rechenblattes

Bei der **Eintragung von Text, Formel und Zahl** in die Zellen treten bisweilen Probleme auf. Vor allem Einsteiger haben anfangs gegen einige Schwierigkeiten anzukämpfen. Das ist völlig normal und kein Grund, in Panik zu geraten und die Arbeit entnervt aufzugeben. Die Tabelle auf den nächsten zwei Seiten zeigt dir, wie du die üblichen Probleme rasch beheben und dir damit die Arbeit am PC erleichtern kannst.

Bei Pannen nur nicht gleich aufgeben, Fehler lassen sich beheben.
Sei geduldig, zeige Mut! Und die Sache endet gut!

Problem	Schritte zur Problembewältigung

Schritte zur Problembewältigung

Der eingegebene Text ist **breiter** als die Zelle (vgl. Abb 1).

Führe den **Mauszeiger** an den rechten Rand derjenigen Spalte, in der sich die zu schmale Zelle befindet. Es erscheint ein Doppelpfeil mit einem senkrechten Strich in der Mitte, wie die vergrößerte Abbildung zeigt.

Drücke nun die **linke Maustaste** und halte sie in dieser Stellung fest, während eine gestrichelte senkrechte Linie auf dem Bildschirm erscheint. Ziehe die Linie soweit nach rechts, bis die Spalte die gewünschte Breite aufweist.

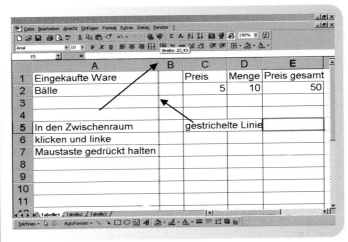

Abb. 1

Nach der Eingabe einer Formel erscheint jetzt in der Zelle **#WERT!** (vgl. Abb. 2).

Diese Fehlermeldung erscheint immer dann, wenn eine falsche Formel in dieses Feld eingegeben wurde.

In Abb. 2 wurde in die Zelle E2 die Formel eingetragen: **=C1*D2**.

Da die Zelle C1 einen Text statt einer Zahl enthält, erscheint in der Zelle E2 die Fehlermeldung: **#WERT!**

Abb. 2

Die ausgegebenen Werte sollen in **Euro** bzw. **€** erscheinen (vgl. Abb. 3).	• Markiere die Zellen, welche du verändern willst. Dazu klickst du auf die erste Zelle, die den Wert in Euro bringen soll. Halte die linke Maustaste gedrückt und ziehe sie bis zum Ende der Zelle, deren Wert ebenfalls umgewandelt werden soll.
	• Klicke auf **Format**, danach auf **Zellen**. Es wird nun ein weiteres **Fenster** geöffnet.
	• Klicke dort auf **Zahlen**. Es erscheint eine Reihe von Auswahlmöglichkeiten.
	• Klicke nun auf **Währung**. (Bei älteren Versionen erscheint allerdings noch DM anstelle von EUR.)
Du willst zur Arbeitserleichterung bestimmte Zelleninhalte **kopieren**.	Es ist oft sehr hilfreich, Zelleninhalte zu kopieren, wenn in einzelnen Zellen die gleichen Formeln vorkommen.
	• Klicke hierzu auf die zu kopierende Zelle(n) und markiere sie.
	• Klicke auf **Bearbeiten** und danach auf **Kopieren**.
	• Markiere die Zelle, in die der Inhalt kopiert werden soll. Klicke erneut auf **Bearbeiten** und anschließend wieder auf **Kopieren**.

Die Beträge sollen in EUR auf dem Bildschirm erscheinen.

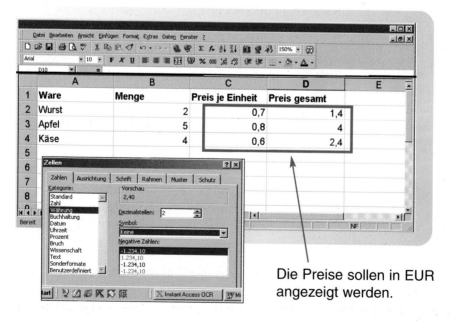

Die Preise sollen in EUR angezeigt werden.

Abb. 3

RW Aufgaben Rechnungswesen

Drucke dir für die folgenden Aufgaben eine Tabelle am PC aus, die in Zeilen und Spalten eingeteilt ist. Die Aufgaben kannst du evtl. auch im Computerraum deiner Schule lösen.

Aufgabe 2-1 Rechnungswesen

Erstelle ein Rechenblatt, mit dem du folgende Berechnung durchführen kannst:

Beim Bau einer neuen Garage hat die Familie Klug folgende Ausgaben: Maurerarbeiten 1.500,00 €, Betonierarbeiten 1.000,00 €, Dachstuhl 3.500,00 €, Garagentor 500,00 €, Strom 400,00 €.

1. Mit welcher Summe muss die Familie Klug beim Garagenbau rechnen?
2. Mithilfe der Tabellenkalkulation soll der Gesamtpreis für die Garage ermittelt werden. Erstelle dazu ein Rechenblatt.

Aufgabe 2-2 Rechnungswesen

Für das Telefonieren der Familie Klug verlangt die Telefongesellschaft pro Tarifeinheit ab 05:00 bis 09:00 Uhr 3 Cent, ab 09:00 bis 15:00 Uhr 5 Cent, ab 15:00 bis 21:00 Uhr 4 Cent und ab 21:00 bis 05:00 Uhr 2 Cent. Martin will wissen, ob die Telefongesellschaft richtig abrechnet. Er erstellt ein Rechenblatt, um nach der Eingabe der telefonierten Einheiten den Endbetrag zu berechnen. Die monatliche Grundgebühr für den Telefonanschluss beträgt 20,00 EUR.

1. Berechne zuerst handschriftlich, wie viel die Familie Klug an Telefongebühren im Monat November aufbringen muss, wenn sie zwischen 09:00 und 15:00 Uhr 80 Einheiten, zwischen 15:00 und 21:00 Uhr 103 Einheiten und ab 21:00 bis 05:00 Uhr 8 Einheiten vertelefoniert hat.
2. Erstelle ein Rechenblatt, mit dem Martin für die Familie Klug künftig nach Eingabe der telefonierten Einheiten den Endbetrag errechnen und später auch exakt überprüfen kann.

Aufgabe 2-3 Rechnungswesen

Nachdem Martins Ausbilder Herr Singer plant, in den Sommerferien nach Amerika zu fliegen, will er schon jetzt ausrechnen, wie viel er derzeit für 300,00 EUR an Dollar erhält. Verwende dazu den aktuellen Wechselkurs.

1. Wie viele Dollar erhält Herr Singer, wenn er bei der Bank seine 300,00 EUR in Dollar umtauscht?
2. Erstelle ein Rechenblatt, das jeden Eurobetrag sofort in Dollarbeträge umrechnen kann.

Aufgabe 2-4 Rechnungswesen

An der Realschule von Beate sollen für den Musiksaal neue Instrumente angeschafft werden. Der Musiklehrer Herr Musikus wendet sich an die Klasse 7 b, in die Beate geht. Folgende Instrumente werden benötigt: 3 Gitarren, 1 Schlagzeug, 1 Verstärker.

Die Klasse 7 b holt im Auftrag von Herrn Musikus Angebote von drei verschiedenen Händlern ein. Die Musikfirmen unterbreiten der Realschule daraufhin folgende Angebote:

Händlerangebot	Gitarrenpreis	Schlagzeugpreis	Verstärkerpreis
Firma TROMMEL	100,00 EUR	1.200,00 EUR	800,00 EUR
Firma SOLO	99,00 EUR	1.210,00 EUR	799,00 EUR
Firma LAUTE	90,00 EUR	1.150,00 EUR	1.000,00 EUR

1. Berechne den Gesamtpreis der Neuanschaffung für die Schule bei den Firmen TROMMEL, SOLO und LAUTE.
2. Erstelle ein Rechenblatt, mit dem du den Gesamtpreis der Neuanschaffung von Musikinstrumenten berechnen kannst.

Aufgabe 2-5 Rechnungswesen

Fertige ein Rechenblatt an, mit dem sich für einen durchschnittlichen Familienhaushalt ein Haushaltsplan erstellen lässt. Orientiere dich an dem Haushaltsplan, der auf Seite 32 abgedruckt ist. Mit der erstellten Datei kannst du künftig gemeinsam mit deinen Eltern den Haushaltsplan für deine Familie erstellen.

Die Prozentrechnung

Fallbeispiel

Martin beim Wirtschaftsdoc

Martin: „Guten Tag Wirtschaftsdoc. In letzter Zeit habe ich so viel über das Sparen gehört, dass ich mir nun auch ein kleines Vermögen aufbauen will. Aber irgendwie klappt es bei mir trotzdem nicht so richtig."

Doc: „Nimm erst mal Platz und erzähle mir, wie du bislang sparst."

Martin: „Ich habe mir einen Finanzplan zurechtgelegt und versucht, mich daran zu halten. Das Geld, welches am Monatsende übrig bleibt, lege ich auf ein Sparkonto. Meistens schaffe ich es nicht, mehr als 10 bis 20 € im Monat zu sparen. Das restliche Geld verschwindet einfach."

Doc: „Willst du wissen, warum das Sparen bei dir nicht funktioniert? An dem Vorsatz zu sparen, was am Monatsende übrig bleibt, sind schon viele Leute gescheitert. Es sollte dir auch möglich sein, mindestens 10 % vom Nettoverdienst zu sparen."

Martin: „Ich verdiene 600 €, das wären also 60 €. Das erscheint mir ziemlich unmöglich. Wovon das Benzin bezahlen? Wovon das Ausgehen mit der Freundin finanzieren? Was ist mit Spaß, Vergnügen, Einladungen und Zusammensein mit Freunden?"

Doc: „Niemand verlangt von dir, auf Dinge zu verzichten, die dir viel bedeuten bzw. Spaß machen. Du sollst das Sparen nicht als unangenehme Fessel empfinden. Aber viel Geld verschwindet nur deshalb, weil oft unnötig und undiszipliniert konsumiert wird. Frag dich selbst: Hast du nicht hinterher schon so manche Ausgabe bereut? 10 % vom Nettoeinkommen sind in deiner jetzigen Lage ein guter Anfang. Von jeder künftigen Gehaltserhöhung kannst du dagegen ohne Weiteres 50 % sparen. Entscheidend ist, dass du bereits am Monatsanfang sparst, damit es wirklich klappt."

Aufgaben für Einzel- oder Partnerarbeit

1. Was hat Martin zunächst bei seinen Sparplänen falsch gemacht?
2. Formuliere den Rat, den der Wirtschaftsdoc Martin gab, in einem Satz.
3. Wie hoch sind die Beiträge in €, wenn Martin a) 10 %, b) 20 %, c) 30 % von seinem monatlichen Nettoeinkommen spart?

Der Wirtschaftsdoc

Zum Thema Sparen

- Gespart wird grundsätzlich am **Monatsanfang**.
- Es ist vernünftig, einen **festen Prozentsatz** von seinem Einkommen (z. B. Taschengeld) zurückzulegen.
- Jedermann sollte **regelmäßig** und **diszipliniert** sparen.
- Das Ziel des Sparens ist es, sich später größere Wünsche erfüllen zu können bzw. für den Ruhestand vorzusorgen.

Der Wirtschaftsdoc

Zum Thema Prozentrechnung

- Die Prozentrechnung ist ein wichtiges Handwerkszeug im Wirtschaftsleben. Dies gilt für den privaten Bereich und das betriebliche Rechnungswesen.

- Das Prozentzeichen % kommt vom lateinischen „pro centum" und bedeutet „von Hundert". Damit ist also der 100ste Teil von einem Ganzen gemeint.

Beispiele		
$8\% = \dfrac{8}{100} = 0{,}08$	$5\% = \dfrac{5}{100} = 0{,}05$	$22{,}5\% = \dfrac{22{,}5}{100} = 0{,}225$

Gehen wir von folgendem Problem aus: Martins Vater Hans Klug beschließt künftig, monatlich 100 € zu sparen. Ist dies viel oder wenig? Denke darüber nach, bevor du weiterliest.

Zur Lösung: Diese Frage lässt sich nur dann zutreffend beantworten, wenn wir wissen, wie viel der Vater monatlich verdient. Im übertragenen Sinne bedeutet dies: Wirtschaftliche Aussagen ergeben oftmals erst dann einen Sinn, wenn die Zahlen zueinander in ein Verhältnis gebracht werden. In diesem Beispiel muss also der Sparbetrag des Vaters mit seinem monatlichen Einkommen ins Verhältnis gesetzt werden. Dies ermöglicht uns die Prozentrechnung.

Bei der Prozentrechnung unterscheiden wir drei verschiedene Größen

Grundwert	Prozentsatz	Prozentwert
Ausgangsgröße Dies ist der Wert, worauf sich der Prozentsatz bezieht. Der Grundwert ist 100 %.	**Verhältniszahl** Damit ist der Wert gemeint, der in Prozent angegeben wird.	**Absolute Größe** Die absolute Größe wird ausgedrückt z. B. in Euro und ist ein Teil des Grundwertes.

3.1   Die Berechnung des Prozentwertes

Es stellt sich die Frage: Wie viel muss Martin sparen, wenn er bei seiner Ausbildungsvergütung in Höhe von 600,00 € 10 % zurücklegen will?

Gegeben ist der Grundwert von 600,00 € und der Prozentsatz von 10 %.
Gesucht wird der Prozentwert.

Der Wirtschaftsdoc

Der Dreisatz als wirtschaftlicher Lösungsansatz

1. **Schritt:** Schreibe die Beträge in € und die Prozentzahlen untereinander.

2. **Schritt:** Der gesuchte Wert wird mit x bezeichnet.

3. **Schritt:** Präge dir den folgenden Merksatz ein: **Multipliziere über Kreuz und dividiere mit dem Wert, der darüber- oder daruntersteht.**

Lösung 1 mit Dreisatz:

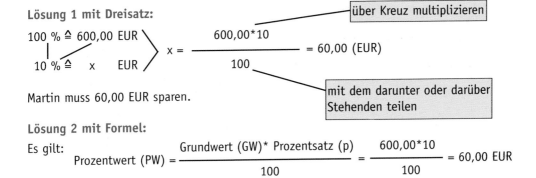

100 % ≙ 600,00 EUR

10 % ≙ x EUR

über Kreuz multiplizieren

$$x = \frac{600,00 * 10}{100} = 60,00 \text{ (EUR)}$$

mit dem darunter oder darüber Stehenden teilen

Martin muss 60,00 EUR sparen.

Lösung 2 mit Formel:

Es gilt:

$$\text{Prozentwert (PW)} = \frac{\text{Grundwert (GW)} * \text{Prozentsatz (p)}}{100} = \frac{600,00 * 10}{100} = 60,00 \text{ EUR}$$

3.2 Die Berechnung des Prozentsatzes

Oma Kerstin schenkt Beate 10,00 €. Beate spart davon 1,00 €.
Gegeben ist der Grundwert von 10,00 € und der Prozentwert von 1,00 €.
Gesucht ist der Prozentsatz.

Lösung 1 mit Dreisatz:

10,00 EUR ≙ 100 %

1,00 EUR ≙ x %

$$x = \frac{1,00 * 100}{10,00} = 10 \text{ (\%)}$$

In diesem Fall spart Beate also 10 % ihres Taschengeldes.

Lösung 2 mit Formel:

Es gilt:

$$\text{Prozentsatz (p)} = \frac{\text{Prozentwert (PW)} * 100}{\text{Grundwert (GW)}} = \frac{1,00 * 100}{10,00} = 10 \text{ (\%)}$$

3.3 Die Berechnung des Grundwertes

Beate denkt darüber nach: Wie viel muss Martin verdienen, wenn er 30 % sparen und deshalb 210,00 EUR monatlich zur Seite legen will?
Gegeben ist der Prozentsatz von 30 % und der Prozentwert von 210,00 EUR.
Gesucht wird der Grundwert.

Lösung 1 mit Dreisatz:

100 % ≙ x

30 % ≙ 210,00 EUR

$$x = \frac{100 * 210,00}{30} = 700,00 \text{ (EUR)}$$

Martin müsste also 700,00 EUR monatlich verdienen, um 210,00 EUR bei einer Sparquote von 30 % ansparen zu können.

Lösung 2 mit Formel:

Es gilt:

$$\text{Grundwert (GW)} = \frac{\text{Prozentwert (PW)} * 100}{\text{Prozentsatz (p)}} = \frac{210,00 * 100}{30} = 700,00 \text{ (EUR)}$$

Die Formeln im Überblick

Der Prozentwert

$$PW = \frac{GW*p}{100}$$

Der Grundwert

$$GW = \frac{PW*100}{p}$$

Der Prozentsatz

$$p = \frac{PW*100}{GW}$$

*Du kannst grundsätzlich mit **Formel** oder mit **Dreisatz** rechnen. Da aber bei vielen Aufgaben der Dreisatz die Arbeit erheblich erleichtert, solltest du den Dreisatz gründlich einüben und dir folgenden Satz merken:*

Notiere Prozentsätze und EUR-Beträge jeweils untereinander. Der reine Grundwert ist immer mit 100 % anzusetzen. Multipliziere über Kreuz und dividiere mit dem darüber- oder darunterstehenden Wert.

3.4   Rasches Abschätzen ist vorteilhaft

Im Wirtschaftsleben ist es nicht immer notwendig, sämtliche Zahlen exakt zu berechnen, wie wir dies vom Fach Mathematik gewohnt sind. Selbstverständlich arbeiten wir auf die Kommastellen genau, sobald dies erforderlich ist. Oft aber reicht es aus, blitzschnell abzuschätzen, ob relativ viel oder wenig geboten wird, ob etwas eher günstig oder ungünstig erscheint.

Fallbeispiel

Beates und Martins Eltern wollen, dass die Terrasse ihrer Eigentumswohnung mit Holz verkleidet wird. Heute bietet die Firma SUPERSCHNELL der Familie Klug als besonderes Entgegenkommen an, von den ursprünglich kalkulierten 1.333,00 € noch 118,00 € nachzulassen. Vom Wirtschaftsdoc wissen Chris und Hans Klug, dass sie sich im Allgemeinen mit weniger als 10 % Nachlass kaum zufriedengeben sollten.

Somit ist zu überlegen: *Erscheint dieses Angebot eher als günstig oder ungünstig?*

Außerdem ist zu berechnen: *Wie viel sind 118,00 € von 1.333,00 € in Prozent?*

Die Schätzantwort lautet: *Es sind deutlich weniger als 10 %. Folglich erscheint den Eltern das Angebot nicht als extrem günstig. Vielleicht ist die Verhandlungsbasis noch nicht voll ausgeschöpft.*

Aufgabe für Einzelarbeit

Beweise die Richtigkeit der „Schätzantwort" mittels Dreisatzberechnung.

 **Aufgaben Rechnungswesen**

Aufgabe 3-1 Rechnungswesen

Die mit der Familie Klug befreundete Nachbarsfamilie Weise hat ein monatliches Nettoeinkommen von 2.000,00 EUR. Im Oktober haben die Nachbarn das Geld wie folgt verwendet:

Lebensmittel	*500,00 EUR*	*Auto/Busfahren*	*100,00 EUR*	*Sparen*	*400,00 EUR*
Wohnung	*400,00 EUR*	*Versicherungen*	*100,00 EUR*		
Unterhaltung	*200,00 EUR*	*Sonstiges*	*300,00 EUR*		

1. Wie viel Prozent des Monatseinkommens hat die Nachbarsfamilie Weise für die einzelnen Bereiche ausgegeben?

2. Familie Weise wollte 20 % von ihrem Monatseinkommen sparen. Ist ihr dies gelungen? Führe den Beweis mittels Dreisatz durch.

Aufgabe 3-2 Rechnungswesen

Die Firma ADA stellt durchschnittlich pro Tag 3 400 Bälle her. Eine Überprüfung ergab, dass davon 128 Bälle fehlerhaft waren. Das Unternehmen hatte eine Ausschussquote von höchstens 5 % eingeplant.

Ist der Firma ADA dieses Vorhaben gelungen?

Aufgabe 3-3 Rechnungswesen

Für 1 000 Bälle verlangte die Firma ADA 10.000,00 EUR. Sie muss ihre Preise wegen der starken ausländischen Konkurrenz marktbedingt um 20 % senken.

Wie hoch sind die Preissenkung und der neue Preis in EUR?

Aufgabe 3-4 Rechnungswesen

Die Firma ADA produziert 12 000 Fußbälle.

Wie viele Bälle kann ADA an die Kunden ausliefern, wenn mit einem Ausschuss von bis zu 5 % gerechnet wird?

Aufgabe 3-5 Rechnungswesen

Martin kauft sich im Winterschlussverkauf eine Jacke, die ursprünglich für 100,00 EUR gehandelt wurde. Jetzt wurde sie um 25 % billiger angeboten.

Wie viel muss Martin für die Jacke im Winterschlussverkauf bezahlen?

Aufgabe 3-6 Rechnungswesen

Die Nachbarsfamilie Maier erzählt, sie hätte sich ein Auto gekauft und 3.000,00 EUR angezahlt. Den Rest des Kaufpreises würde sie in 15 Monatsraten zu je 1.000,00 EUR abzahlen. Das Auto würde bei Sofortzahlung 15.000,00 EUR kosten.

Um wie viel Prozent verteuert sich das Auto der Familie Maier durch die Ratenzahlung?

Aufgabe 3-7 Rechnungswesen

Ermittle die jeweils fehlenden Beträge und gib neben der Lösung auch den Lösungsweg an.

	Grundwert	Prozentsatz	Prozentwert
a)	100,00 EUR	8 %	####################
b)	#################	6 %	50,00 EUR
c)	50,00 EUR	#####################	10,00 EUR
d)	200,00 EUR	50 %	####################
e)	400,00 EUR	75 %	####################
f)	800,00 EUR	#####################	320,00 EUR
g)	900,00 EUR	200 %	####################
h)	60,00 EUR	2,5 %	####################
i)	100,00 EUR	#####################	12,50 EUR
j)	200,00 EUR	#####################	45,00 EUR
k)	300,00 EUR	33,33 %	####################
l)	120,00 EUR	25 %	####################

Aufgabe 3-8 Rechnungswesen

Erstelle ein Rechenblatt am PC, das nach Eingabe von

1. Prozentwert und Prozentsatz den Grundwert,

2. Prozentwert und Grundwert den Prozentsatz,

3. Grundwert und Prozentsatz den Prozentwert berechnet.

Aufgabe 3-9 Rechnungswesen

Die Familie Klug will in ihrem Wohnzimmer einen neuen Korkboden legen. Der Raum hat eine Abmessung von 5,00 Meter auf 4,00 Meter. Der Verkäufer sagt den Eheleuten, dass sie mit 10 % Verschnitt (Abfall) rechnen müssen. Ein Quadratmeter kostet 10,00 EUR.

Wie viel kostet der Familie Klug der neue Korkboden?

Aufgabe 3-10 Rechnungswesen

Die Firma ADA erzielte im Jahr 2001 einen Gewinn von 320.000,00 EUR. Der Gewinn war damit um 64.000,00 EUR höher als ein Jahr zuvor.

1. Schätze ab, ob eine Gewinnsteigerung von mindestens 12,5 % erreicht wurde und begründe deine Meinung.

2. Um wie viel Prozent ist der Gewinn der Firma ADA im Jahr 2001 tatsächlich gestiegen?

3. Wie stark hätte im Jahr 2001 der Gewinn in EUR steigen müssen, wenn die Gewinnsteigerung 30 % betragen hätte?

4 Die Auswertung von Belegen im privaten Haushalt

4.1 Die Umsatzsteuer am Beispiel der Telefonrechnung

Fallbeispiel

Es ist der 15. November. Vater Hans ärgert sich über die Abrechnung der MOBILTELEFONA AG: Beate und Martin wirken bedrückt; denn die Telefonrechnung des letzten Monats ist sehr hoch. Hans Klug wurden 150 € abgebucht, deutlich mehr als die Familie im Haushaltsplan angesetzt hat. Der Vater beschuldigt seine Kinder, häufig stundenlang zu telefonieren. Schuldbewusst gibt Beate zu, dass sie mit ihrer Patentante Sonja in München viermal jeweils ein bis zwei Stunden telefoniert hat. Vater Hans lenkt ein und sagt. „Gut, Beate, dass du es zugibst; aber ich habe es bereits gewusst. Um ganz genau zu sein: „Du hast genau 7 Stunden und 43 Minuten mit Tante Sonja telefoniert. Viel schlimmer schlägt allerdings zu Buche, dass du und Martin oft Freunde auf dem Handy anruft."

Aufgaben für Einzel- oder Partnerarbeit

1. Woher wusste Vater Hans bereits, welche Familienmitglieder zu welcher Zeit die Telefonrechnung unnötig in die Höhe getrieben haben?
2. Weshalb werden Telefonabrechnungen auf Wunsch überhaupt so genau erstellt?
3. Was nützt es dem Kunden im privaten und im geschäftlichen Bereich zu erfahren, wer mit wem bei welcher Gesellschaft zu welcher Zeit telefoniert?

Fallbeispiel

Beate ist beeindruckt, dass ihr Vater Hans genau weiß, wann und wie lange sie mit ihrer Patentante Sonja telefoniert. Sie fragt deshalb ihren Vater, wieso er aufgrund der Abrechnung alles zurückverfolgen kann. Der Vater erklärt seiner Tochter: „Weißt du Beate, für jede Zahlung, die wir im privaten Haushalt tätigen, erhalten wir einen Beleg, auf dem vermerkt ist, für welche Leistungen wie viel berechnet wird. Auf der Telefonrechnung steht z. B., mit welcher Gesprächsnummer wir wann in welcher Entfernungszone telefoniert haben und wie hoch die angefallenen Gebühren sind. Am besten, wir schauen uns deshalb die letzte Rechnung der MOBILTELEFONA AG gemeinsam an."

IHRE RECHNUNG

MOBILTELEFONA AG, Kundenniederlassung
Rechnungsdatum: 20..-11-15
90040 Nürnberg

Familie
Chris und Hans Klug
Hauptstraße 28

90400 Nürnberg

Rechnungsmonat: Oktober 20..
Kundennummer: 19 894 567 321

Bitte immer angeben
Rechnungsnummer: 906 521 850
Buchungskonto: 49 312 049 032
Seite 1 von 2
Bei Rückfragen Tel.: (0 80) 03 2103
Telefax: (0 80) 03 21 44

Artikel oder Leistung	Artikel/ Leistungs-Nr.	Volumen/ Tarif/Zeit	Nettoeinzel- betrag EUR	Nettogesamt- betrag EUR	UST %
Monatliche Beträge 20..-10-01 bis 20..-10-31 (falls nicht anders angegeben)					
Verrechnungsnummer 730 800 921 248					
1. Basisanschluss (DSS1)	04010	1	40,00	40,00	19
Standard -					
Mehrgeräteanschluss					
Summe: Monatliche Beträge				**40,00**	
Beträge für Verbindungen					
Ruf-Nr. (09 11) 93 41 52					
Verbindungen vom 20..-10-01 bis 20..-10-31					
2. 81 Cityverbindungen	03125	224	0,1033	23,14	19
65 Deutschlandverbindungen					
Normaltarif	03226	137	0,1033	14,15	19
3. Verbindungen					
Mobilfunknetz	03268	100	0,1033	10,33	19
Summe der Beträge				**87,62**	
Umsatzsteuer				**16,65**	19
Rechnungsbetrag				**104,27**	

MOBILTELEFONA AG
Bahnhofplatz 2, 90403 Nürnberg
Kundenbuchhaltung 02 Stuttgart, Postfach 50 20 21, 7 03 69 Stuttgart
Bank Stuttgart (BLZ 603 100 71) Kto.-Nr. 384 653 653

Beate trifft gegen Abend den Wirtschaftsdoc Bernd und will von ihm noch Näheres über die Telefonabrechnung wissen. Sie berichtet ihm von dem zuvor geführten Gespräch mit ihrem Vater, zeigt ihm den Beleg und stellt ihm dazu noch einige Fragen.

Beate: „Lieber Wirtschaftsdoc, woran erkenne ich denn nun, wann und wie lange ich mit wem telefoniert habe?"

Doc: „Bei der Telefonrechnung gibt es auf Wunsch des Kunden einen Einzelverbindungsnachweis, in diesem Fall wird jedes Gespräch exakt mit der Telefonnummer aufgezeigt. Aber selbst wenn darauf verzichtet wird, siehst du z. B. anhand der vorliegenden Rechnung, dass für 23,14 € insgesamt Ortsgespräche geführt wurden. Für Ferngespräche sind 14,15 € berechnet worden. Und die Mobilfunkgespräche mit dem Handy machten 10,33 € aus. Die einzelnen Telefonanbieter werden immer mit Einzelabrechnung aufgeführt."

Beate: „Das begreife ich schon. Nur, warum steht hier als Rechnungsbetrag 104,27 €, wenn unsere Familie in diesem Monat einschließlich der Grundgebühr lediglich für 87,62 € telefoniert hat?"

Doc: „Beate, das ist leicht nachvollziehbar. Bei allen Einkäufen müssen wir die Umsatzsteuer berücksichtigen. Der Staat kassiert bei den Einkäufen, die wir tätigen, zumeist 19 %. Mit dieser Steuer finanziert er z. B. den Straßenbau, die Schulen und Universitäten, das Kindergeld, die Sozialhilfe und vieles andere mehr."

Beate: „Wie viel muss ich denn bezahlen, wenn ich für 100 € telefoniere?"

Doc: „Wie man so etwas ausrechnet, habe ich kürzlich auch Martin erklärt. Wir berechnen dies mithilfe der Prozentrechnung. Bei glatten Zahlen lassen sich Prozente im Kopf ausrechnen. Ansonsten geschieht dies mithilfe des Dreisatzes."

Aufgabe für Einzelarbeit

Berechne mithilfe des Dreisatzes, wie viel die Umsatzsteuer (UST) beträgt, wenn wir für 100,00 EUR telefonieren.

Beate: „Lieber Wirtschaftsdoc, um auf dein Beispiel zurückzukommen: Wenn ich also für 100 € einkaufe, sind darin immer 19 % Umsatzsteuer (UST) enthalten."

Doc: „So einfach und einheitlich wird das leider nicht immer gehandhabt. Zunächst ist zu unterscheiden, ob in unserem Rechnungsbetrag bereits die Umsatzsteuer enthalten ist oder noch dazugerechnet wird. Im ersten Fall sprechen wir vom **Bruttobetrag**. Ist dagegen die Umsatzsteuer noch nicht im Preis berücksichtigt worden, so sprechen wir vom **Nettobetrag**.

Im Übrigen werden nicht bei allen Produkten 19 % Umsatzsteuer erhoben. Bei Lebensmitteln und Schulbüchern beträgt die Umsatzsteuer z. B. lediglich 7 %."

Der Wirtschaftsdoc

Bei eingehenden Rechnungen sollten wir immer Folgendes überprüfen:

- Wer hat die Rechnung an uns geschickt?
- Haben wir die in Rechnung gestellten Waren oder Dienstleistungen bestellt und auch erhalten?
- Ist unser Auftrag exakt ausgeführt worden?
- Ist die Qualität einwandfrei?
- Stimmen die Mengenangaben und Preise?
- Erst wenn alles korrekt ist, bezahlen wir die Rechnung. Ansonsten reklamieren wir, d. h. wir teilen mit, was wir zu beanstanden haben.

Die Umsatzsteuer (UST)

- *Damit ist die Steuer gemeint, die bei jedem Kauf von Gütern oder der Inanspruchnahme von Dienstleistungen anfällt.*
- *Wir unterscheiden Nettobetrag und Bruttobetrag.*
- ***Nettobetrag*** *bedeutet: Die Umsatzsteuer ist noch nicht enthalten.*
- ***Bruttobetrag*** *heißt: Die Umsatzsteuer ist bereits enthalten.*
- *Der Umsatzsteuersatz beträgt bei den meisten Produkten 19 %, bei Lebensmitteln und Druckerzeugnissen (Büchern) dagegen nur 7 %.*

4.2 Die Prozentrechnung mit vermehrtem Grundwert

Nicht immer beträgt der gegebene Grundwert 100 %. Er kann auch größer oder kleiner als 100 % sein. Dabei können wir uns aber an das Rechenschema des Dreisatzes halten. Wir erklären hier zunächst den vermehrten Grundwert.

Beispiel: Wie viel Umsatzsteuer müssen wir entrichten, wenn wir für 119,00 EUR einkaufen?

Lösung mit Dreisatz

119 % $\hat{=}$ 119,00 EUR

19 % $\hat{=}$ x (UST)

$$x = \frac{119*19}{119} = 19,00 \text{ EUR}$$

Vermehrter Grundwert bei der Umsatzsteuer

- Bei der Berechnung der Umsatzsteuer (UST) taucht das Problem des **vermehrten Grundwertes** auf, wenn der **Bruttobetrag** gegeben ist.

- Im Bruttobetrag ist die Umsatzsteuer mit 7 % oder 19 % bereits enthalten. Folglich beträgt unsere Bezugsgröße nicht mehr 100 %, sondern 107 % oder 119 %. Also sprechen wir vom vermehrten Grundwert.

Halte dich bei derartigen Berechnungen immer an folgendes Schema:

Vermehrter Grundwert		
Rechnungsbetrag brutto	119,00 EUR ≙	119 %
– UST	19,00 EUR ≙	19 %
Warenwert netto	100,00 EUR ≙	100 %
reiner Grundwert		

Wichtig ist es dabei herauszufinden, wo sich der reine Grundwert (100 %) befindet. In diesem Beispiel ist dies der **Warenwert netto**.

 Aufgaben Rechnungswesen

Aufgabe 4-1 Rechnungswesen

In der folgenden Aufgabe geht es nicht darum, die Ergebnisse exakt auszurechnen. Vielmehr soll das Abschätzen der ungefähren Zahlengrößen eingeübt werden.

Dazu ein Beispiel als Muster für die Art der Aufgabenstellung:

Auf wie viel EUR beläuft sich die Umsatzsteuer (UST) bei einem Rechnungsbetrag von 3.400,00 EUR brutto?
  a) 4.689,65 EUR   b) 542,86 EUR   c) 46,89 EUR

Die richtige Lösung ist b). Begründung: 19 % von einer vierstelligen Zahl ergeben eine dreistellige Lösung. Schon auf Anhieb ist klar: a) und c) müssen falsch sein.

1. Wie hoch ist die UST bei einem Rechnungsbetrag von brutto 3.000,00 EUR?
  a) 478,99 EUR   b) 730,20 EUR   c) 230,43 EUR

2. Wie hoch ist der Nettobetrag, wenn sich der Bruttobetrag auf 4.000,00 EUR beläuft?
  a) 3.361,34 EUR   b) 34.482,83 EUR   c) 344,82 EUR   d) 7.328,42 EUR

3. Wie hoch ist die UST, wenn der Warenwert netto 1.200,00 EUR beträgt?
  a) 228,00 EUR   b) 1.920,00 EUR   c) 299,00 EUR

4. Wie hoch ist der Bruttobetrag, wenn der Nettobetrag 1.000,00 EUR lautet?
  a) 1.190,00 EUR   b) 2.200,00 EUR   c) 160,00 EUR   d) 11.900,00 EUR

5. Wie hoch ist die UST bei einem Rechnungsbetrag von 11.900,00 EUR?
  a) 1.900,00 EUR   b) 3.443,33 EUR   c) 2.323,33 EUR   d) 503,28 EUR

Aufgabe 4-2 Rechnungswesen

Berechne nach folgendem Lösungsmuster die fehlenden Beträge:

	1	2	3
A	Rechnungsbetrag brutto	5.950,00 EUR	119 %
B	- UST	950,00 EUR	19 %
C	Warenwert netto	5.000,00 EUR	100 %

	Rechnungsbetrag brutto	UST in %	UST in EUR	Warenwert netto
1	5.950,00 EUR	19 %	?	?
2	?	7 %	?	150,00 EUR
3	?	19 %	380,00 EUR	?
4	3.570,00 EUR	19 %	?	?
5	214,00 EUR	7 %	?	?
6	?	19 %	570,00 EUR	?
7	11.900,00 EUR	19 %	?	?
8	?	19 %	?	3.000,00 EUR
9	?	7 %	?	10.000,00 EUR

Aufgabe 4-3 Rechnungswesen

Die folgenden Rechnungen (Belege) aus dem privaten Haushalt liegen dir zur Auswertung vor:

1. Warum wurde die vorliegende Rechnung ausgestellt?
2. Nenne die jeweilige Rechnungshöhe.
3. Gib Umsatzsteuer, Rechnungsbetrag brutto und Warenwert netto an. Falls notwendig, berechne die fehlenden Beträge.

Beleg Nr. 1:

DER SCHULSHOP
Versandhandel für Lehr- und Unterrichtsmaterialien
Lehri & Pauker KG
Postfach 12 34 58, 30159 Hannover

Familie
Christine und Hans Klug   **Rechnung**
Hauptstraße 28

90400 Nürnberg

Ihre Kundennummer	**Unser Vorgang**	**Datum**
D 000597	R 991230	20..-12-08

Menge	Artikel	Einzelpreis	Gesamtpreis
1	6406 El-9600 G		
	Grafikfähiger Taschenrechner	142,80 EUR	142,80 EUR
1	902 Lieferung frei Haus	0,00 EUR	0,00 EUR
	Rechnungsbetrag		**142,80 EUR**
	inklusive UST 19 %		22,80 EUR

Zahlbar innerhalb von 14 Tagen ohne Abzug

Bankverbindung: DIE BANK Hannover, BLZ 765 0000, Kt.-Nr. 543 213

Beleg Nr. 2:

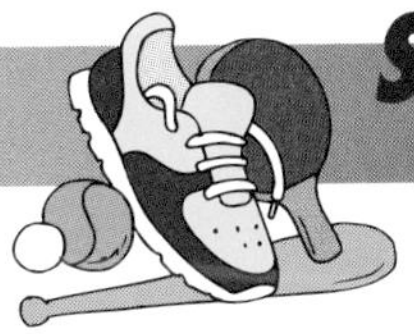

SPORTSHOP

SPORTSHOP, Postfach 9 87 65, 90402 Nürnberg

Rathausplatz 12
90400 Nürnberg
☎ (09 11) 6 09 35

Beate Klug
Hauptstraße 28

90400 Nürnberg

Auftragsbestätigung/Rechnung Nr. 35586   20..-12-04

Menge	Artikel	Einzelpreis	Gesamtpreis
1	SKI-SET	297,50 EUR	
	inklusive 19 % UST		
	SETPREIS		**297,50 EUR**

BETRAG DANKEND BAR ERHALTEN

Beleg Nr. 3:

ARA Tankstelle
Tanseld GmbH
Leipheimer Straße 3
89233 Neu-Ulm/Pfuhl
Tankstellen-Nr. 0150189140
Tel.: 07 31/71 12 95
Fax: 07 31/71 14 33

Beleg-Nr.   67/001/00001 25.07.06

Kartenzahlung
000004 Super Diesel   56,00 EUR
*Zp 03 43,55 l   1,109 EUR/l   *

Gesamtbetrag   56,00 EUR
MwSt. A   19,00 %   8,94 EUR

Beleg Nr. 4:

Steffis Blumenladen
Absender

Rechnung

Nr. 738 K

Empfänger Hans Klug

Datum 2. April 20..

Ort Nürnberg

Hauptstr. 28
90400 Nürnberg

Bank

BLZ

Kto.-Nr.

Ihre Bestellung

Zahlungsbedingungen 1. April 20..
Bar

Lieferdatum 2. April 20..

Währung z.B. EUR
E.U.R

1 Blumen-Strauß		25,00

Rechnungs-Endbetrag enthält 19 %MwSt/Betrag 3,99 25,00

Die gelieferte Ware bleibt bis zur vollständigen Bezahlung Eigentum des Lieferanten.

selbstdurchschreibend

Beleg Nr. 5:

DAS AUTO

AUTOHAUS SIMPSON
VERTRAGSHÄNDLER SEIT 1936

Herrn Prof.
Dr. Bernd Klug
Kapellenweg 5

90404 Nürnberg

R E C H N U N G

Belegnummer	0 296 150
Kundennummer	101 069
Datum	20..-12-18

Fahrzeug-modell	Amtliches Kennzeichen	Fahrgestell-Nummer	Zulassungs-datum	Kilometerstand
SPORTAUTO	N–KL–757	WOL0SBF 765X40321	20..-02-05	23 407

Menge	Katalognummer	Bezeichnung	Einzelpreis EUR	EUR
18	P000111	Jahresinspektion		
		SUMME ARBEITSLOHN		**137,70**
1,00	000 650 307	Filterelement	9,40	9,40
1,00	000 650 468	Dichtring	2,81	2,81
1,00	001 652 540	Dichtring	0,93	0,93
3,50	001 942 190	Synth.-Öl	17,90	62,65
		Gleit- und Sprühmittel		1,85
		SUMME MATERIAL		**77,64**
		SUMME gesamt netto		**215,34**
		19 % UST (EUR)		40,91
		RECHUNGSBETRAG		**256,25**

Wir bedanken uns für Ihren Auftrag. Es bediente Sie Frau Krebs.
Bezahlt per EC-Karte am 20..-12-18

Heike Krebs

(5) Wirtschaftliches Handeln in Unternehmen

5.1 Das Modellunternehmen ADA

Wie dir bereits bekannt ist, arbeitet Herr Klug bei der Sportartikelfirma ADA als Facharbeiter. Sein Sohn Martin hat in demselben Unternehmen einen Ausbildungsplatz als Industriekaufmann bekommen. Die Firma ADA begleitet dich in den nächsten Jahren als Modellbetrieb und will dir dabei helfen, die wirtschaftlichen Vorgänge besser zu verstehen. Die folgenden Informationen verschaffen dir einen weiteren Überblick. Sie sind für den Wirtschaftsunterricht wichtig, bieten sie doch die Grundlage für viele Geschäftsvorgänge und Arbeitsaufträge.

Firmenname	ADA-Sportartikel	Firmenlogo
Inhaber	Armin Dall	Das Firmenlogo ist eine Grafik, die ADA auf ihren Anzeigen, Plakaten und im Briefkopf aller Geschäftsschreiben aufdruckt.
Rechtsform	Einzelunternehmen	
Unternehmenszweck	Herstellung (Produktion) von Sportschuhen und Sportbällen und zusätzlich Weiterverkauf von Sportbekleidung, die aber bereits als Fertigprodukt eingekauft wird	
Firmensitz	Scheinfeld in Mittelfranken	
Mitarbeiterzahl	insgesamt 70 Vollzeit- und Teilzeitarbeitskräfte	

5.2 Die Standortfaktoren

Der Inhaber des Modellunternehmens Armin Dall wurde in Nürnberg geboren. Er machte bei einem Bekannten seines Vaters eine Lehre als Textilkaufmann. Nach einigen Jahren Berufspraxis entschloss sich der junge Kaufmann, selbstständig zu werden und ein eigenes Unternehmen zu gründen. Als Standort wählte er Scheinfeld in Mittelfranken. Dies geschah nicht zufällig. Es gab gute Gründe für Herrn Dalls Entscheidung. Wir wollen nun untersuchen, welche Überlegungen Herrn Dall dazu gebracht haben. Die folgende Skizze enthält einige Stichworte. Studiere die umseitige Abbildung genau, denn du sollst dich dazu ausführlich äußern.

Aufgaben für Einzel- oder Gruppenarbeit

1. Welche Überlegungen hinsichtlich des Standorts seiner Firma könnte der Inhaber Armin Dall getroffen haben? Beschreibe die einzelnen Standortfaktoren mit deinen eigenen Worten.
2. Welche anderen oder zusätzlichen Überlegungen gibt es wohl noch? Denke dabei z. B. an einen Fertigungsbetrieb in der Nähe deiner Schule.

Die Firma ADA-Sportartikel, Scheinfeld

5.3 Der Aufbau eines Unternehmens

5.3.1 Funktionsbereiche im Unternehmen

Fertigungsbetriebe sind in der Regel alle nach dem gleichen Muster oder System aufgebaut. Wir wollen uns diese Bereiche anhand der Modellfirma ADA-Sportartikel näher ansehen.

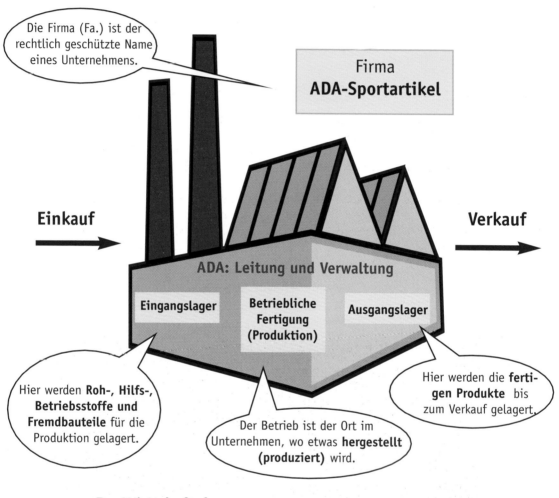

Die Firma (Fa.) ist der rechtlich geschützte Name eines Unternehmens.

Firma
ADA-Sportartikel

Einkauf

Verkauf

ADA: Leitung und Verwaltung

Eingangslager

Betriebliche Fertigung (Produktion)

Ausgangslager

Hier werden **Roh-, Hilfs-, Betriebsstoffe und Fremdbauteile** für die Produktion gelagert.

Der Betrieb ist der Ort im Unternehmen, wo etwas **hergestellt (produziert)** wird.

Hier werden die **fertigen Produkte** bis zum Verkauf gelagert.

Der Wirtschaftsdoc

Roh-, Hilfs-, Betriebsstoffe und Fremdbauteile

- **Rohstoffe** sind die **Hauptbestandteile** eines Produktes, bei der Firma ADA-Sportartikel also z. B. Leder und Kunststoffe für Bälle.
- **Hilfsstoffe** sind die **Nebenbestandteile** eines Produktes, hier z. B. Leim, Ösen, Farbe usw.

Roh-, Hilfs-, Betriebsstoffe und Fremdbauteile

- **Betriebsstoffe** sind **kein Bestandteil** eines Produktes. Sie dienen dazu, dass der Betrieb mit Energie (Strom, Gas) versorgt wird und dass die Maschinen betrieben werden können (Öl, Schmierstoffe, Wasser usw.).
- Daneben gibt es noch **Fremdbauteile** (z. B. Schnürsenkel), die **fertig eingekauft** und dem Produkt zugefügt werden.

Aufgaben für Einzel- oder Gruppenarbeit

1. Nennt neben Leim, Öl und Farben weitere Hilfsstoffe, die in der Firma ADA-Sportartikel benötigt werden.
2. Angenommen, die Firma ADA wäre eine Möbelfabrik, die Schulmöbel aus Holz herstellt. Welche Roh-, Hilfs- und Betriebsstoffe sowie Fremdbauteile braucht man dort?
3. Ordnet die auf den drei Fotos zu sehenden Stoffe den Gruppen Rohstoffe, Hilfsstoffe oder Fremdbauteile zu. Bei den Rollen auf der Abb. 1 handelt es sich um Leder und Kunststoff. Die Sohlen auf der Abb. 2 bezieht die Firma ADA-Sportartikel bei einem Zulieferer. Die Abb. 3 zeigt nicht selbst hergestellte Stollen für Fußball- und Leichtathletikstiefel.

Abb. 1: Rollen mit Leder und verschiedenen Kunststoffen

Abb. 2: Schuhsohlen

Abb. 3: Stollen, vom Zulieferer bezogen

5.3.2 Umweltschutz im Unternehmen

Fallbeispiel

*Im Rahmen einer Betriebserkundung in der Firma **ADA-Sportartikel** laufen die Besucher an einer Reihe von Müllcontainern mit Aufschriften für die zu entsorgenden Abfallarten vorbei. Sofort kommen einige Fragen auf: „Wie ernst nimmt die Firma **ADA** den Umweltschutz? Gibt es auf diesem Sektor vorbildliche Arbeitsabläufe und Produkte? Welche Gesetze sind zu beachten? Wie wird das Einhalten der Vorschriften überprüft? Was geschieht, wenn die Firma gegen Umweltschutzauflagen verstößt?" Alles Fragen, die sachkundige Antworten erfordern.*

*Glücklicherweise ist der Firmenmitarbeiter gut informiert. Er ist mit der Problematik vertraut und kann die Besucher sachgemäß über die Umweltschutzmaßnahmen in der Firma **ADA** aufklären.*

Abfallsortierung in der Firma ADA-Sportartikel

Was gehört zum Umweltschutz in Unternehmen?

Für die Produktion von Sportartikeln werden Rohstoffe aus der Natur und Kunststoffe verarbeitet. Bei der Be- und Verarbeitung dieser Güter dürfen die Arbeitsabläufe die Umwelt so wenig wie möglich belasten. Ein wichtiges Ziel ist es, Müll zu vermeiden. Soweit dennoch Abfälle entstehen, müssen diese umweltschonend entsorgt werden. Wer gegen die entsprechenden Gesetze verstößt, muss mit harten Strafen rechnen.

Der Wirtschaftsdoc

Umweltschutz in Unternehmen

Laut Gesetz sind Lärm, Abgase, Staub, unnötige Abfälle und Abwasser zu vermeiden. Dafür bestehen z. B. folgende Vorschriften:

- schadstofffreie bzw. schadstoffarme Stoffe verwenden,
- Lärmschutzfenster einbauen,
- Staub- und Abgasfilter installieren,
- Abfall sachgemäß entsorgen.

Aufgaben für Einzel- oder Gruppenarbeit

Formuliere weitere Vorschläge für wirksamen Umweltschutz in Unternehmen.

5.3.3 Überblick über die Wirtschaftszweige

Ein Unternehmen gleicht nicht wie ein Ei dem anderen. Das erste Unternehmen fertigt Güter an, z. B. Sportkleidung und Turnschuhe. Das zweite Unternehmen handelt mit Waren, verkauft z. B. Nahrungsmittel im Supermarkt. Das dritte Unternehmen leistet z. B. als Friseur oder Fitnessstudio Dienste am Kunden, ohne selbst Waren zu produzieren. Hinzu kommen noch Einrichtungen, die vom Staat betrieben werden, wie z. B. Schulen, Universitäten, Polizei, Arbeits- und Finanzämter. Hier besteht nicht das Ziel, Geld zu verdienen und Gewinne zu machen. Ob produzierendes Gewerbe, ob Dienstleistungen, Handel oder Behörden, in all diesen Fällen sprechen wir von Wirtschaftszweigen.

Vier wichtige Wirtschaftszweige

Produktion	Dienstleistung	Handel	Behörden
Unternehmen, die Güter produzieren, wie Auto-, Sport-artikel- und Computerhersteller	Unternehmen, die selbst keine Waren herstellen, sondern Dienstleistungen an-bieten wie Friseur, Bank, Steuerberater, Kfz-Werkstatt	Unternehmen, die Waren kaufen und weiterverkaufen, wie Groß- und Ein-zelhändler	staatliche und städ-tische Einrichtungen wie Schule, Polizei, Gesundheits- und Finanzamt

Aufgabe für Einzel- oder Partnerarbeit

Die folgenden Abbildungen zeigen unterschiedliche Berufe und Unternehmen. Ordne sie dem betreffenden Wirtschaftszweig zu und begründe deine Entscheidung.

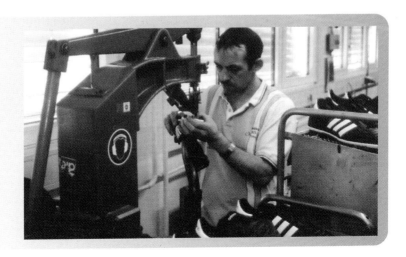

Strukturwandel in der Berufswelt

Von je 100 Erwerbstätigen in Deutschland waren tätig in:

	1950	2005
Land- und Forstwirtschaft, Fischerei	25	2
Produzierendes Gewerbe	43	26
Dienstleistungsbereich	32	72

Quelle: Stat. Bundesamt

0270 © Globus

Die nebenstehende und die umseitige Grafik zeigen dir, wie stark sich die Wirtschaftsstruktur in Deutschland verändert hat. Die meisten Unternehmen sind mittlerweile im Dienstleistungssektor tätig. Nahezu drei Viertel der Berufstätigen finden ihren Arbeitsplatz heutzutage im Dienstleistungsbereich.

1. Berechne, wie viele von 200 Beschäftigten vor 55 Jahren im Dienstleistungssektor arbeiteten (siehe Grafik links). Wie viele Mitarbeiter sind heute dort tätig?
2. Welche Dienstleistungsbereiche werden in der Grafik (unten) voneinander unterschieden?
3. Warum hat sich das Dienstleistungsgewerbe so stark ausgebreitet?
4. Warum siedeln sich etliche Industrieunternehmen im Ausland an?
5. Weshalb ist der Staat z. B. zuständig für Schulen, Universitäten und Polizei, unterhält Arbeits-, Gesundheits-, Finanzämter und andere Behörden?

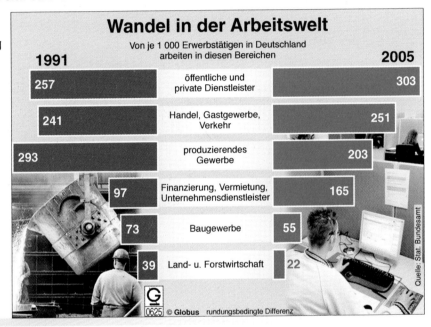

Wandel in der Arbeitswelt

Von je 1 000 Erwerbstätigen in Deutschland arbeiten in diesen Bereichen

1991		2005
257	öffentliche und private Dienstleister	303
241	Handel, Gastgewerbe, Verkehr	251
293	produzierendes Gewerbe	203
97	Finanzierung, Vermietung, Unternehmensdienstleister	165
73	Baugewerbe	55
39	Land- u. Forstwirtschaft	22

G 0625 © Globus   rundungsbedingte Differenz

Quelle: Stat. Bundesamt

Auf dem Weg zur Dienstleistungsgesellschaft

- *Im 20. Jahrhundert haben sich in der deutschen Wirtschaft tief greifende Umschichtungen ergeben.*
- *Waren noch vor gut 55 Jahren 25 von 100 Arbeitsplätzen auf dem Lande angesiedelt, sind es derzeit nur noch zwei von 100.*
- *Umgekehrt sind heute 72 % aller Arbeitnehmer in Dienstleistungsbetrieben, im Handel, Verkehr und in der öffentlichen Verwaltung tätig. 1955 fand dort nur jeder dritte Werktätige sein Auskommen.*
- *Durch den Einsatz hochwertiger Maschinen und die damit verbundene Rationalisierung werden im Produktionsgewerbe kaum noch unqualifizierte Arbeiter benötigt. Nur teamfähige Facharbeiter sind hier gefragt.*
- *Dafür öffnen sich immer neue Berufsfelder auf dem Dienstleistungssektor, der Telekommunikations- und Informationstechnologie.*

⑥ Geld muss fließen – der Wirtschaftskreislauf

Fallbeispiel

Chris will sich einen neuen Computer kaufen. Der Wirtschaftsdoc berät Chris beim Einkauf. Beide besuchen eines der zahlreichen Computergeschäfte in der Stadt, um sich über die Preise zu informieren. Eine Vielzahl von Druckern, Bildschirmen und PCs sind im Geschäft aufgestellt und jedes dieser Computer-Komplett-Sets kostet 1.000 € und mehr.

Chris kommen einige Zweifel. Sie wendet sich an den Wirtschaftsdoc: „Sag mal Bernd, hier sind viele Computer aufgestellt. Wer finanziert und bezahlt das eigentlich?"

Bernd: „Ja der Computerhändler verkauft an viele Leute seine PCs. Mit dem eingenommenen Geld bezahlt er zuerst den eigenen Einkauf der PC-Hardware. Je nach Umsatz können weitere Computer, Drucker, Bildschirme usw. eingekauft werden. So entsteht zwischen dem PC-Händler und dem Kunden ein Geld- und Güterkreislauf."

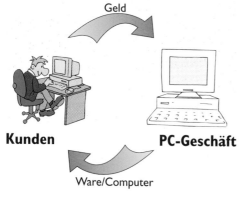

Geld

Kunden　　　　**PC-Geschäft**

Ware/Computer

Ähnlich wie der Kreislauf zwischen PC-Geschäft und Kunde funktioniert auch der Geld- und Güterkreislauf im täglichen Leben. In diesem Kreislauf stehen auf der einen Seite die privaten Haushalte, auf der anderen die Unternehmen. Die Firmen produzieren Güter (z. B. Sportschuhe, Getränke) oder bieten Dienstleistungen an (wie z. B. Computerschulungen oder Vermögensberatung).

Um Güter herstellen oder Dienstleistungen anbieten zu können, benötigen die Unternehmen die menschliche Arbeitskraft, aber auch den Boden und das Kapital. Letzteres fließt ihnen von den privaten Haushalten zu. Umgekehrt erhalten die privaten Haushalte von den verschiedenen Unternehmen ihr Einkommen in Form von Lohn oder Gehalt. Die Menschen als Verbraucher benötigen eine Vielzahl von Gütern: Sie brauchen z. B. Nahrungsmittel, Kleidung, eine Wohnung, Möbel, ein Auto, Unterhaltungselektronik usw. Also kaufen sie in ihrer Rolle als privater Haushalt die von den Unternehmen erzeugten Güter und Dienstleistungen. Die Firmen erhalten dafür wiederum Geld von den Haushalten.

Das Modell des einfachen Wirtschaftskreislaufs

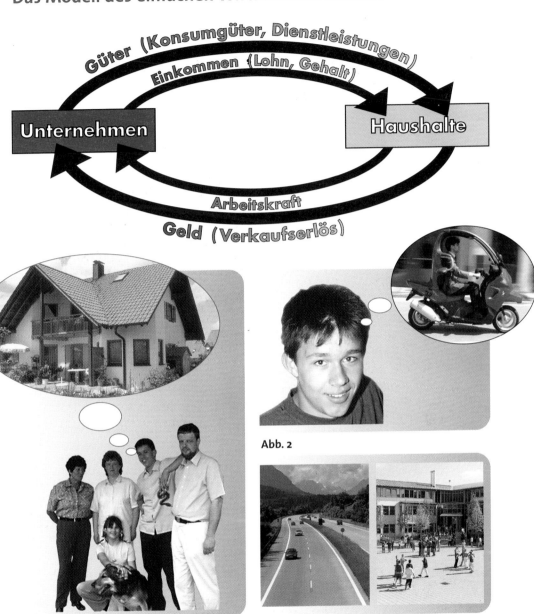

Güter (Konsumgüter, Dienstleistungen)

Einkommen (Lohn, Gehalt)

Unternehmen

Haushalte

Arbeitskraft

Geld (Verkaufserlös)

Abb. 2

Abb. 1   Abb. 3   Abb. 4

Aufgabe für Partner- oder Gruppenarbeit

1. Betrachtet die Bilder 1 und 2. Welche Überlegungen werden in dem einfachen Wirtschaftskreislauf noch nicht berücksichtigt?
2. Überlegt, wer die in den Bildern 3 und 4 gezeigten Objekte finanziert.

Der einfache Wirtschaftskreislauf stellt unser Wirtschaftsgeschehen nicht vollständig dar. Die privaten Haushalte geben selten ihr gesamtes Einkommen für den Konsum aus. Viele Leute legen einen „Notgroschen" an. Sie wollen für Konsum und mehr finanzielle Sicherheit und Unabhängigkeit in der Zukunft sparen. Folglich legen sie ihr Geld bei den Banken in unterschiedlichen Sparformen an. Für Spareinlagen zahlen die Banken an die privaten Haushalte Zinsen. Auch die Unternehmen geben nicht ihr gesamtes erwirtschaftetes Kapital aus. Sie legen Geld zurück und investieren einen Teil des Gewinns in neue Gebäude, Maschinen und Fahrzeuge sowie in Forschung und Entwicklung. Unser Wirtschaftskreislauf muss also noch um die **Banken** erweitert werden.

Auch der Staat spielt eine wichtige Rolle im Wirtschaftssystem. Er hat hohe Ausgaben, da er Straßen baut, Krankenhäuser, Schulen und Universitäten unterhält. Darüber hinaus bezahlt er viel Geld direkt an verschiedene Bevölkerungsgruppen, z. B. in Form von Kindergeld oder Sozialhilfe. Der Staat unterstützt auch Unternehmen finanziell. Wir sprechen dann von „Subventionen". Die wichtigsten Ausgaben unseres Staates sind aus den beiden Abbildungen zu entnehmen. Der Staat kann diese Ausgaben nur finanzieren, indem er von den Bürgern und Unternehmen Steuern erhebt.

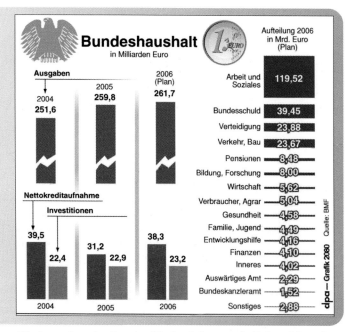

Die Ausgaben des Bundes für das Jahr 2005 beliefen sich auf knapp 260 Milliarden €.

Aufgabe für Partner- oder Gruppenarbeit

1. Betrachtet die Grafik „Bundeshaushalt" und berechnet, wie viel unser Staat für die ersten fünf Bereiche in Prozenten umgerechnet an Geld (2006) ausgibt.
2. Welche Aussage verbirgt sich hinter dem Ausspruch „Der Staat ist keine Kuh, die man nur melken darf. Sie will auch gefüttert werden."?

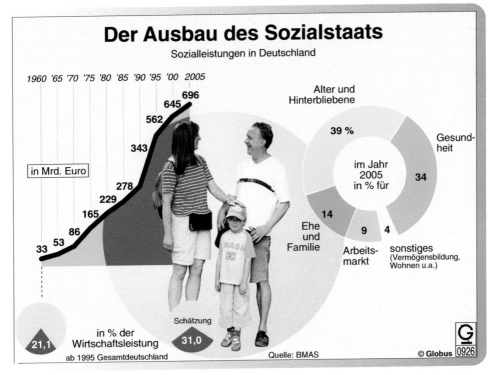

Der Ausbau des Sozialstaats
Sozialleistungen in Deutschland

1960 '65 '70 '75 '80 '85 '90 '95 '00 2005

696
645
562
343

in Mrd. Euro

278
229
165
86
53
33

Alter und Hinterbliebene

39 %

im Jahr 2005 in % für

Gesundheit

34

14

Ehe und Familie

9   4

Arbeitsmarkt

sonstiges
(Vermögensbildung, Wohnen u.a.)

Schätzung

21,1   in % der Wirtschaftsleistung   31,0

ab 1995 Gesamtdeutschland

Quelle: BMAS

© Globus 0926

Jeder dritte Euro der deutschen Wirtschaftsleistung wandert heute in die soziale Sicherheit.

Aufgabe für Partner- oder Gruppenarbeit

1. Betrachtet die Grafik „Der Ausbau des Sozialstaates" und berechnet, wie viel unser Staat für die einzelnen Bereiche im Jahr 2005 ausgegeben hat.
2. Wer profitiert alles vom Sozialbudget? Für welche Bereiche wird besonders viel Geld ausgegeben? Warum ist dies so?

Der Wirtschaftsdoc

Der Wirtschaftskreislauf

- Zwischen Unternehmen und privaten Haushalten besteht ein anhaltender Kreislauf. Es fließen fortlaufend Güter- und Geldströme. Dabei findet ein ständiger Austausch von Arbeitskraft, Boden und Kapital gegen Lohn und Gehalt statt.
- Insgesamt grenzen wir vier Wirtschaftseinheiten, die Entscheidungen zu treffen haben, voneinander ab. Dies sind die **privaten Haushalte**, die **Unternehmen**, der **Staat** und die **Banken**. Der einfache Wirtschaftskreislauf kann somit erweitert werden.

Das Modell des erweiterten Wirtschaftskreislaufs

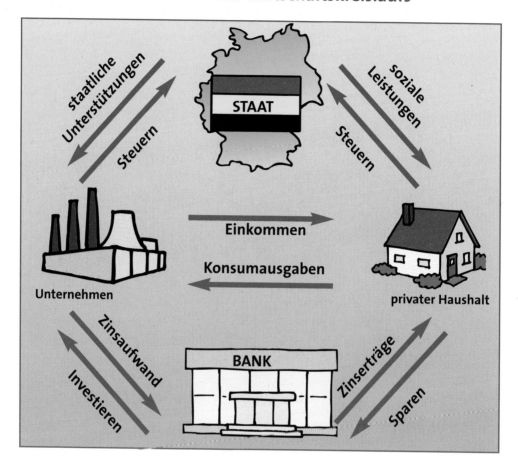

staatliche Unterstützungen

Steuern

soziale Leistungen

Steuern

STAAT

Einkommen

Konsumausgaben

Unternehmen

privater Haushalt

Zinsaufwand

Investieren

BANK

Zinserträge

Sparen

Die Entscheidungen der vier Wirtschaftseinheiten Staat, Unternehmen, private Haushalte und Banken beeinflussen sich gegenseitig.

- **Konsumieren die privaten Haushalte verstärkt, wirkt sich dies auf die Investitionsbereitschaft der Unternehmen aus.** Um den steigenden Konsum befriedigen zu können, errichten die Firmen neue Fabrikhallen, installieren Anlagen und Maschinen. Die Auftragsbücher sind gut gefüllt. Es werden mehr Mitarbeiter benötigt. Frauen und Männer „in Brot und Arbeit" fühlen sich sicherer, haben ein höheres Einkommen und geben deshalb auch mehr Geld aus als Arbeitslose und Sozialhilfeempfänger. Die Konjunktur bekommt Auftrieb, das Wirtschaftswachstum steigt und damit auch das Volkseinkommen.

- **Dreht der Staat dagegen an der Steuerschraube nach oben, so führt dies dazu, dass die privaten Haushalte weniger konsumieren und sparen können.**

- **Konsumieren die Haushalte zu viel und vernachlässigen sie das Sparen, so leiden darunter insbesondere die Banken.** Außerdem droht den privaten Haushalten bei Arbeitslosigkeit und anderen Schicksalsschlägen die Gefahr der Verschuldung mit all ihren negativen Auswirkungen. Wer seinen Lebensunterhalt nicht mehr selbst zu sichern vermag, ist vielleicht auf Sozialhilfe angewiesen und belastet damit die Staatskasse. Muss der Staat extrem hohe Sozialleistungen erfüllen, so fehlen ihm die Mittel für Investitionen.

Unser Lebensstandard hängt stark von den Entscheidungen der einzelnen Wirtschaftsbereiche ab. Einerseits ist der Staat auf ein ausreichendes Steueraufkommen angewiesen, andererseits können zu hohe Steuern die Wettbewerbsfähigkeit der Unternehmen beeinträchtigen und dadurch Arbeitslosigkeit auslösen. Und wer arbeitslos ist, zahlt keine Lohn- bzw. Einkommenssteuer, sondern bezieht Arbeitslosengeld. Diese Beispiele zeigen, wie kompliziert der Wirtschaftskreislauf ist. Fehlt es an Ausgewogenheit, sind die Auswirkungen verhängnisvoll.

Der Wirtschaftsdoc

Gegenseitige Abhängigkeiten im Wirtschaftskreislauf

- Die vier Wirtschaftseinheiten Staat, Unternehmen, Privathaushalte und Banken stehen ständig miteinander in Beziehung. Jede wichtige Entscheidung wirkt sich auf die übrigen Wirtschaftseinheiten aus. Eine Handlung beeinflusst die andere.
- Erhöht z. B. der Staat die Steuern, so können die privaten Haushalte weniger konsumieren und sparen.
- Geben die Haushalte zu viel Geld für den Konsum aus und vernachlässigen sie das Sparen, so steht den Banken nicht genügend Kapital zur Verfügung, um Kredite für Investitionen einräumen zu können.

Dieser Wirtschaftskreislauf kann auf Dauer nur funktionieren, wenn er ausgewogen ist und nicht zu viel, aber auch nicht zu wenig gespart wird.

Aufgaben für Partner- oder Gruppenarbeit

Diskutiert folgende Beispiele anhand des Wirtschaftskreislaufs:

1. Welche Auswirkungen auf unsere Wirtschaft könnte eine Erhöhung der Umsatzsteuer um ein bis zwei Prozentpunkte haben?
2. Wie dürfte sich eine Aufhebung des Ladenschlussgesetzes, z. B. abends und an Sonn- und Feiertagen, auf die deutsche Wirtschaft auswirken?
3. Orientiert euch an der folgenden Zusammenstellung „Die Familie Klug im Wirtschaftskreislauf" und bemüht euch, eine ähnliche Stoffsammlung zu erstellen:
   a) für eure eigene Familie,
   b) die Beziehungen der Firma ADA-Sportartikel zum Staat, der Bank und den Verbrauchern (Privathaushalt).
   c) Die aufgezeigten Beziehungen der Familie Klug zu den anderen Wirtschaftseinheiten ist noch nicht vollständig. Macht Vorschläge für mögliche Ergänzungen.

Familie Klug (Privathaushalt) im Wirtschaftskreislauf
Beziehungen zu den anderen Wirtschaftseinheiten

Staat	Mutter, Vater und Sohn zahlen Steuern für ihr Arbeitseinkommen.
	Der Staat nimmt auch Steuern ein, wenn der Vater Benzin tankt oder die Familie zum Einkaufen geht.
	Der Staat finanziert die Schulausbildung der Kinder und ein eventuelles Hochschulstudium.
	Großtante Martha erhält Sozialhilfe, weil ihre Rente zu gering ist, um den Lebensunterhalt zu sichern.
	Martin, Chris und Hans Klug üben ihr Wahlrecht aus, z. B. bei Stadtrats-, Landtags- und Bundestagswahlen.
	Chris' Schwägerin Marika liegt gerade auf der Entbindungsstation der Universitätskinderklinik. Sie freut sich über die Geburt ihres gesunden Sohnes Felix.
	Chris' jüngerer Bruder Mirko will in drei Wochen heiraten. Die standesamtliche Trauung findet an einem Samstag statt.
Bank	Die Familie Klug erhält für ihre Spareinlagen von der Bank Zinsen.
	Die Bank hat die Finanzierung ihrer Eigentumswohnung übernommen und belastet das Ehepaar Klug mit den Hypothekenzinsen.
	Die Bank wickelt den gesamten Zahlungsverkehr der Familie Klug (Girokonto, Aktienfonds usw.) ab.
	Wenn Martin Bargeld braucht, hebt er mit seiner Scheckkarte die benötigte Summe von seinem Girokonto ab. Mit der Scheckkarte bezahlt er auch bei verschiedenen Einkäufen.
	Martin macht beim jährlichen Börsenspiel seiner Bank mit. Im letzten Jahr hat er einen Geldpreis gewonnen.
Unternehmen	Martin, Chris und Hans erhalten von ihrem Arbeitgeber Ausbildungsvergütung, Lohn bzw. Gehalt für ihre berufliche Arbeit.
	Sie brauchen regelmäßig von verschiedenen Unternehmen Verbrauchsgüter (z. B. Lebensmittel, Kosmetik, Benzin fürs Auto) und auch öfters Gebrauchsgüter (z. B. „Klamotten", CDs, Unterhaltungselektronik).
	Ebenso greift die Familie auf verschiedene Dienstleistungsangebote zurück, z. B. Arzt-, Friseur-, Kino- und Konzertbesuch.

Unser Geld – Wie wir bezahlen

7.1 Wie ist Geld entstanden?

Fallbeispiel

Beate besucht ihre Freundin Birgit, ihr Briefmarkenalbum unter den Arm geklemmt. Birgit hat ihr heute in der Pause erzählt, sie würde zum Geburtstag von ihren Eltern eine neue Playstation bekommen. Beate schlägt Birgit einen Tauschhandel vor: *„Willst du mir nicht deine alte Playstation abgeben? Du kannst dir Briefmarken aussuchen und bekommst noch deine Lieblings-CD."* Die Freundin winkt ab: *„Kein Bedarf. Ich sammle eigentlich gar keine Briefmarken mehr. Außerdem: Ohne Moos – ist nichts los. Die Kohle brauche ich jetzt dringend."*

Beate versucht nun, ihre Freundin zu einem anderen Tausch zu überreden. Bargeld will Beate nicht rausrücken, weil sie sich zum Sparen entschlossen hat. Trotz der Freundschaft kommt kein Handel zustande. Birgit erklärt: *„Die Playstation ist mehr wert als die Sachen, die du mir anbietest. Was ich wirklich von dir haben will, ist dein Kassettenrekorder. Aber davon willst du dich ja nicht trennen."* *„Ne, wirklich nicht"*, meint Beate. *„Der neue Rekorder gegen deine alte*

Playstation. Da muss ich ja lachen!" Birgit entgegnet schnippisch: *„Mir egal. – Kein Kies ist mies. Ich werde schon einen Käufer finden – notfalls auf dem Flohmarkt."*

Wie das Fallbeispiel zeigt, funktioniert ein Tausch oftmals nicht reibungslos. Warum?

Ein Bauer, der z. B. ein Pferd braucht, stößt mit seiner Milchkuh, die er verkaufen will, beim Pferdebesitzer auf wenig Gegenliebe. Ein Schäfer, der für seine Herde einen neuen Schäferhund braucht, kann den Hundezüchter wohl kaum mit Schafen, Gänsen oder Hühnern beglücken.

Dazu gesellt sich das Problem: Wie viele Kühe ist ein Reitpferd wert? Wie viele Schafe, Gänse oder Hühner sind für einen tüchtigen, jungen Schäferhund angemessen? Trotzdem wird auch heute noch getauscht, wie die beiden Abbildungen auf der nächsten Seite zeigen.

Tauschobjekt Fahrradreparatur gegen Autowäsche

Tauschobjekt CD gegen Computerspiel

Aufgaben für Einzelarbeit

1. Wann hast du schon einmal getauscht? Berichte über deine Erfahrungen.
2. Wo liegen die Vorteile, wo die Nachteile beim Tauschhandel?
3. Sieh dir das Bild unten genau an. Wie wurden früher Steuern erhoben?

Pieter Brueghel: Der Steuereinnehmer
Museum voor Schone Kunsten, Gent © bildarchiv preussischer kulturbesitz

Seit wann und warum gibt es Geld?

Aus der Geschichte: Bereits aus dem 15. Jahrhundert vor Christi sind in Mitteleuropa große genormte Kupferrohstoffstücke in verschiedenen Formen bekannt. Sie bilden den Übergang von der Natural- zur Münzwirtschaft. Seit dem 7. Jahrhundert vor Christi waren in Griechenland und dem römischen Kaiserreich bereits Silber-, Gold- und Kupfermünzen als Zahlungsmittel im Umlauf. Mit dem Zerfall des weströmischen Reiches ging auch dessen Münzwesen zugrunde.

Ein Sprung ins Mittelalter: Seit dem 13. Jahrhundert kamen neben Groschen, Kreuzern und Schillingen die zunächst in italienischen Städten geprägten Goldmünzen, Gulden genannt, als Zahlungsmittel auf. Ende des 15. Jahrhunderts gesellte sich der silberne Taler dazu.

Geld ist deshalb entstanden, weil die Nachteile beim Warentausch zu groß waren. Erst durch das Geld hatten die Menschen einen Wert in der Hand, der gegen alles eingetauscht werden konnte. Geld war nicht verderblich und leicht in kleine Einheiten teilbar. Geld stellte also einen Wertmaßstab da, um Dinge in ihrem Wert zu messen und zu vergleichen.

7.2 Geld – was ist das eigentlich?

Fallbeispiel

Beate diskutiert mit Bernd darüber, dass es sie störe, dass viele Menschen ständig nur vom Geld reden. Dabei gäbe es doch zahlreiche andere Dinge und Bereiche, die interessant und wichtig seien oder mehr Spaß machten.

„Muss sich denn alles im Kopf ums Geld drehen? Um zweckmäßige Vermögensanlagen? Um möglichen Reichtum? Oder auch um Kredite für dies und jenes?"

Der Wirtschaftsdoc versucht ihr den Sinn und Zweck von Geld dadurch zu erklären, dass er Beate auffordert zu überlegen, welche Aufgaben Geld in unserer Gesellschaft übernimmt.

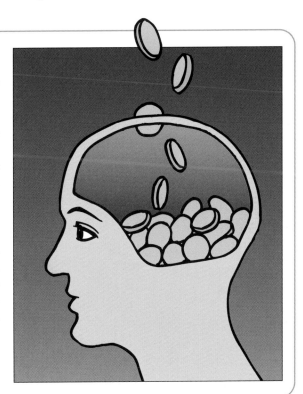

Aufgaben für Partner- oder Gruppenarbeit

1. Überlegt, welche Aufgaben Geld in unserer Gesellschaft erfüllen muss.
2. Warum können Waren wie Handys und Computer nicht als Geldersatz dienen?
3. Der amerikanische Künstler Stephen Boggs malt sich zum Schrecken der Finanzbehörden sein Geld als „Mittel zur Kommunikation" selbst. Warum wird ein solcher „Künstler-Geldschein" nicht als allgemeines Zahlungsmittel anerkannt?

4. Erklärt mit eigenen Worten den Begriff „Geld".

Geld als Tausch- und gesetzliches Zahlungsmittel	Recheneinheit/ Teilbarkeit	Möglichst fälschungssicheres Wertaufbewahrungsmittel
Geld muss **gesetzlich anerkannt** und gegen andere Waren und Dienstleistungen (Dinge, die wir haben wollen) **eintauschbar** sein.	Geld muss **teilbar** sein, d. h., es muss sich in kleinere Einheiten aufteilen lassen, sodass wir damit auch rechnen können.	Geld muss auch noch in Zukunft, also **längerfristig gültig** bleiben und darf nicht verderben. Es sollte **fälschungssicher** sein und wir müssen es **aufbewahren** können.
Beispiel: Wir tauschen Geld gegen einen Computer ein. Ein Schwein würde nur dann Geld sein, wenn jemand mit uns ein Schwein gegen alles andere tauschen würde.	*Beispiel:* Wir haben einen Hundert-Euro-Schein. Wir können ihn in kleinere Geldeinheiten aufteilen, z. B. in Zehn-, Zwanzig- oder Fünfzig-Euroscheine.	*Beispiel:* Auch in fünf Jahren hat ein Hundert-Euroschein noch seine Gültigkeit. Würden wir hingegen mit Milch bezahlen, so würde diese in kürzester Zeit sauer werden.

Fallbeispiel

Beate fragt den Wirtschaftsdoc, was alles getan wird, um das Geld möglichst fälschungssicher zu machen, und was sie tun könne, damit sie nicht versehentlich eine „Blüte" in die Hand bekommt. Der Wirtschaftsdoc Bernd erklärt ihr: „Wichtig sind vor allem:

- *großes Kopfbild auf der Note,*
- *eine spezielle Drucktechnik,*
- *ein spezielles Papier,*
- *die Einlagerung fluoreszierender Fasern,*

- *Kopfbildnisse als Wasserzeichen,*
- *ein aluminiumbeschichteter Sicherheitsfaden,*
- *weitere unsichtbare Merkmale.*

Lass dir insbesondere bei Dämmerung und bei Dunkelheit keine Münzen und Geldscheine andrehen. Das gilt vor allem beim Urlaub in einem Land, wo du die Banknoten ohnehin nicht genau kennst. Sieh beim Geldwechsel hin und rechne exakt nach, wie viel du bezahlen musst und welche Summe du zurückbekommst. Gut schätzen und nachrechnen ist wichtig."

Aufgaben für Einzelarbeit

1. Entscheide, ob es sich bei den vorliegenden Beispielen um Geld handelt und begründe deine Meinung: a) Scheck, b) ec-Karte, c) Käse, d) Girokonto, e) Auto, f) Kreditkarte, g) Sparbuch, h) Aktie, i) Eigenheim.

2. Damit möglichst kein Falschgeld in den Umlauf kommt, wird bei der Herstellung von Banknoten der Schutz vor Fälschung großgeschrieben.

   a) Welche Sicherungen gegen Fälschungen sind dir bekannt?

   b) Was kannst du selbst tun, um dir nicht eine „Blüte" einzuhandeln?

Fehlertext – Vorsicht: Falle

Ein Schüler hat einen Bericht über das Geld verfasst. Dabei sind ihm etliche Fehler unterlaufen. Berichtige den Text und schreibe ihn komplett neu in dein Heft.

Mithilfe von Geld können wir Waren oder Dienstleistungen nicht vergleichen; denn es lässt sich nicht feststellen, ob ein Schrank mehr Wert hat als ein Brot. Geld dient als unteilbare Rechnungseinheit. Außerdem ist es ein gesellschaftliches Zahlungsmittel und Umtauschmittel. Geld ist absolut fälschungssicher. Es wird auch als Wertverwahrungsmittel bezeichnet. An die Papier- und Druckqualität werden keine besonders hohen Anforderungen gestellt. Es muss auch nicht gegen Feuchtigkeit widerstandsfähig sein. Als „Blüten" bezeichnet man besonders schöne Geldscheine. Der Materialwert von Münzen ist genau so hoch wie der Betrag, der darauf steht.

Zuordnungsrätsel für Einzel- oder Partnerarbeit

Trage die Einzelergebnisse in dein Heft ein. Du findest das Lösungswort schneller, wenn du die Ergebnisse in richtiger Reihenfolge sauber untereinanderschreibst, z. B. den ersten Buchstaben in ein Kästchen. Bei dem Lösungswort handelt es sich um eine wichtige Aufgabe des Geldes.

(Umlaute sind als ein Buchstabe zu schreiben.)

1. Gutschrift für Spareinlagen (6 Buchstaben). . . . .
2. Bedeutung/Aufgabe von Geld (19 Buchstaben) . . . .
3. Anderer Name für Münzen(8 Buchstaben) . . . .
4. Frühere Bezeichnung für Auszubildender (8 Buchstaben). . . . .
5. Gesetzliche Versicherung für Schüler (18 Buchstaben) . . . .
6. Tragbarer PC (8 Buchstaben). . . . .
7. Bezeichnung für eine Bank oder Sparkasse (12 Buchstaben) . . . .
8. Beliebt für das Sparen kleiner Beträge (11 Buchstaben) . . . .
9. Anderer Name für Hartgeld (6 Buchstaben) . . . .
10. Dort erfolgt Massenproduktion (9 Buchstaben) . . . .
11. Wichtige Software für Rechnungswesen (19 Buchstaben). . . . .
12. Bedeutung/Aufgabe von Geld (12 Buchstaben) . . . .
13. Währung (4 Buchstaben) . . . .
14. Verdienst eines Arbeiters (4 Buchstaben) . . . .

Der Wirtschaftsdoc

Bedeutung und Aufgaben von Geld

- Geld wird in allen Ländern als **gesetzliches Zahlungsmittel** anerkannt.

- Es dient als **Tauschmittel** und bildet den **Wertmaßstab** für Güter und Dienstleistungen.

- Es wird als **Recheneinheit** eingesetzt und ist in kleinere Einheiten aufteilbar.

- Es **bleibt gültig** und gilt als **Wertaufbewahrungsmittel**.

- Geld **verdirbt nicht** und ist **ziemlich fälschungssicher**.

7.3 Möglichkeiten der Bezahlung – der Zahlungsverkehr

Fallbeispiel

Beate feiert ihren 14. Geburtstag. Neben den zahlreichen Geschenken, die sie von ihren Verwandten und Freunden erhält, erklärt der Vater seiner Tochter, dass sie nun alt genug sei, ein eigenes Bankkonto zu eröffnen. Beate fühlt sich durch dieses Angebot schon ziemlich erwachsen und stimmt freudig zu. Tochter und Vater beschließen, am nächsten Tag gemeinsam zur SPARBANK zu gehen.

Vater: „Beate, ich glaube, du bist alt genug, dass du künftig dein Taschengeld nicht mehr wöchentlich bar ausgezahlt bekommst."

Beate: „Soll das etwa heißen, dass ich ab jetzt kein regelmäßiges Taschengeld mehr bekomme?"

Vater: „Im Gegenteil! Die Sache verbessert sich für dich. Künftig überweise ich pünktlich zum Monatsersten dein Taschengeld auf dein Konto. Bislang waren es wöchentlich 3 €, ab jetzt sind es monatlich 15 €."

Martin am EC-Geldautomaten

Beate: „Danke Paps. Nett von dir, dass du so großzügig bist und ich jetzt etwas mehr Taschengeld bekomme."

Vater: „Du kannst dir also von deinem Konto jederzeit Geld abholen, vorausgesetzt du sparst mehr als du ausgibst und hast immer ein Guthaben. Auch ich bekomme ja mein Geld von der Firma ADA auf mein Konto überwiesen und hebe es bei Bedarf ab."

Beate: „Paps, bekomme ich dann auch so eine kleine Bankkarte, wie du hast? Und was kann ich damit alles machen?"

Vater: „Wenn du deine Geheimnummer im Kopf hast, kannst du damit von jedem Bargeld-Automaten Geld abheben und mit der Scheckkarte auch Rechnungen bezahlen oder Sachen einkaufen."

Beate: „Und warum bekomme ich das Taschengeld eigentlich jetzt nicht mehr wöchentlich, sondern monatlich?"

Vater: „Überlege mal selbst, welche Vorteile mit der monatlichen Überweisung verbunden sind. Freilich gibt es auch gewisse Gefahren und Nachteile. Fallen dir irgendwelche Risiken ein?"

Aufgaben für Partner- oder Gruppenarbeit

1. Was spricht für eine monatliche Überweisung des Taschengelds im Jugendalter? Wo liegen die Risiken und Nachteile?
2. Weshalb ist es vorteilhaft, schon in eurem Alter ein Girokonto anzulegen? Warum sollte man damit keinesfalls bis zum Beginn der Berufsausbildung oder Volljährigkeit warten?

Der Wirtschaftsdoc

Der Zahlungsverkehr erfolgt zu 90 % bargeldlos.

- Ein Girokonto braucht jeder, der Zahlungen leistet oder Geld verdient. Beim bargeldlosen Zahlungsverkehr wird das Geld also nicht bar mit Münzen und Scheinen überbracht, sondern von Konto zu Konto überwiesen.

- *Ein Beispiel:* Ein Autokauf wäre ohne Bankverbindung schwierig. Der Betrag wird vom Konto des Käufers abgebucht und auf das Konto des Verkäufers (Autohaus) gutgeschrieben. Die Bezahlung der Rechnung wird dadurch einfacher und sicherer.

Girokonto von Mutter Chris und Vater Hans **Überweisung des Taschengeldes von Beate** **Girokonto von Beate**

Beate will genauer wissen, weshalb es sich lohnt, ein Girokonto bei einer Bank zu eröffnen.

Der Wirtschaftsdoc

Warum ist ein Girokonto unentbehrlich?

- Unser Arbeitgeber zahlt uns Lohn oder Gehalt heute nicht bar aus. Wir erhalten unser Einkommen regelmäßig auf das Girokonto gutgeschrieben.

- Wir können jederzeit über das gesamte Guthaben auf unserem Konto verfügen.

- Wir lassen regelmäßig anfallende Zahlungen wie die Telefonrechnung von unserem Konto abbuchen. Wir vergessen nichts und haben damit keine Arbeit.

- Sonstige Rechnungen begleichen wir mittels Überweisung. Wir müssen dem Verkäufer also nicht das Geld persönlich überbringen.

- Das Geld ist bei der Bank sicher. Wir müssen nicht viel Bargeld aufbewahren und verringern die Gefahr, Geld zu verlieren oder bestohlen zu werden.

- Zum Girokonto gehört eine ec-Karte mit persönlicher Geheimnummer (PIN). Wir können damit Geld abheben oder beim Einkauf Rechnungen bezahlen.

Aufgaben für Einzelarbeit

1. Überlege, welche Zahlungen deine Familie über das Girokonto abwickelt.
2. Was bedeutet wohl die Abkürzung PIN?
3. Die Führung eines Girokontos ist für Jugendliche kostenlos. Bei Erwachsenen berechnen die meisten Geldinstitute für die Kontoführung Gebühren. a) Weshalb werden Jugendliche und Erwachsene nicht gleich behandelt? b) Sind dir weitere Unterschiede bekannt, die Banken bei Jugendlichen und Erwachsenen machen?

Beate beim Wirtschaftsdoc: Wie verschlüssle ich meine PIN am besten?

Beate: „Hallo, lieber Wirtschaftsdoc, kannst du mir einen Tipp geben wie ich mir die PIN gut merken kann?" – **Wirtschaftsdoc:** „Je nachdem, wie deine vierstellige Nummer lautet, gibt es ein paar tolle Eselsbrücken. Hier ein paar Vorschläge:

- **Einbau in eine Telefonnummer:** Die PIN lässt sich im Adressbuch gut verschlüsseln. So ist bei Vergessen ein Nachschlagen möglich. Beispiel: Die PIN lautet 1357. Vorschlag: **Gi**sela **Kon**radi (0 89) **11 35 79**. Anmerkung: **Gi**sela **Kon**radi steht für Girokonto.

- **persönliche Daten als Merkhilfe:** Vielleicht passen Geburtstag, Hausnummer, Jahreszahl oder es besteht ein persönlicher Bezug zur Zahl. Beispiel: Die PIN lautet: 6607. (Für Oma fängt das Leben erst mit 66 Jahren an. Ich sehe gern James-Bond-Filme.)

- **Die Zahl weist eine logische Folge auf:** z. B. 1357 oder 8642; 0369 oder 1928.

- **Beim Eingeben der PIN** am Bankautomaten ergibt sich ein einprägsames Muster.

Der Aufwand lohnt sich; denn wenn dir die PIN nicht mehr einfällt, musst du die ec-Karte ersetzen. Dafür erhebt die Bank Gebühren. Da sind schnell ein paar Euro weg."

7.3.1 Die Eröffnung eines Kontos

Die Eröffnung eines Kontos kann bei jeder Bank erfolgen. Der künftige Kontoinhaber füllt einen Eröffnungsantrag aus, legt seinen Personalausweis vor und unterschreibt das Dokument. Jugendliche unter 18 Jahren benötigen zur Einrichtung eines Kontos die Zustimmung des gesetzlichen Vertreters, in der Regel die Eltern. Beates Mutter oder ihr Vater muss also damit einverstanden sein und mitunterschreiben, wenn sie bei der SPARBANK ein Girokonto führen will.

Die Unterschrift des Kontoinhabers dient zur Sicherheit, ist also unverzichtbar. Nur der Kontoinhaber darf Überweisungen tätigen oder Geld abheben. Würde Beate ihrem Bruder Martin erlauben, von ihrem Konto Geld abzubuchen, müsste sie ihm eine Vollmacht einräumen. Jeder Kontobevollmächtigte hinterlegt bei seiner Bank eine Unterschriftsprobe.

Weil es bequem ist und man Zeit und Kosten spart, eröffnen immer mehr Kunden ein Konto bei einer Direktbank. Diese Geldhäuser unterhalten keine Geschäftsstellen, sondern sind nur mittels Telefon, Fax oder Internet erreichbar. Am Anfang steht auch hier die Kontoeröffnung. Sie erfolgt, indem der Antragsteller telefonisch, per Fax oder Internet von der gewünschten Direktbank die Unterlagen anfordert. Die Vorlage des Personalausweises erfolgt zusammen mit dem Eröffnungsantrag bei der Post. Danach werden sämtliche Bankgeschäfte telefonisch, per Fax oder mittels Internet durchgeführt.

DIREKTBANKING

Telefon

Internet

Fax

Die Türme
deutscher
Großbanken
in Frankfurt

Aufgaben für Einzelarbeit

1. Weshalb darf wohl Beate und jeder andere Jugendliche unter 18 Jahren ohne Zustimmung der Eltern kein Bankkonto eröffnen?
2. Wann bzw. warum könnte man einer vertrauenswürdigen Person wohl eine Vollmacht für sein Konto einräumen? Führe einige Beispiele auf.
3. Beate fragt ihren Vater, ob sie ihr Konto überziehen dürfe. Dieser antwortet: „Das ist grundsätzlich für Minderjährige verboten." Weshalb dürfen wohl Minderjährige ihr Konto nicht überziehen?

Elektronische
Kontenführung
in einer
Direktbank

7.3.2 Einige Formen des bargeldlosen Zahlungsverkehrs

Die Überweisung

Fallbeispiel

Beate hat sich im Versandhandel Melcher ein T-Shirt für 30 € bestellt und bekommt nun die Rechnung. Sie findet es praktisch, dass sie den Überweisungsauftrag ihrer Sparbank zuhause ausfüllen kann.

Der Weg eines Überweisungsauftrags

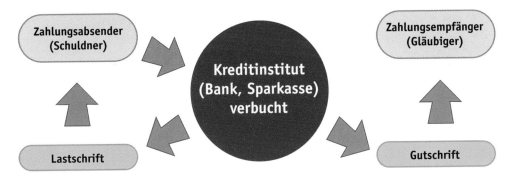

Zahlungsabsender (Schuldner) → Kreditinstitut (Bank, Sparkasse) verbucht → Zahlungsempfänger (Gläubiger)

Lastschrift ← Kreditinstitut (Bank, Sparkasse) verbucht → Gutschrift

---

Überweisung

71400322

Begünstigter: Name, Vorname/Firma (max. 27 Stellen)
MELCHER

Konto-Nr. des Begünstigten: **412026** Bankleitzahl: **90050022**

Kreditinstitut des Begünstigten: **STADTBANK BURGSTADT**

EUR Betrag: Euro, Cent: **30,00**

Kunden-Referenznummer - Verwendungszweck, ggf. Name und Anschrift des Überweisenden - (nur für Begünstigten)
RE.NR.329876

noch Verwendungszweck (insgesamt max. 2 Zeilen à 27 Stellen)

Kontoinhaber: Name, Vorname/Firma, Ort (max. 25 Stellen, keine Straßen- oder Postfachangaben)
KLUG,BEATE

Konto-Nr. des Kontoinhabers: **200515** ◄ Bitte tragen Sie Ihre Konto-Nr. ein Nur "X", wenn Adresse des Kontoinhabers weitergeleitet werden soll. **20**

Schreibmaschine: ohne Beachtung der Kästchen
Handschrift: Blockschrift in GROSSBUCHSTABEN bitte je Zeichen ein Kästchen verwenden.

810005/9 6.4

20..-03-01 *Beate Klug*
Datum, Unterschrift

Der Wirtschaftsdoc

Die Überweisung

- Um Rechnungsbeträge überweisen zu können, müssen der **Zahlungspflichtige** (Schuldner) und der **Empfänger** (Gläubiger) über ein **Girokonto** verfügen. Dies gilt für den gesamten bargeldlosen Zahlungsverkehr.
- Rechtlich gesehen weist der Schuldner seine Bank an, die gewünschte Summe vom eigenen Konto abzubuchen und auf das Konto des Gläubigers gutzuschreiben.
- Das beauftragte Kreditinstitut erstellt eine **Lastschrift** für das Konto des Zahlungspflichtigen und eine **Gutschrift** für das Konto des Empfängers.
- **Geldschulden sind Bringschulden.** Der Schuldner kommt für die Kosten auf.
- Der Kunde füllt den **Überweisungsvordruck** aus. Das Geldinstitut übernimmt die Abbuchung und Weiterleitung an den Zahlungsempfänger.
- Das **Original** bleibt als Auftrag bei der Bank.

Aufgaben für Einzelarbeit

1. Beschaffe dir von deiner Hausbank bzw. der Sparkasse eine Mustervordruckmappe für den bargeldlosen Zahlungsverkehr. Du erhältst diese Materialien kostenlos.
2. Fülle jetzt einen Überweisungsvordruck aus und achte darauf, dass du genau in die angegebenen Felder schreibst und die Ränder der vorgegebenen Kästen nicht überschreitest. Du kannst Empfänger, Betrag, Zahlungsanlass usw. frei wählen.
3. Überlege, a) wann eine Überweisung praktisch ist und b) wann du eine andere Zahlungsform wählen würdest.

Die Bezahlung mit Scheck

Fallbeispiel

Beate sieht zu, wie ihr Vater einen Verrechnungsscheck über 50 € an seine bedürftige Schwester Elsa ausstellt und ihn in einen Briefumschlag steckt. Beate: „Paps, wieso legst du nicht einen 50-Euroschein in den Briefumschlag? Warum stellst du einen Verrechnungsscheck aus und schreibst darauf Tante Elsas Anschrift, obwohl die Adresse doch bereits auf dem Briefumschlag steht? Ist das nicht unnütze Arbeit?"

„Wegen der Sicherheit muss das so sein. Wenn ich Bargeld in den Briefumschlag stecke, könnte jedermann den Betrag stehlen. Und beweisen ließe sich so gut wie gar nichts. Es lohnt sich dagegen nicht, einen Verrechnungsscheck zu entwenden. Der Scheck wird von meinem Konto abgebucht und auf das Girokonto des Empfängers gutgeschrieben. So lässt sich der Buchungsweg exakt zurückverfolgen. Niemand darf sich einen Verrechnungsscheck bar auszahlen lassen. Mit der vollständigen Anschrift des Empfängers wird der Verrechnungsscheck noch sicherer."

„Warum habe ich solche Scheckvordrucke nicht von der SPARBANK bekommen?" – *„Du bist noch nicht volljährig und damit nur beschränkt geschäftsfähig. Erst ab deinem 18. Geburtstag bekommst du auf Antrag von der SPARBANK ein Scheckheft und darfst Schecks ausstellen."*

Nur zur Verrechnung

BANK IN NEUHAUSEN

D E

Zahlen Sie gegen diesen Scheck

——fünfzig——

Betrag in Buchstaben

	Betrag: Euro, Cent
EUR	——50,00——

noch Betrag in Buchstaben

an ____ Elsa Klug, Erlangen ____ oder Überbringer

MUSTER

20..-11-18

Ausstellungsort, Datum

Hans Klug

Unterschrift des Ausstellers

Verwendungszweck ____ Sonderzuwendung

(Mitteilung für den Zahlungsempfänger)

Der vorgedruckte Schecktext darf nicht geändert oder gestrichen werden. Die Angabe einer Zahlungsfrist auf dem Scheck gilt als nicht geschrieben.

Bank-Verlag Köln 47.101 (07/01)

Scheck-Nr.	X	Konto-Nr.	X	Betrag	X	Bankleitzahl	X	Text

3412567890012 3⏌ 242411240 0⏌   12345678⏌ 01⏌

Bitte dieses Feld nicht beschriften und nicht bestempeln

Der Wirtschaftsdoc

Barschecks und Verrechnungsschecks

- Der **Barscheck** ist ein Inhaberpapier. Wer ihn unterschrieben bei der Bank des Scheckausstellers vorlegt, erhält das Geld bar ausbezahlt. Der Betrag wird vom Konto des Scheckausstellers abgebucht. Barschecks sind gefährlich; denn bei Diebstahl oder Verlust kann ein unterschriebener Barscheck von jedermann eingelöst werden. Mit dem Vermerk „Zur Verrechnung" wird er in einen Verrechnungsscheck umgewandelt.

- Der **Verrechnungsscheck** ist weitgehend sicher. Der Buchungsweg lässt sich exakt zurückverfolgen, da der Betrag nicht bar ausgezahlt, sondern auf das Konto des Empfängers gutgeschrieben wird. Der Verrechnungsscheck ist praktisch, weil er gefahrlos auch im Briefumschlag verschickt werden kann.

- Beim **Eurocheque oder ec-Scheck** ist die Scheckkarte unbedingt getrennt aufzubewahren. Ohne Vorlage der Scheckkarte wird kein Eurocheque (Euroscheck) akzeptiert. Er wird zunehmend durch die Scheckkarte abgelöst und bald aus dem Handel verschwinden.

Aufgaben für Einzelarbeit

1. Warum dürfen Minderjährige grundsätzlich keine Schecks ausstellen? Begründe deine Meinung.
2. Überlege, wann im privaten und geschäftlichen Bereich häufig mit Verrechnungsschecks bezahlt wird. a) Nenne die Vorteile. b) Sind dir auch Nachteile bekannt?
3. a) Wie lässt sich jeder Barscheck in einen Verrechnungsscheck umwandeln?
   b) Nimm das Scheckformular aus deiner Mustervordrucksmappe und stelle an eine beliebige Person einen Verrechnungsscheck über 1.250,00 EUR aus.

Fehlertext – Vorsicht: Falle

Ein Schüler hat nicht so gut aufgepasst und als Hausaufgabe einen Bericht über das Geld verfasst. Dabei sind ihm Fehler unterlaufen. Mach es besser! Berichtige den Text und schreibe ihn komplett neu in dein Heft.

Eine Überweisung ist praktisch und bequem, weil nur der Aussteller ein Girokonto benötigt. Der Höchstbetrag liegt bei 200 €. Minderjährige dürfen keine Überweisungen ausstellen. Der Barscheck ist ein Teilhaberpapier. Er ist bis zu 200 € versichert. Der Betrag kann nur bei der Bank des Empfängers bar ausgezahlt werden. Der Minderjährige darf zwar einen Verrechnungsscheck, aber keinen Barscheck ausstellen. Der Verrechnungsscheck lässt sich bequem in einen Barscheck umwandeln. Steht die Adresse des Absenders drauf, so ist es völlig ungefährlich, ihn in einen Briefumschlag zu stecken. Bei der Vorlage der Scheckkarte wird jeder Verrechnungsscheck auch bar ausgezahlt.

Der Zahlungsverkehr mit der Scheckkarte

Fallbeispiel

Als Beate kurz nach ihrem 14. Geburtstag mit ihrem Vater zur SPARBANK geht, um ihr Girokonto zu eröffnen, überrascht dieser sie mit einem nachträglichen Geburtstagsgeschenk. „Pass auf Beate, ich zahle auf dein Girokonto zusätzlich 25 € ein. Sobald du deine Scheckkarte zugestellt bekommst, gehst du zur SPARBANK und lässt dir deine Geheimnummer geben.

Der Wirtschaftsdoc hat dir ja bereits erklärt, wie du dir deine PIN gut einprägen und sie außerdem sicher verschlüsseln kannst. Ist dies geschehen, zeige ich dir gern, wie du mit der Scheckkarte Geld abheben kannst. Natürlich wird dir anfangs auch gern ein Mitarbeiter der SPARBANK behilflich sein, wenn dir dies lieber ist."

„Paps, stimmt es, dass ich mit der Scheckkarte beim Einkauf bezahlen kann?" „Natürlich nicht, wenn du eine Kleinigkeit beim Metzger, Bäcker oder Supermarkt einkaufst bzw. es nur um ein paar Cents oder wenige Euro geht. Aber bei größeren Einkäufen, wenn du dir neue Klamotten oder eine Playstation kaufst, wird die Scheckkarte allgemein akzeptiert. Freilich musst du deine PIN im Kopf haben."

Mehr und mehr setzt sich im alltäglichen Zahlungsverkehr der Kontoausgleich mittels „electronic cash" durch. Diese moderne Zahlungsform ist für alle Beteiligten vorteilhaft. Insbesondere aber profitiert davon der Verkäufer. Der Zahlungsvorgang wird blitzschnell abgewickelt; die zeitaufwendige Scheckbearbeitung entfällt.

Es müssen weder Rechnungen noch Mahnungen geschrieben werden. Bei „electronic cash" werden nach Ladenschluss sämtliche Daten der Hausbank übermittelt und die Beträge dem Konto des Verkäufers gutgeschrieben. Die Belastung wird auf dem Konto des zahlungspflichtigen Kunden bzw. Schuldners vorgenommen.

Der Wirtschaftsdoc

Drei Nutzungsmöglichkeiten für die Scheckkarte oder ec-Karte

- **Die ec-Karte dient als „Ausweis" beim Bezahlen mit dem Eurocheque.**

- **Mit der Scheckkarte kann man bequem beim Geldautomaten Geld abheben.** Das eigene Geldinstitut berechnet dafür keine Gebühren, wohl aber jedes fremde Kreditinstitut.

- **„Electronic cash" setzt sich immer mehr durch.** Beim Einkauf schiebt der Kunde seine ec-Karte in ein Lesegerät ein und bestätigt den angezeigten Betrag per Tastendruck. Sobald er seine PIN eingetippt hat, ist der Zahlungsverkehr für ihn abgeschlossen. Der Kunde muss nicht unterschreiben, sollte sich aber den Kontoausgleich quittieren lassen.

Aufgaben für Einzelarbeit

Wann empfiehlt es sich, a) bar zu bezahlen, b) den Rechnungsbetrag zu überweisen, c) einen Verrechnungsscheck auszustellen, d) mit der Scheckkarte zu bezahlen? Führe jeweils ein passendes Beispiel an.

Immer beliebter: Die Bezahlung mit der Kreditkarte

Fallbeispiel

Martin zeigt seiner Familie stolz seine Kreditkarte. Auf Beates Frage, wozu er diese denn brauche, erklärt Martin: „Ich will ja im Sommer mit meiner Freundin Corinna nach Portugal verreisen. Im Ausland ist eine Kreditkarte besonders vorteilhaft. Wir brauchen nicht so viel Bargeld mitzunehmen und sind besser vor Verlust und Diebstahl geschützt. Wir können fast überall unsere Rechnungen mit dem Plastikgeld begleichen, sei es im  *Hotel, in der Gastwirtschaft, im Kaufhaus oder an der Tankstelle. Von Freunden weiß ich, dass man in den USA als nicht kreditwürdig angesehen wird, sofern man über keine Kreditkarte verfügt."*

Vor allem bei Leuten, die öfters ins Ausland verreisen, sind Kreditkarten sehr beliebt. Wer daran interessiert ist, füllt bei dem gewünschten Kreditkartenunternehmen einen Antrag aus. Im Allgemeinen wird ein Jahresbeitrag zwischen 20 € und 50 € erhoben. So können ohne große Formalitäten Rechnungen bezahlt werden. Nach Vorlage der Kreditkarte wird ein Beleg erstellt und vom Kunden unterschrieben.

Einmal monatlich erhält der Kunde eine Aufstellung seiner Umsätze, die an die Kreditkartenfirma zu bezahlen sind. Die Schuldsumme wird von seinem Girokonto abgebucht.

Das Kreditkartenunternehmen schreibt die Rechnungsbeträge nach Abzug von einer ca. fünfprozentigen Gebühr auf die Konten der Gläubiger gut. Dies sind z. B. Hotels, Gastwirtschaften, Tankstellen, Flughäfen und Kaufhäuser.

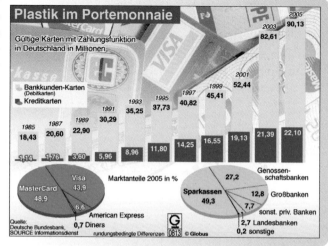

Wie die Grafik zeigt, hat sich seit 1985 die Anzahl der in Deutschland ausgegebenen Kredit- und Bankkundenkarten* vervielfacht.

Aufgaben für Einzel- oder Partnerarbeit

1. Studiere die Grafik. a) Wer ist von den Kreditunternehmen in Deutschland Marktführer? Wer liegt an 2. und wer an 3. Stelle? b) Worauf führst du den Kreditkartenboom im Einzelnen zurück?
2. a) Schildere wesentliche Vorteile, die der Besitz einer Kreditkarte bringt.
   b) Welche Nachteile, Risiken und Gefahren können damit verbunden sein?

Fallbeispiel

Beates Mutter stöhnt: „Der Sportverein hat den Jahresbeitrag erhöht. Da muss ich meinen Dauerauftrag ändern. Das kostet nicht nur etwas Zeit, sondern eventuell auch eine erneute Gebühr."

„Wieso das?" will Beate wissen. Die Mutter erklärt ihr: „Wenn sich Zahlungen in gleicher Höhe regelmäßig wiederholen, ist ein Dauerauftrag sehr praktisch. Ich spare mir Arbeit und vergesse nichts. Möglicherweise verlangt die Bank für jede Änderung oder Aussetzung des Dauerauftrags jedoch eine erneute Gebühr. Das ist ärgerlich."

Am Abend sieht Beate den Wirtschaftsdoc. Sie nutzt die Gelegenheit, Bernd noch ein paar Fragen zum Dauerauftrag zu stellen.

---

* Eine Bankkundenkarte erhält man von der Bank, bei der man ein Konto eröffnet. Damit kann man den Kontoauszugsdrucker benutzen und mit einer persönlichen Geheimzahl Geld von Geldautomaten abheben und im Handel bezahlen. EC-Karten zählen z. B. zu den Bankkundenkarten.

Der Wirtschaftsdoc

Der Dauerauftrag

- Der Dauerauftrag eignet sich für alle **wiederkehrenden Zahlungen in gleicher Höhe und zum gleichen Zeitpunkt**, z. B. monatlich, vierteljährlich, halbjährig, ganzjährig, wie Miete, Pacht, Taschengeld, Versicherungsbeiträge.
- Der Dauerauftrag läuft gewöhnlich **unbefristet.**
- Daueraufträge sind bei **regelmäßig anfallenden Zahlungen** unter Privatleuten beliebt, wie Taschengeld, Miete, Unterstützung eines Angehörigen.
- Die Bank überweist den gewünschten Betrag zum **festgesetzten Termin** an den im Dauerauftrag vermerkten Empfänger.

Das Einzugsverfahren (Lastschriftermächtigung)

Fallbeispiel

Chris und Hans Klug beschließen auf Anregung ihres Sohnes Martin, eine Wirtschaftszeitung zu abonnieren. Sie beziehen zunächst drei kostenlose Probeexemplare. Da Martin und seinen Eltern das Journal gefällt, wollen sie die wöchentlich erscheinende Fachzeitschrift zunächst für ein Jahr bestellen. Sie sind mit einer vierteljährlichen Bezahlung einverstanden und erteilen auf dem beiliegenden Bestellformular ihre Genehmigung zum Lastschriftverfahren.

Beate, die zuschaut, fragt ihre Eltern: „Warum stellt ihr keinen Dauerauftrag aus?" Ihr Bruder Martin erklärt ihr: „In diesem Fall ist das Lastschriftverfahren am praktischsten. Wir haben keine Arbeit, wir zahlen keine Gebühren und sollte sich der zu zahlende Betrag ändern, wird automatisch der höhere Betrag von unserem Konto abgebucht." Beate will jetzt noch wissen, wann ein Dauerauftrag und wann das Einzugsverfahren vorzuziehen ist. Am besten kann ihr das der Wirtschaftsdoc erklären.

Der Wirtschaftsdoc

Das Einzugsverfahren

- Im Gegensatz zum Dauerauftrag können **auch unregelmäßig** zu leistende Zahlungen **in unterschiedlicher Höhe** abgebucht werden wie Einkäufe im Versandhandel oder Telefongebühren.
- Der Schuldner hat den Vorteil, dass **keine Gebühren** anfallen und er sich um nichts kümmern muss. Bei Beanstandungen kann er das Einzugsverfahren durch Mitteilung an seine Bank stoppen. Man spricht dann von **„Storno oder Stornieren".**
- Der Gläubiger weiß, dass er sein **Geld pünktlich bekommt.** Er erspart sich das lästige, zeit- und kostenaufwendige Mahnverfahren.

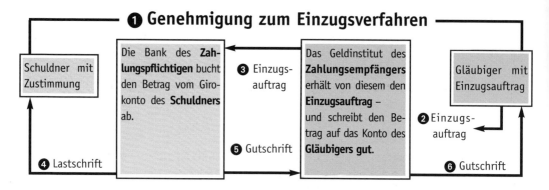

➊ Genehmigung zum Einzugsverfahren

| Schuldner mit Zustimmung | Die Bank des **Zahlungspflichtigen** bucht den Betrag vom Girokonto des **Schuldners** ab. | ➌ Einzugsauftrag | Das Geldinstitut des **Zahlungsempfängers** erhält von diesem den **Einzugsauftrag** – und schreibt den Betrag auf das Konto des **Gläubigers gut.** | Gläubiger mit Einzugsauftrag |

➎ Gutschrift

➍ Lastschrift

➋ Einzugsauftrag

➏ Gutschrift

Dauerauftrag	Einzugsermächtigung
• regelmäßig wiederkehrende Zahlungen • Betrag in gleicher Höhe • von privat zu privat • von privat zu Unternehmen • Schuldner zahlt Gebühren	• wiederkehrende, oft auch einmalige Zahlungen • gleiche oder unterschiedliche Höhe • von Unternehmen zu Privathaushalt • von Unternehmen zu Unternehmen • Gläubiger zahlt Gebühren
Beispiele: Taschengeld, Wohnungsmiete, Vereins- und Versicherungsbeiträge, Zeitungsabos	*Beispiele:* Telefonrechnungen, Einkäufe im Versandhandel, Vereins- und Versicherungsbeiträge, Zeitungsabos, Kfz-Steuer

Aufgaben für Einzel- oder Partnerarbeit

Wähle aus und begründe deine Entscheidung, welche Zahlungsweise jeweils zu empfehlen ist. Manchmal bieten sich mehrere Zahlungsformen an.

1. Familie Klug hat ihre monatliche Telefonrechnung zu bezahlen.
2. Familie Klug bezahlt vierteljährlich ein Zeitschriftenabonnement.
3. Frau Klug bestellt im Versandhandel gelegentlich Bücher und Schallplatten.
4. Herr Klug fährt zum Tanken und nimmt noch einen Kasten Mineralwasser mit.
5. Der Wirtschaftsdoc bezahlt im Ausland seine Hotelrechnung.
6. Oma Klug kauft im Warenhaus für ein paar EUR Lebensmittel ein.
7. Vater Klug zahlt monatlich an Beate Taschengeld.
8. Oma Klug bekommt von Hans eine monatliche Zuwendung in gleicher Höhe.
9. Martin bringt sein Auto zur Reparatur. Beim Abholen erhält er die Rechnung.
10. Martin benötigt am Wochenende noch etwas Bargeld.
11. Herr Klug kauft sich im Supermarkt eine neue Heimwerker-Mehrzweckmaschine.
12. Herr Klug lädt zum Geburtstag seine Skatfreunde zum Abendessen ins Gasthaus ein.
13. Bei Familie Klug wird die Hundesteuer für Globo fällig.
14. Martin bezahlt alle sechs Monate die Prämie für die Berufsunfähigkeitsversicherung.

Kluges Handeln im Zahlungsverkehr ist bei Übung gar nicht schwer.

7.4 Moderne Bankgeschäfte – Internetbanking

Fallbeispiel

Chris und Hans haben eine Rechnung für die Reparatur ihres Autos erhalten. Sie wollen den Betrag sofort überweisen, da ihnen der Händler einen großzügigen Nachlass eingeräumt hat. Beate verfolgt das Gespräch der beiden Eltern.

Vater Hans: „Chris, kannst du morgen zur Bank gehen, um die Rechnung für unser Auto zu überweisen?"

Mutter Chris: „Morgen passt es mir nicht. Ich muss die Oma zum Arzt fahren und Beate die Vokabeln für die Schulaufgabe abfragen."

Vater Hans: „Wenn ich um 17:00 Uhr das Geschäft verlasse, ist die Bank schon geschlossen. Nur am Donnerstag ist eine Stunde länger geöffnet."

Beate: „Aber der Wirtschaftsdoc macht doch seine Bankgeschäfte meistens erst nach 18:00 Uhr. Wieso geht das bei ihm? Er hat mir erst neulich erzählt, dass er jetzt fast alle Geschäfte mit der Bank von zu Hause aus erledigt."

Vater Hans: „Er erledigt das telefonisch oder übers Internet mit dem PC. Da wir einen Internetanschluss haben, sollten wir uns jetzt mal genau über das Onlinebanking informieren. Der Wirtschaftsdoc hat mich schon davon überzeugt, dass es viel günstiger ist, seine Bankgeschäfte übers Internet abzuwickeln. Er zahlt keine Kontoführungsgebühren und ordert seine Aktien billiger."

Aufgaben für Einzel- oder für Gruppenarbeit

1. Nenne drei Vorteile, die das Internetbanking der Familie Klug bringen kann.
2. Warum bemühen sich auch im privaten Lebensbereich immer mehr Menschen um einen Internetanschluss?
3. Nenne drei negative Auswirkungen bzw. Probleme, die im Zusammenhang mit dem Internetbanking für etliche Bankkunden entstehen könnten. Denke dabei an die Oma Kerstin.

Was bietet das Internetbanking? Wie funktioniert es?

Viele Unternehmen und Privatpersonen wickeln mittlerweile ihre alltäglichen Bankgeschäfte über das Internet ab. Der Weg zur Bank wird gespart und die Öffnungszeiten spielen keine Rolle. Allerdings müssen die Kunden über das erforderliche Fachwissen sowohl im Umgang mit dem PC als auch im Hinblick auf die Bankgeschäfte verfügen. Über Telefon oder Internet werden vor allem erledigt:

- Überweisungen vornehmen,
- Schecks bestellen,
- Wertpapiergeschäfte (Kauf und Verkauf von Aktien) ausführen.
- Kontostand überprüfen,
- Daueraufträge einrichten, ändern, löschen,

Um diese Geschäfte tätigen zu können, sind ein PC und ein Internetanschluss notwendig. Danach wird eine Freischaltung des Kontos für das Internetbanking beantragt. Die Formalitäten sind ähnlich wie bei einer gewöhnlichen Kontoeröffnung. Über die Internetadresse, z. B. www.sparbank-scheinfeld@bank.de, erfolgt der Zugriff auf das eigene Konto.

Die Bank teilt jedem Nutzer eine PIN (persönliche Identifikations-Nummer) zu. Diese gibt der Kontoinhaber jedesmal an, sobald er Bankgeschäfte tätigt. So erkennt die Bank, dass es sich um die berechtigte Person handelt. Wer seine PIN verrät, eröffnet dem Betreffenden den Zugang zu seinem Konto. Um das Internetbanking durchführen zu können, genügt es, sich anzumelden und die Kontonummer und die PIN über Tastatur einzugeben.

Nach der erfolgten Anmeldung und Identifikation kannst du das gewünschte Bankgeschäft ganz normal abwickeln.

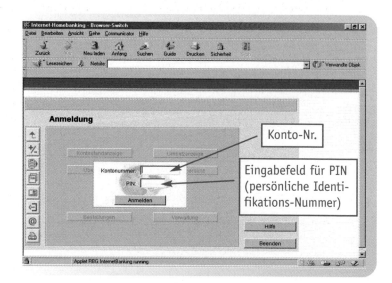

Zusätzliche Sicherheit gefragt

Um sicherzugehen, dass der dazu berechtigte Kontoinhaber und niemand sonst die Überweisung tätigt, gibt es neben der **PIN** noch die **TAN (TRANSAKTIONS-NUMMER)**. Überweisungen werden auch als Transaktionen bezeichnet, daher der Name. Für jede Überweisung gibt es eine eigene Geheimnummer. Die Nummern sendet uns die Bank in Form eines **TAN**-Blockes zu. Keine Nummer darf zweimal verwendet werden.

Aufgaben für die Arbeit am PC

1. Besorge dir von zwei verschiedenen Geldinstituten die Internetadresse und informiere dich über das Angebot für jugendliche Bankkunden.
2. Welche Leistungsunterschiede fallen dir auf?

Vorteile und Nachteile des Onlinebankings

Vorteile	Nachteile
• Bankgeschäfte können jederzeit unabhängig von den Öffnungszeiten durchgeführt werden.	• Internetbanking erfordert Fachwissen und -können, um die Geldgeschäfte sachkundig abwickeln zu können.
• Jeder Buchungsvorgang ist sofort am Bildschirm sichtbar.	• Es droht Gefahr durch eine unzureichend geschützte PIN oder TAN.
• Sofern ein Internetzugang besteht, lassen sich von jedem Ort aus Bankgeschäfte abwickeln.	• Es gibt Befürchtungen über den „gläsernen Menschen". Zahlungen werden für andere Leute nachvollziehbar.

Aufgaben für Einzel oder Partnerarbeit

1. Erstelle eine Übersicht über alle Zahlungsformen, die es heute gibt.
2. Versuche, die Möglichkeiten des Zahlungsverkehrs grafisch darzustellen, z. B. in Form einer Collage oder mittels Comics.

7.5   Der Zahlungsverkehr im Wandel der Zeit

Beate hat bisher den Begriff „Bezahlen" immer mit Scheinen und Münzen verbunden. Das Mädchen versucht deshalb, sich einen Überblick zu verschaffen, auf welche Weise man heute bezahlen kann und wie dies früher geschah.

Früher

begnügten sich die Menschen mit Tauschgeschäften.

Später

wurde das Bargeld eingeführt, es gab Münzgeld und Papiergeld.

Mit der Zunahme der Weltwirtschaft

wurden der bargeldlose Zahlungsverkehr und damit das Buchgeld immer wichtiger. Dazu zählen:
- Girokonto
- Überweisungen
- Einzugsvollmacht
- EC-Karte
- Kreditkarte
- Scheckzahlung

Heute

kommen zu den klassischen Zahlungsmitteln Bargeld und Buchgeld das Telefon- und Internetbanking hinzu.

In Zukunft

erfolgt starke Ausweitung des bargeldlosen Zahlungsverkehrs über Telefon und Internet.

8 Wirtschaftliche Vorgänge im Unternehmen

8.1 Die Firma ADA als Einzelunternehmen

Fallbeispiel

Im Rahmen eines „Tages der offenen Tür" erkunden Beate und ihre Freundin das Unternehmen ADA-Sportartikel. Die beiden Realschülerinnen sind beeindruckt von den rationellen Betriebsabläufen, den modernen Maschinen und den emsig arbeitenden Leuten in der Produktionsabteilung. Ihr Bruder, der sich vor allem um die jüngeren Gäste kümmern soll, zeigt Beate und Birgit so manches Interessante.

Beate bekommt den Firmenchef zu sehen und hat den Eindruck: „Der Mann hat es zu etwas gebracht. Ich könnte mir gut vorstellen, auch mal Firmenchefin zu sein."

Beate wird bereits klar, dass der Weg dorthin mühsam und steinig sein wird. Dies könnte ihr der Unternehmer Armin Dall uneingeschränkt bestätigen. Zuerst Schulabschluss und Berufsausbildung. Danach Arbeit und Aufstieg in einer größeren Firma. Später

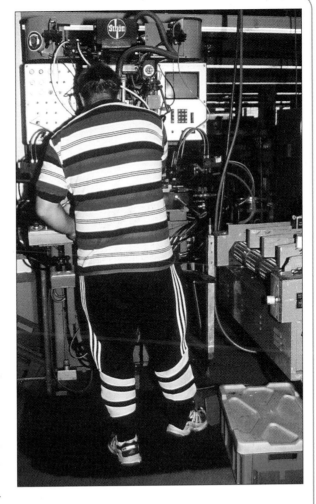

die Überlegung, sich selbstständig zu machen, ein Einzelunternehmen zu gründen, um eigene Träume, Ideen und Pläne verwirklichen zu können. Dies alles verlangt großen Fleiß und Einsatz.

Fallbeispiel

Es gilt, das Umfeld zu erkunden, sich von Fachleuten beraten zu lassen, sich über die Produkte klar zu werden, geeignete Lieferanten ausfindig zu machen, den Kapitalbedarf zu kalkulieren, mit Banken über Kredite zu verhandeln, sich um gute Mitarbeiter zu bemühen. Die Frage nach der Rechtsform, dem rechtlichen Erscheinungsbild der neuen Firma ist ebenfalls zu klären. Bereits im Vorfeld ist klar: bescheidene Lebensführung, harte Arbeit, Abschied von der 35-Stunden-Woche und geregelter Arbeitszeit, Bereitschaft, als Firmenchef zunächst 60 und mehr Stunden wöchentlich zu arbeiten, einige Zeit auf Urlaubsreisen und andere kostspielige Unternehmungen zu verzichten.

Aufgaben für Einzel- oder Partnerarbeit

1. Weshalb träumen viele junge Leute von der Selbstständigkeit? Welche Chancen und Vorteile sind damit verbunden?
2. Welche Risiken und Nachteile können Firmengründung und berufliche Selbstständigkeit mit sich bringen?
3. Berichte von eigenen Erfahrungen und Beobachtungen in Verbindung mit einer Betriebserkundung.

> **Das Grundgesetz garantiert jedem Bürger das Recht, seinen Beruf und Arbeitsplatz frei zu wählen. Auch die Gewerbeordnung sieht die Gewerbefreiheit vor.**

Dies bedeutet also, dass sich grundsätzlich jedermann selbstständig machen und ein Unternehmen gründen darf, sofern z. B. vom Umweltschutz, Bau- und Wohnrecht her keine Einschränkungen bestehen, der Betreffende die Voraussetzungen erfüllt und sämtliche rechtlichen Auflagen beachtet.

Der Wirtschaftsdoc

Pro und kontra Einzelunternehmung

Hier handelt es sich um ein Unternehmen, in dem die Rechte und Pflichten in einer Person, dem Firmeninhaber, vereint sind.

Als Vorteile sind für den Inhaber vor allem zu nennen:

- volle Entscheidungsfreiheit
- Verwirklichung eigener Vorstellungen und Ideen
- größere Flexibilität (Beweglichkeit)
- „sein eigener Herr", keinen Vorgesetzten über sich
- keine Streitigkeiten mit einem Gesellschafter
- alleiniger Gewinnanspruch des Inhabers

Folgende Nachteile können damit verbunden sein:

- Haftung sowohl mit dem Betriebs- als auch dem Privatvermögen
- wenig Spielraum für eine Kapitalerhöhung
- Unternehmer trägt das Risiko alleine
- größere Gefahr von Fehlentscheidungen
- zumindest in den ersten Jahren sehr hohe arbeitsmäßige Belastung

Aufgaben für Einzel- oder Partnerarbeit

1. Was könnte einen Betriebsinhaber veranlassen, einen Partner aufzunehmen?
2. Was spricht dafür, als Einzelunternehmer allein verantwortlich zu handeln?

8.2 Firmenname – Handelsregister – Rechtsform
Fallbeispiel

Dem wagemutigen Jungunternehmer Armin Dall schwebte von Anfang an vor, seine eigenen Ideen ohne Einmischung anderer zu verwirklichen. Deswegen wollte er keinen gleichberechtigten Gesellschafter in seine Firma aufnehmen.

*Um unabhängig zu bleiben und seine Vorstellungen und Ideen ohne den Widerstand anderer verwirklichen zu können, entschied er sich für die Einzelunternehmung. Einen Namen hatte sein künftiges Unternehmen schon längst in seiner Fantasie. Es sollte **ADA-Sportartikel** heißen, gebildet aus den Abkürzungen seines Namens, **A** für **A**rmin, **DA** für **Da**ll. Auch ein passendes Logo stand schon im Entwurf fest. Der Jungunternehmer hatte Glück: Weder Name noch Logo konnte ihm jemand streitig machen.*

Es lag kein Verstoß gegen das Urheberrecht vor. (Nicht nur „Raubkopien" und Produktnachahmungen bzw. -fälschungen sind verboten, sondern auch die Übernahme von Firmen- und Markennamen.)

Firmenname

Nach § 17 HGB „ist die Firma eines Kaufmanns der Name, unter dem er seine Geschäfte betreibt und die Unterschrift abgibt". Die Firma ist der Geschäftsname des Kaufmanns, mit dem er ins Handelsregister eingetragen wird. Der Jungunternehmer Armin Dall kann unter seinem Firmennamen klagen und verklagt werden.

Handelsregister

Das Handelsregister ist ein beim **Amtsgericht** aufliegendes öffentliches Verzeichnis aller **Vollkaufleute** im zuständigen **Amtsgerichtsbezirk**. Es wird vom **Registergericht** geführt. Hier werden die Rechtsverhältnisse wie Inhaber, Geschäftssitz, Firma usw. festgeschrieben. Jedermann kann sich auf Antrag einen Einblick in das Handelsregister verschaffen. Die Tageszeitungen veröffentlichen regelmäßig Eintragungen oder Veränderungen im örtlichen Handelsregister.

Amtsgericht Neustadt Aisch
Paulanerplatz 4   91413 Neustadt, 20..-03-28
☎ (0 91 61) 3 05-0

**Amtliche
Bekanntmachung**

Neueintragung

HRB 2765 – 28. März 2001, **Firma ADA-Sportartikel, Sitz in 91443 Scheinfeld (Industriestraße 1)**, Gegenstand des Unternehmens, Herstellung von Sportschuhen und Sportbällen. Firmeninhaber Armin Dall, geb. 9. Dez. 1956, Nürnberg

**Auszug
aus dem
Handelsregister**

Rechtsverhältnisse: Einzelunternehmen

Aufgaben für Einzel-, Partner- und Gruppenarbeit

1. Wann kann es für jemand nützlich sein, das Handelsregister einzusehen?
2. Warum sind hier die Rechtsverhältnisse festgeschrieben?
3. Geh davon aus, du willst selbst eine Firma gründen. a) Wie soll dein Betrieb heißen? b) Entwerfe ein Firmenlogo. c) Schildere kurz deine „Geschäftsidee".

Was ist bei einer Firmengründung alles zu beachten?

1998 waren in Deutschland etwa 3,5 Millionen und damit 10 % aller Erwerbstätigen selbstständig.

Im Hinblick auf die Wahl der Rechtsform ist im Einzelnen abzuklären:

> *Wer vertritt das Unternehmen nach außen?*
> *Wer trägt das Risiko und haftet für eventuelle Schulden?*
> *Wer hat die Entscheidungsbefugnis in der neu zu gründenden Firma?*

Die Unterschiede in der Rechtsform haben ihre Ursache in:

> *der Haftungsfrage (Wer kommt für eventuelle Schulden auf?),*
> *den Eigentumsverhältnissen (Wem gehört das Unternehmen?),*
> *der Kapitalaufbringung (Wie erfolgt die Finanzierung?),*
> *der Gewinnverteilung (Wer bekommt den Gewinn?),*
> *der Übernahme von Verantwortung und der Teilhaberzahl.*

Weiteren Aufschluss geben folgende Gesetze: Handelsgesetzbuch (HGB), GmbH-Gesetz (Gesellschaft mit beschränkter Haftung), Aktiengesetz.

Sobald Klarheit über die Rechtsform besteht und ein geeigneter Name ausgewählt wurde, wird der Betrieb bei folgenden Stellen angemeldet:

> *bei der Industrie- und Handelskammer (IHK) als Pflichtmitglied,*
> *bei der Berufsgenossenschaft (Unfallversicherungsschutz der Mitarbeiter),*
> *beim Finanzamt (Abgabenordnung),*
> *beim örtlichen Gemeindeamt (Gewerbeamt),*
> *bei den Sozialversicherungsträgern (Kranken-, Renten-, Unfall-, Arbeitslosen- und Pflegeversicherung),*
> *beim zuständigen Amtsgericht (Eintragung in das Handelsregister).*

8.3 Onkel Uwes Firmengründung

Fallbeispiel

Onkel Uwe, der jüngere Bruder vom Wirtschaftsdoc Bernd und von Hans Klug, kommt zu Besuch. Uwe will sich selbstständig machen und ein Unternehmen gründen, das Software für Firmen, die Auslieferung von Computern und die Installation von Netzwerken in den Betrieben durchführt. Uwe will sich auch auf die Auslieferung, Installation, Wartung und Betreuung von Computernetzen in Schulen spezialisieren. Uwe stellt dem Wirtschaftsdoc seine Geschäftsidee in Einzelheiten vor:

Fallbeispiel

Hier ein Gesprächsauszug:

Onkel Uwe: *„Ich will mich auf das Programmieren von Wirtschaftssoftware, den PC-Vertrieb und die Vernetzung von Schulanlagen spezialisieren. Mein Firmenlogo liegt im Entwurf vor. Ich selbst übernehme die Planung der gewünschten Produkte. Von meinen beiden Mitarbeitern ist der eine auf das Programmieren, der andere auf die Vernetzung von Computersystemen spezialisiert."*

Wirtschaftsdoc: *„Uwe, die Idee ist gut. Welche Marktchancen rechnest du dir aus?"*

Onkel Uwe: *„Als Informatiker kenne ich den Markt recht gut. Angefangen hat alles so: Ein Freund fragte mich, ob ich für ihn einen PC nach seinen Bedürfnissen installieren könnte. Die Sache sprach sich herum und ich bekam weitere Aufträge. Ich will mich selbstständig machen, denn ich sehe auf diesem Wachstumsmarkt große Chancen. Was muss ich konkret tun, um eine Firma zu gründen? Welche gesetzlichen Auflagen gibt es? Welche Voraussetzungen muss ich erfüllen? Wer hilft mir bei der Finanzierung?"*

Aufgaben für Einzelarbeit

1. Denke darüber nach, welches Unternehmen du mit Angehörigen oder Freunden später eröffnen könntest und welche Marktchancen ihr hättet.
2. Überlege, wo du deine Firma ansiedeln willst. Worauf kommt es bei der Standortwahl an? Erstelle eine Stoffsammlung.
3. Rufe beim Gewerbeamt (Rathaus) deiner Gemeinde oder Stadtverwaltung an und frage, was zu tun ist, um ein Unternehmen zu gründen.
4. Werte das Schaubild aus.
   a) Begründe, welchen Wirtschaftsbereich du für eine Firmengründung als besonders chancenreich und interessant ansiehst.
   b) Welche Gründe könnten zu dem Rückgang der Existenzgründungen in den Jahren 2001 und 2002 geführt haben?

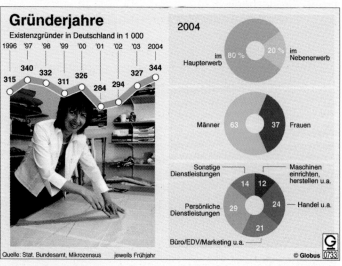

5. Was lässt sich anhand des Schaubildes auf S. 109 über die Bereitschaft der Erwerbstätigen zur Selbstständigkeit in Deutschland aussagen? In welchen Branchen sind besonders viele Selbstständige tätig?

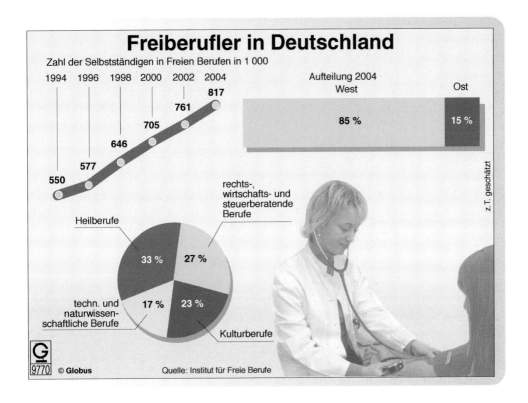

Freiberufler in Deutschland

Zahl der Selbstständigen in Freien Berufen in 1 000

1994 1996 1998 2000 2002 2004

817
761
705
646
577
550

Aufteilung 2004
West   Ost

85 %   15 %

z. T. geschätzt

Heilberufe

rechts-, wirtschafts- und steuerberatende Berufe

33 %   27 %

techn. und naturwissenschaftliche Berufe   17 %   23 %

Kulturberufe

9770   © Globus   Quelle: Institut für Freie Berufe

Unverzichtbare Schritte bei einer Firmengründung

Der Wirtschaftsdoc hilft seinem Bruder Uwe gern weiter. Er übergibt ihm eine Liste mit den folgenden Schritten. Onkel Uwe orientiert sich an dieser Aufstellung. Er weiß nun, wie er vorzugehen hat und was noch alles zu beachten und zu erledigen ist.

Checkliste: Firmengründung

1. Formalitäten in Verbindung mit der Firmengründung			
Was muss erledigt werden?	**Wer ist der Ansprechpartner?**	**Was muss alles vorgelegt werden?**	**Begriffserklärungen und Erläuterungen**
Gewerbeanmeldung	Gewerbeamt	Vorlage eines gültigen Personalausweises	Das Gewerbeamt befindet sich meistens im Rathaus. Der Unternehmer gibt an, welches Gewerbe er betreibt.
Eintrag in das Handelsregister (HR)	Amtsgericht	Die notarielle Beglaubigung wird an das Amtsgericht weitergeleitet.	Bestimmte Rechtsformen erfordern die Eintragung in das Handelsregister (HR).

Anmeldung des Unternehmens	Handwerkskammer Industrie- und Handelskammer	Meisterbrief Gewerbeanmeldung	Evtl. wird eine bestimmte Ausbildung vorausgesetzt. Dies überwacht die Handwerkskammer (HWK) bzw. die Industrie- und Handelskammer (IHK).
Meldung der Selbstständigkeit	Berufsgenossenschaft	schriftliche Gewerbeanmeldung	
Mitteilung der Geschäftsaufnahme	Finanzamt	Anmeldung, Kopie der Gewerbeanmeldung kommt direkt vom Gewerbeamt.	Das Finanzamt erhebt Gewerbesteuern. Schon aus diesem Grund muss das Unternehmen angemeldet werden.

2. Wichtige Versicherungen in Verbindung mit der Firmengründung

Versicherungsart	Erläuterungen und Beispiele
Krankenversicherung	Ein Selbstständiger muss nicht krankenversichert sein. Es ist ratsam, entweder in der gesetzlichen Krankenkasse zu bleiben oder in eine private Krankenkasse überzuwechseln.
Berufsunfähigkeitsversicherung	Das Risiko, aufgrund eines schweren Unfalls oder einer chronischen Erkrankung berufsunfähig zu werden, sollte unbedingt finanziell abgesichert sein.
Rentenversicherung	Ein Selbstständiger bezieht keine Rente. Er muss also eigenverantwortlich für seinen Ruhestand vorsorgen. Es empfiehlt sich daher eine freiwillige Einzahlung in die Rentenversicherung.
Rechtschutzversicherung	In einer Firma kommt es evtl. zu Streitigkeiten mit Lieferanten, Kunden und Mitarbeitern. Daher sollte eine Rechtsschutzversicherung abgeschlossen werden, die Vorsorge trifft für anfallende Kosten aufgrund eines Rechtsstreits.
Betriebshaftpflichtversicherung	Diese Versicherung schützt vor Schäden, die fahrlässig anderen Personen zugefügt werden, z. B., bei der Lieferung, Installation oder Montage wird ein Kunde verletzt.

3. Rechtsform

Wahl der Rechtsform	GmbH (Gesellschaft mit beschränkter Haftung), AG (Aktiengesellschaft).

8.4 Die Inventur führt zum Inventar

8.4.1 Onkel Uwe verschafft sich einen ersten Überblick über sein Vermögen

Beispiel

Onkel Uwe lässt vom Wirtschaftsdoc überprüfen, wie gut sein Unternehmen finanziert ist. Ihm selbst erscheint seine Lage recht gut, da er auch von seiner Mutter (Oma Kerstin) großzügig unterstützt wird. Schauen wir uns seine finanzielle Situation genauer an:

Onkel Uwes finanzielle Verhältnisse

Aus seinem Privatvermögen bringt Onkel Uwe in seine Firma ein: einen Personenkraftwagen, eineinhalb Jahre alt, Wert 12.000,00 €, Guthaben bei seiner Bank 20.000,00 €, Bargeld 8.500,00 €.

Oma Kerstin übergibt ihrem Sohn Uwe eine Wohnung, die sich als Büro umbauen lässt, im Wert von 100.000,00 €, sowie ein Bankguthaben über 10.000,00 €. Dies alles sollte Uwe sowieso einmal erben.

Sein Schwiegervater vermacht ihm als Schenkung aus dessen ehemaligen Unternehmen eine noch brauchbare Büroausstattung im Wert von 10.000,00 €.

Das Angebot für die Computeranlage in seinem Büro beläuft sich auf 30.000,00 €. Uwe hat ein Zahlungsziel von drei Monaten erhalten, d. h. er kann sich ein Vierteljahr mit dem Bezahlen der Rechnung Zeit lassen. In einem solchen Fall sprechen wir von einer Verbindlichkeit.

Die Bank gewährt ihm ein langfristiges Darlehen von 60.000,00 €. Damit finanziert Onkel Uwe den Kauf eines gebrauchten Lieferwagens (30.000,00 €), den Umbau der Wohnung zu Büroräumen (10.000,00 €), die Anschaffung von weiteren Einrichtungsgegenständen der Firma (10.000,00 €) und eines Notebooks mit Beamer und Leinwand für Präsentationen (10.000,00 €).

Arbeitsauftrag für Gruppenarbeit

Die Bank verlangt von Onkel Uwe eine exakte Aufstellung über das Vermögen und sämtliche Schulden der neu gegründeten Firma:

1. Schätzt den momentanen Vermögenswert der Firma von Onkel Uwe.
2. Warum wünscht die Bank eine genaue Zusammenstellung aller Vermögenswerte und Schulden?
3. Martin und der Wirtschaftsdoc hätten diese Aufstellung ohne Aufforderung gemacht und der Bank schon zum Gesprächstermin vorgelegt. Warum wohl?
4. Erklärt den Begriff Verbindlichkeiten (VE) aus Lieferungen und Leistungen.

Beispiel

Der Wirtschaftsdoc Bernd und Martin als kaufmännischer Auszubildender können Onkel Uwe weiterhelfen. Sie wissen, dass es zum Aufstellen von Vermögenswerten gesetzliche Vorschriften gibt. Wichtig ist vor allem der § 240 HGB (Handelsgesetzbuch).

Das Gesetz: § 240 (1) HGB	Das trifft auf Onkel Uwe zu	
Formalitäten: Jeder Kaufmann hat zu Beginn seines Handelsgewerbes die einzelnen Vermögensgegenstände und Schulden genau zu verzeichnen und ihren Wert anzugeben:	Er gründet gerade sein Dienstleistungsunternehmen.	
Seine Grundstücke:	die zum Büro umgebaute Wohnung	110.000,00 EUR
Seine Forderungen:	Guthaben bei der Bank	30.000,00 EUR
Seine Schulden (Verbindlichkeiten):	gegenüber der Bank gegenüber Lieferanten	60.000,00 EUR 30.000,00 EUR
Die Höhe seines Bargelds:	Kassenbestand	8.500,00 EUR
Seine sonstigen Vermögensgegenstände:	PC-Anlage Fuhrpark Betriebsausstattung (Möbel, Notebook/Beamer)	30.000,00 EUR 42.000,00 EUR 30.000,00 EUR

Fallbeispiel

Onkel Uwe versteht noch nicht so genau, worauf sich der Gesetzestext bezieht, was bei der Inventur alles anfällt und worin die Unterschiede zwischen Kapital und Vermögen sowie Inventar und Inventur bestehen. Da erinnert sich Martin, dass er erst kürzlich in seiner Firma eine Inventur durchgeführt hat. Er versucht, seinem Onkel dies zu erklären.

Fallbeispiel

Martin: „Am Inventurtag haben wir unseren normalen Geschäftsbetrieb eingestellt und alle Vermögensgegenstände unseres Unternehmens gezählt, gewogen und gemessen. Auch Schulden wurden erfasst. Das Ergebnis haben wir in die Inventarliste übertragen. Auf diese Weise gewinnen wir einen genauen Überblick über unser Unternehmen."

Onkel Uwe: „Ihr sprecht öfter von **Kapital** und **Vermögen**. Worin besteht der Unterschied?"

Martin: „Kapital zeigt an, **woher** unser Geld stammt. Es kann uns selbst gehören **(Eigenkapital)**, wir können es aber auch als Kredit von der Bank aufnehmen **(Fremdkapital)**. Vermögen beschreibt, **was** wir mit dem Geld gemacht haben. Du hast einen Lieferwagen, Maschinen und eine Büroausstattung gekauft und verfügst über Bargeld."

Onkel Uwe: „Was bedeutet der Begriff **Inventur**? Was ist mit **Inventar** gemeint?"

Martin: „Inventur ist die mengen- und wertmäßige Bestandsaufnahme aller Vermögensgegenstände und Schulden eines Unternehmens. Wir unterscheiden die **körperliche Inventur**, das Wiegen, Zählen und Messen von Vermögensgegenständen und die **Buchinventur**. Wir stellen mithilfe der Bücher den Umfang unseres Vermögens sowie die Höhe unserer Schulden gegenüber den Lieferern und der Bank fest. Die Ergebnisse der Inventur werden im Inventarverzeichnis aufgelistet. Es handelt sich also um eine Bestandsaufnahme von Vermögensgegenständen."

 Aufgaben Rechnungswesen für Einzelarbeit

1. Stelle fest, wann Mitarbeiter von Armin Dall die körperliche Inventur oder die Buchinventur durchführen müssen.

2. Handelt es sich bei den sechs Posten jeweils um Kapital oder Vermögen?

   a) Bankguthaben,   b) Verbindlichkeiten,   c) Forderungen,
   d) Kassenbestand,   e) Geschäftsausstattung,   f) kurzfristiger Bankkredit

Wichtige Begriffe als Grundwissen

- **Inventur:** Damit ist die Erfassung aller Vermögensgegenstände und Schulden eines Unternehmens durch Zählen, Wiegen und Messen (**körperliche Inventur**) sowie mittels **Buchinventur** gemeint.

- **Inventar:** Wir verstehen darunter die aus der Inventur hervorgehende Liste, die Kapital und Vermögen erfasst.

- **Verbindlichkeiten aus Lieferungen und Leistungen (VE):** Wir haben bestellte Ware erhalten und nicht sofort bezahlt. Wir schulden dem Lieferer Geld.

Wichtige Begriffe als Grundwissen

- **Forderungen aus Lieferungen und Leistungen (FO):** Damit ist ein Anspruch auf Geld gemeint, welches wir von Kunden erwarten, wenn wir ein Zahlungsziel einräumen.

- **Kapital (Mittelherkunft):** Woher stammt das Geld in der Firma? Gehört es uns selbst (Eigenkapital) oder haben wir Schulden (Fremdkapital)?

- **Vermögen (Mittelverwendung):** In welchen Werten wurde das Geld angelegt? Haben wir uns davon z. B. Maschinen, Werkzeuge, PC-Anlagen gekauft oder liegt das Geld noch in der Kasse oder auf der Bank?

8.4.2 Die Pflicht zur Buchführung

Beispiel

Der Wirtschaftsdoc macht Onkel Uwe darauf aufmerksam, dass er ab Firmengründung auch ordentlich Bücher zu führen habe. Dabei informiert er seinen Bruder über das Wesentliche und verweist im Übrigen auf das Handelsgesetzbuch, § 238 HGB. Onkel Uwe erfährt in diesem Gespräch viel Hilfreiches über die Pflicht zur Buchführung und die Art der Buchführung.

§ 238 HGB, Buchführungspflicht	
(1) „Jeder Kaufmann ist verpflichtet, Bücher zu führen ..."	Da Onkel Uwe ein Unternehmen gründet, gilt er als Kaufmann.
In diesen Büchern ist „sein Handelsgeschäft und die Lage seines Vermögens nach den Grundsätzen ordnungsmäßiger Buchführung ersichtlich zu machen."	Onkel Uwe muss sein Vermögen ordentlich auflisten und ein Inventar erstellen. Dieses wird bei der jährlichen Inventur überprüft und aktualisiert.
„Die Buchführung muss so beschaffen sein, dass sie einem sachverständigen Dritten innerhalb angemessener Zeit einen Überblick über die Geschäftsvorfälle und über die Lage des Unternehmens vermitteln kann."	Eine für Rechnungswesen ausgebildete Person (Buchhalter, Steuerberater usw.) muss sich problemlos Einblick in Onkel Uwes Unternehmen verschaffen können.

§ 257 HGB, Aufbewahrungsfrist	
(4) „Die ... aufgeführten Unterlagen sind zehn Jahre ... aufzubewahren."	Onkel Uwe muss seine gesamten Buchführungsunterlagen 10 Jahre ordnungsgemäß und sicher aufheben.

Grundwissen zum Thema Buchführung

- *Jeder Firmengründer gilt nach dem Handelsgesetzbuch (HGB) als Kaufmann.*
- *Er muss sich an den gesetzlichen Vorschriften des Handelsgesetzbuches orientieren.*
- *Er ist zur ordnungsmäßigen Buchführung verpflichtet.*
- *Nur ordnungsgemäß geführte Bücher gelten als Beweis.*
- *Alle wichtigen Unterlagen sind 10 Jahre lang sicher aufzubewahren.*
- *Jeder Firmeninhaber muss bei der Gründung und am Ende eines jeden Geschäftsjahres eine Inventur vornehmen und ein Inventar aufstellen.*

8.4.3 Onkel Uwe erstellt seine erste Inventarliste

Beispiel

Der Wirtschaftsdoc und Martin übernehmen für Onkel Uwe diese Arbeit und präsentieren ihm eine Inventarliste.

Es gibt bei der Gliederung der Inventarliste zwar keine gesetzlichen Vorschriften. Der Wirtschaftsdoc weiß aber, dass es für die spätere Buchführung sinnvoll ist, sich bei der Gliederung des Inventars an ein bestimmtes Schema zu halten.

Grundwissen: Inventar

Die aus der Inventur hervorgehenden Vermögensgegenstände und Schulden muss ein Unternehmer in einem schriftlichen Verzeichnis übersichtlich zusammenstellen. Dieses Bestandsverzeichnis heißt Inventar.

Die Inventarliste ermöglicht es, einen ersten Einblick in das neu gegründete Unternehmen zu gewinnen. Bereits auf den ersten Blick lässt sich feststellen:

- Wie groß ist das Vermögen der Firma?
- Wie viel Kapital wurde fremd finanziert?
- Wie viel Kapital gehört dem Unternehmen selbst?

Vereinfachtes Inventar zur Gründung
von Onkel Uwes Firma CompuSoft am 1. Februar 20..

A. Vermögen	EUR	EUR
I. Anlagevermögen		
1. Bebaute Grundstücke	110.000,00	110.000,00
2. PC-Anlage (Maschinen)		
PC-Anlage	30.000,00	30.000,00
3. Fuhrpark		
Lieferwagen	30.000,00	
Pkw	12.000,00	42.000,00
4. Geschäftsausstattung		
Büroausstattung	20.000,00	
Notebook und Beamer	10.000,00	30.000,00
II. Umlaufvermögen		
1. Bankguthaben		30.000,00
2. Kassenbestand		8.500,00
Summe des Vermögens		250.500,00
B. Schulden (Fremdkapital)		
I. Langfristige Schulden		
Darlehen bei der Bank		60.000,00
II. Kurzfristige Schulden		
Verbindlichkeiten aus Lieferungen und Leistungen		30.000,00
Summe der Schulden (Fremdkapital)		90.000,00
C. Ermittlung des Reinvermögens (Eigenkapital)		
Summe des Vermögens		250.500,00
– Summe der Schulden		90.000,00
Reinvermögen (Eigenkapital)		160.500,00

In Wirklichkeit wird die Inventarliste wesentlich ausführlicher dargestellt.

Anmerkung: Diese **Gliederung des Inventars** hat sich in der Praxis bewährt und wird weltweit von den meisten Unternehmen verwendet. Da wir auf dieses System bis zur 10. Jahrgangsstufe zurückgreifen, solltest du dir die Gliederung und die Zuordnung der einzelnen Posten als **Grundwissen** gut einprägen.

Grundwissen: Gliederung Inventarliste	Erklärung	Ordnungskriterium
A. Vermögen **I. Anlagevermögen** 1. Grundstücke 2. Gebäude 3. Maschinen 4. Fuhrpark (Fahrzeuge) 5. Betriebs- und Geschäftsausstattung	Zum **Anlagevermögen** gehören alle Vermögensgegenstände, die langfristig im Unternehmen angelegt wurden, also mehrere Jahre oder gar Jahrzehnte in der Firma genutzt werden.	nach der **Verweildauer im Unternehmen** Fahrzeuge (Autos) werden gewöhnlich nicht so lange genutzt wie Gebäude und verbleiben deshalb eine kürzere Zeit im Unternehmen.
II. Umlaufvermögen 1. Vorräte 2. Forderungen 3. Bank 4. Kasse	Zum **Umlaufvermögen** gehören Vermögenswerte, die nur kurzfristig im Unternehmen verbleiben und ständig verändert werden. *Beispiel:* Onkel Uwe kauft Büromaterial und bezahlt bar. Also hat er weniger Geld in der Kasse.	nach der **Liquidität (Flüssigkeit)** Wie schnell kann etwas zu Geld gemacht werden? Wir können auf das Geld in der Kasse schneller zugreifen als auf Guthaben auf dem Bankkonto.
B. Schulden (Fremdkapital) **I. Langfristige Schulden** Darlehen **II. Kurzfristige Schulden** Verbindlichkeiten aus Lieferungen und Leistungen	**Schulden** sind das im Betrieb eingesetzte Fremdkapital, das kurzfristig (innerhalb eines Jahres) oder langfristig (nach einem Jahr) zurückzuzahlen ist.	nach der **Fälligkeit** der Schulden Langfristige Schulden, kurzfristige Schulden, kurzfristige Verbindlichkeiten
C. Reinvermögen (Eigenkapital) **Summe des Vermögens** **– Summe der Schulden** -------------------- **Eigenkapital**	**Reinvermögen oder Eigenkapital** ist das Kapital, welches dem Unternehmer selbst gehört.	Kapital bezeichnet die **Mittelherkunft**. Woher stammt das Geld? Vermögen stellt die **Mittelverwendung** dar. Was geschieht mit dem Geld?

Inventur und Inventar	
Inventur	**Inventar**
Es ist der Vorgang des Zählens, Wiegens und Messens zur Erfassung aller Vermögensgegenstände und Schulden einer Firma.	• Es ist ein ausführliches Verzeichnis aller Vermögensgegenstände und Schulden. Die Grundlage dafür bildet die Inventur. • Das Inventar besteht aus den Bereichen: **Vermögen** (Anlage- und Umlaufvermögen), **Fremdkapital** (Schulden) und **Eigenkapital.** • Es umfasst alle Vermögensgegenstände nach Art, Menge und Wert.

Aufgaben Rechnungswesen

Aufgabe 8-1 Rechnungswesen

Wodurch unterscheiden sich Kapital und Vermögen voneinander? Gib dazu jeweils ein treffendes Beispiel an.

Aufgabe 8-2 Rechnungswesen

Auch die Firma ADA muss jährlich ein Inventar erstellen. Dem Auszubildenden Martin wird die Aufgabe übertragen, die folgenden Posten des Inventars zu gliedern:

Nähmaschinen: 20 Stück je 30.000,00 EUR, Pkw weiß: 20.000,00 EUR, Pkw rot: 10.000,00 EUR, Lkw 7,5 t: 40.000 EUR, bebaute Grundstücke: 10.000.000,00 EUR, Bankguthaben: 400.000,00 EUR, Kassenbestand: 30.000,00 EUR, Bankdarlehen (6 Monate): 5.000.000,00 EUR, Forderungen gegenüber Kunden: 2.000.000,00 EUR, Verbindlichkeiten aus Lieferungen und Leistungen: 4.000.000,00 EUR, PC-Anlage: 100.000,00 EUR.

1. Erstelle eine Inventarliste für die Firma ADA.
2. Berechne die Höhe des Eigenkapitals in der Firma ADA.

Aufgabe 8-3 Rechnungswesen

Für welchen Teil des Inventars gilt die Gliederung: a) nach Fälligkeit, b) nach der Zahlungsfähigkeit (Flüssigkeit)?

Unterscheide Anlage- und Umlaufvermögen anhand von drei Beispielen.

Unterscheide Eigen- und Fremdkapital.

Aufgabe 8-4 Rechnungswesen

Berechne jeweils die fehlende Größe:

Summe des Vermögens	Fremdkapital	Eigenkapital
1.000.000,00 EUR	400.000,00 EUR	?
?	300.000,00 EUR	1.550.000,00 EUR
370.000,00 EUR	?	210.000,00 EUR
234.200,00 EUR	113.200,00 EUR	?

Aufgabe 8-5 Rechnungswesen

Ordne folgende Inventarbestände nach Vermögen und Schulden in der richtigen Reihenfolge (HGB).

Verbindlichkeiten	Forderungen	Bebaute Grundstücke
Unbebaute Grundstücke	Maschinen	Hypotheken
Bankdarlehen (6 Monate)	Betriebsgebäude	Bankguthaben
Büroausstattung	Vorräte	Fuhrpark
Büromaschinen	Kassenbestand	Verwaltungsgebäude

Aufgabe 8-6 Rechnungswesen

1. Berechne das Eigenkapital: Summe der Schulden 320.000,00 EUR, Summe des Vermögens 480.000,00 EUR.

2. Berechne das Vermögen: Eigenkapital 260.000,00 EUR, Summe der Schulden 120.000,00 EUR.

Aufgabe 8-7 Rechnungswesen

Erstelle zum 31. Dezember 20.. das Inventar für Firma Heckes, Herrenmoden:

Vermögen:

Bankguthaben:
- bei der Kreissparkasse   22.000,00 EUR
- bei der Raiffeisenbank   11.000,00 EUR

Geschäftsausstattung laut Verzeichnis   44.500,00 EUR

Forderungen:
- Kunde Pleyer, Wolfsegg   12.000,00 EUR
- Kunde Wanninger, Donaustauf   9.500,00 EUR

Kassenbestand: 4.000,00 EUR

Fuhrpark:

- *1 Lieferwagen N-HF 99*   *27.000,00 EUR*
- *1 Pkw-Kombi N-PB 75*   *32.000,00 EUR*
- *1 Lkw N-RF 34*   *65.000,00 EUR*

Bebautes Grundstück, Alte Heide 22:   *140.000,00 EUR*

Büromaschinen:

- *5 Computer Marke „David"*   *8.500,00 EUR*
- *1 Laserdrucker*   *1.500,00 EUR*
- *Kopiergerät*   *2.500,00 EUR*

Betriebsgebäude, Alte Heide 22:   *420.000,00 EUR*

Maschinen:

- *9 Nähmaschinen*   *6.000,00 EUR*
- *2 Stanzmaschinen*   *3.000,00 EUR*

Vorräte laut Verzeichnis: *45.000,00 EUR*

Schulden:

Darlehen (6 Monate) bei der Kreissparkasse: *55.000,00 EUR*

Verbindlichkeiten:

- *Strickwarenfabrik Wegener, Regensburg*   *23.000,00 EUR*
- *Leder Mayd, Würzburg*   *16.000,00 EUR*

Hypothek bei der Raiffeisenbank: *80.000,00 EUR*

Aufgabe 8-8 Rechnungswesen

Die **Strickwarenfabrik Helmer** aus Regensburg ermittelt am 31. Dezember 20.. die aufge-listeten Inventurwerte. Erstelle dazu das Inventar:

Hypothekenschulden bei der Privatbank Schrader: *90.000,00 EUR*

Kassenbestand: *3.000,00 EUR*

Maschinen: *60.000,00 EUR*

Verwaltungsgebäude, Spitzweg 33:   *390.000,00 EUR*

Vorräte laut Verzeichnis: *88.000,00 EUR*

unbebautes Grundstück, Salvador-Dali-Str. 17:   *260.000,00 EUR*

Darlehen (10 Monate) bei der Stadtsparkasse: *40.000,00 EUR*

Forderungen:

- *Petra-Moden, München*   *25.000,00 EUR*
- *Modehaus Deiminger, Regenstauf*   *7.000,00 EUR*

Bebaute Grundstücke:
- *Spitzweg 33*   *180.000,00 EUR*
- *Dürerstr. 24*   *210.000,00 EUR*

Bankguthaben:
- *Stadtsparkasse*   *60.000,00 EUR*
- *Privatbank Schrader*   *130.000,00 EUR*
- *Commerzbank*   *33.000,00 EUR*

Betriebsgebäude, Dürerstraße 24:   *510.000,00 EUR*

Verbindlichkeiten:
- *Stoffe Mehringer & Co., Bad Abbach*   *22.500,00 EUR*
- *Nähbedarf Scheitinger, Burglengenfeld*   *14.500,00 EUR*
- *Maschinen Ottinger, Amberg*   *45.000,00 EUR*

Fuhrpark laut besonderem Verzeichnis: *130.000,00 EUR*

Geschäftsausstattung laut besonderem Verzeichnis: *60.000,00 EUR*

Garnrollen in einer Textilfabrik

8.5 Onkel Uwes Firma CompuSoft erstellt ihre erste Bilanz

Beispiel

Der Wirtschaftsdoc weiß, dass Onkel Uwe mit dem Aufstellen der Inventarliste noch lange nicht alle gesetzlichen Vorschriften aus dem HGB (Handelsgesetzbuch) erfüllt hat. Daher erinnert er seinen Bruder daran, dass er außerdem noch die Vorschriften der §§ 242, 243, 245, 266 HGB berücksichtigen muss.

Auszug aus dem Handelsgesetzbuch HGB

§ 242 HGB

(1) Der Kaufmann hat zu Beginn seines Handelsgewerbes und für den Schluss eines jeden Geschäftsjahres einen das **Verhältnis seines Vermögens und seiner Schulden darstellenden Abschluss (Bilanz)** aufzustellen.

§ 243 HGB

(1) Der Jahresabschluss ist nach den Grundsätzen ordnungsmäßiger Buchführung aufzustellen.

(2) Er muss klar und übersichtlich sein.

§ 245 HGB

Der Jahresabschluss ist vom Kaufmann unter Angabe des Datums zu unterzeichnen.

Aufgaben für Einzel- oder Partnerarbeit

1. Erfasse die Vermögenswerte der Inventarliste von Seite 116 in möglichst kurzer, also gestraffter Form.
2. Besorge dir den § 266 HGB, z. B. aus dem Internet. Vergleiche ihn mit der Gliederung der Inventarliste auf Seite 116. Was fällt dir dabei auf?
3. Formuliere die Grundsätze einer ordnungsgemäßen Buchführung.

Beispiel

Der Wirtschaftsdoc erstellt gemeinsam mit Onkel Uwe die Bilanz. Im ersten Schritt erfassen die beiden Brüder nach § 242 HGB, was an Vermögensgegenständen vorhanden ist. Im zweiten Arbeitsschritt werden die Schulden (Vermögensquellen) gegenübergestellt.

> Onkel Uwe gründete sein Unternehmen **CompuSoft** mit folgenden **Vermögenswerten**: bebaute Grundstücke: 110.000,00 EUR, PC-Anlage (Maschinen): 30.000,00 EUR, Fuhrpark: 42.000,00 EUR, Geschäftsausstattung: 30.000,00 EUR, Bankguthaben: 30.000,00 EUR, Kassenbestand: 8.500,00 EUR. Als Vermögensquellen gibt Onkel Uwe an: Eigenkapital: 160.500,00 EUR, langfristige Bankschulden: 60.000,00 EUR, Verbindlichkeiten bei Lieferanten: 30.000,00 EUR.

Onkel Uwes erste Schritte zur Bilanz

Vermögenswerte (1)		Vermögensquellen (2)	
Bebaute Grundstücke	110.000,00 EUR		
PC-Anlage (Maschinen)	30.000,00 EUR	Eigenkapital	160.500,00 EUR
Fuhrpark	42.000,00 EUR		
Büroausstattung	30.000,00 EUR		
Bankguthaben	30.000,00 EUR	Langfristige Bankschulden	60.000,00 EUR
Kassenbestand	8.500,00 EUR	Kurzfristige Verbindlichkeiten	30.000,00 EUR

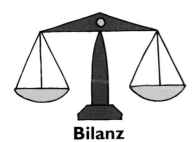

Bilanz

Stellen wir uns vor, wir legen die Vermögenswerte (Mittelverwendung) und die Vermögensquellen (Mittelherkunft) auf eine Waage. Als Ergebnis erkennen wir, dass beide Seiten der Waage wertmäßig gleich groß sind. Diese Gegenüberstellung bezeichnet das HGB als Bilanz (ital. bilancia).

Onkel Uwes Bilanz – mit einer Waage vergleichbar

Bebaute Grundstücke	110.000,00 EUR	Eigenkapital	160.500,00 EUR
PC-Anlage (Maschinen)	30.000,00 EUR	Langfristige Verbind-	
Fuhrpark	42.000,00 EUR	lichkeiten (Bank)	60.000,00 EUR
Büroausstattung	30.000,00 EUR	Kurzfristige Verbind-	
Bankguthaben	30.000,00 EUR	lichkeiten (Lieferer)	30.000,00 EUR
Kassenbestand	8.500,00 EUR		
Vermögenswerte:	**250.500,00 EUR**	**Vermögensquellen:**	**250.500,00 EUR**

Warum Bilanz und nicht nur Inventar?

Das **Inventar** eines größeren Betriebes ist nicht übersichtlich genug, um sich rasch einen Überblick über Vermögenswerte (Vermögensverwendung) und Vermögensquellen (Vermögensherkunft) verschaffen zu können. Schließlich müssen im Inventar alle Vermögensteile und Schulden nach Art, Menge und Wert exakt ausgewiesen werden.

Einen besseren Überblick bietet die **Bilanz**, in der Vermögen und Schulden zu Beginn eines Handelsgewerbes und am Schluss eines jeden Geschäftsjahres nach § 242 HGB in Gruppen zusammengefasst werden. Die Gliederung der Bilanz nach § 266 HGB ist Onkel Uwe bereits seit der Erstellung des Inventars geläufig.

Nach § 245 HGB ist die Bilanz unter Angabe des Datums vom Unternehmer **persönlich zu unterschreiben**. Damit zwingt der Gesetzgeber jeden Unternehmer, vom Umfang seines Vermögens und der Höhe seiner Schulden Kenntnis zu nehmen.

Onkel Uwe stellt nun in seiner Firma CompuSoft die Vermögenswerte und die Vermögensquellen in einem sogenannten **T-Konto** (ital. conto = Rechnung) dar. Das T-Konto gleicht unserer Waage.

Die erste Bilanz von Onkel Uwes Dienstleistungsfirma CompuSoft

Aktiva	Bilanz CompuSoft zum 31. Dez. 20..		Passiva
I. Anlagevermögen		**I. Eigenkapital**	160.500,00 EUR
Bebaute Grundstücke	110.000,00 EUR	**II. Fremdkapital**	
PC-Anlage	30.000,00 EUR	Langfristige Verbind-	
Fuhrpark	42.000,00 EUR	lichkeiten (Bank)	60.000,00 EUR
Büroausstattung	30.000,00 EUR	Kurzfristige Verbind-	
II. Umlaufvermögen		lichkeiten (Lieferer)	30.000,00 EUR
Bankguthaben	30.000,00 EUR		
Kasse	8.500,00 EUR		
	250.500,00 EUR		**250.500,00 EUR**

91456 Neustadt, 31. Dez. 20..

Aktiva	Bilanz	Passiva
I Anlagevermögen II. Umlaufvermögen	I. Eigenkapital II. Fremdkapital	
Kapitalverwendung **Wozu** dient das Kapital?	**Kapitalquellen** **Woher** stammt das Kapital?	

Vergleichen wir die Bilanz mit einer Waage, so ergibt sich das folgende Bild.

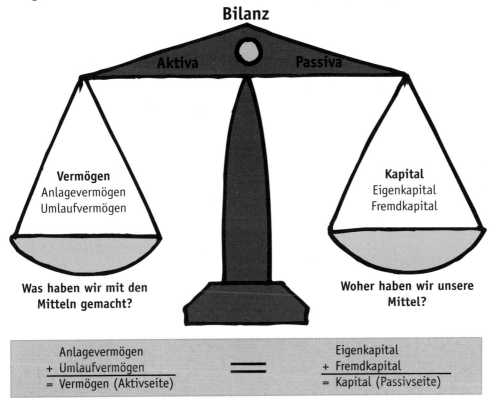

Bilanz

Aktiva — **Passiva**

Vermögen
Anlagevermögen
Umlaufvermögen

Was haben wir mit den Mitteln gemacht?

Kapital
Eigenkapital
Fremdkapital

Woher haben wir unsere Mittel?

Anlagevermögen + Umlaufvermögen = Vermögen (Aktivseite)	**=**	Eigenkapital + Fremdkapital = Kapital (Passivseite)

Grundwissen: Bilanz

Die Bilanz ist eine kurzgefasste Übersicht, in der Kapital (Mittelherkunft) und Vermögen (Mittelverwendung) gegenübergestellt werden.

Die Bilanz ist eine Kurzfassung des Inventars in Kontoform.

*Sie enthält auf der linken Seite die Vermögensteile (Mittelverwendung). Wir sprechen von der **Aktivseite**.*

*Auf der rechten Seite werden die Schulden (Fremdkapital) und das Eigenkapital erfasst. Wir sprechen von der **Passivseite**.*

Beate beim Wirtschaftsdoc

Beate hat einige Stunden Rechnungswesen hinter sich. Die verschiedensten Begriffe schwirren ihr im Kopf herum. Der Wirtschaftsdoc hilft ihr, alles besser zu verstehen.

Beate: „Lieber Wirtschaftsdoc. Im Rechnungswesen haben wir etliche Begriffe kennen gelernt. Manches ist mir nicht so richtig klar, z. B. der Begriff **Forderungen**."

Doc: „Eine **Forderung** entsteht, wenn ein Kunde eine **Rechnung** für gelieferte Waren oder geleistete Dienste erhält. Neben dem Rechnungsbetrag ist auch angegeben, bis wann er zu zahlen hat. Dies nennt man Zahlungsziel."

Beate: „Was ist mit **Verbindlichkeiten** gemeint?"

Doc: „**Verbindlichkeiten** entstehen, wenn wir Waren kaufen, ohne sofort zu bezahlen."

Beate: „Was ist der Unterschied zwischen einer **körperlichen** und einer **nicht körperlichen Bestandsaufnahme** des Vermögens?"

Doc: „**Körperliche Inventur** geschieht durch Messen, Zählen, Wiegen mit Angabe der Menge, der Art und des Werts. Die **nicht körperliche Inventur** bezieht sich u. a. auf die schon angesprochenen Forderungen und Verbindlichkeiten."

Beate: „Was ist mit **Buchinventur** gemeint?"

Doc: „Von **Buchinventur** wird gesprochen, weil Forderungen und Verbindlichkeiten durch Aufzeichnungen (Quittungen, Rechnungen usw.) nachzuweisen sind."

Beate: „Wie gliedert sich das **Anlage-** und das **Umlaufvermögen?**"

Doc: „Das **Anlagevermögen** (z. B. Fuhrpark) richtet sich nach der Dauer der Nutzung, d. h. wie lange ein Vermögensteil gewöhnlich im Betrieb verbleibt. Das **Umlaufvermögen** ist nach der Zahlungsfähigkeit angeordnet, z. B. Forderungen."

Beate: „Was besagt der Begriff **Liquidität?**"

Doc: „**Liquidität** heißt Zahlungsfähigkeit. Man spricht auch von flüssigen Mitteln."

Beate: „Was ist mit **Reinvermögen** gemeint?"

Doc: „Vermögen (AV + UV) abzüglich Schulden ergibt das **Reinvermögen**."

Beate: „Was ist eigentlich der Unterschied zwischen **Inventar** und **Bilanz?**"

Doc: „Die **Bilanz** ist die **Kurzform des Inventars** mit zusammengefassten Werten (z. B. Fuhrpark) ohne weitere Angaben (z. B. Anzahl und Typ der Fahrzeuge)."

Beate: „Jetzt zur Bilanz. Erkläre mir doch bitte die Begriffe **Aktiva** und **Passiva!**"

Fallbeispiel (Fortsetzung)

Doc: *„Die **Aktivseite** der Bilanz gibt uns Aufschluss über die Mittelverwendung. So haben wir z. B. ein Auto gekauft oder Geld in die Kasse gelegt."*

Beate: *„Was zeigen uns die Positionen auf der **Passivseite** der Bilanz an?"*

Doc: *„Hier handelt es sich um die **Kapitalquellen**. Wir wissen, woher das eingesetzte Kapital stammt."*

Beate: *„Wie verhält es sich dagegen beim **Vermögen?**"*

Doc: *„Wir sehen bei den **Vermögenswerten**, was aus dem Kapital gemacht wird, wozu es verwendet wird."*

Beate: *„Weshalb muss der Unternehmer die Bilanz **persönlich unterschreiben?**"*

Doc: *„So kann sich der Unternehmer bei falscher Bilanzierung vor Gericht nicht herausreden, er habe nichts gewusst. Sein Buchhalter sei dafür verantwortlich."*

Wichtige Begriffe als Grundwissen

- ***Inventar:*** *ausführliches Verzeichnis von Vermögen und Schulden in Staffelform, hervorgehend aus der Inventur.*

- ***Bilanz:*** *Kurzfassung des Inventars in Kontenform. Die Aktivseite (linke Seite) erfasst das Vermögen, die Passivseite (rechte Seite) das Kapital.*

- ***Anlagevermögen:*** *langfristig im Unternehmen verbleibende Gegenstände, z. B. Grundstück, Fabrikhalle, Lieferwagen. Das Anlagevermögen wird nach der Nutzungsdauer geordnet.*

- ***Umlaufvermögen:*** *kurzfristig im Unternehmen verbleibende Gegenstände, z. B. Vorräte, Werkstoffe, Bankguthaben. Das Umlaufvermögen wird nach der Liquidität (Flüssigkeit) geordnet.*

- ***Liquidität (Flüssigkeit):*** *besagt, wie schnell sich Vermögensgegenstände in Geld umwandeln lassen. Bargeld ist flüssiger als Vorräte.*

- ***Die Bilanzstruktur sieht so aus:***

Bilanzstruktur	
Aktiva	**Passiva**
Anlagevermögen Umlaufvermögen	Eigenkapital Fremdkapital

1. Erkläre anhand des Fallbeispiels folgende Begriffe: Aktiva – Forderungen – Passiva – Verbindlichkeiten – körperliche Inventur – nichtkörperliche Inventur – Bilanz.
2. Vergleiche das Inventar mit der Bilanz. a) Welche Gemeinsamkeiten liegen vor? b) Welche Unterschiede bestehen?
3. Entscheide, ob folgende Behauptungen richtig oder falsch sind und berichtige gegebenenfalls die Aussage.
   a) Anlagevermögen und Umlaufvermögen ergeben das Fremdkapital.
   b) Auf der Aktivseite der Bilanz wird das Vermögen dargestellt.
   c) Die Geschäftsausstattung zählt zum Anlagevermögen.
   d) Eine Bilanz wird vom zuständigen Buchhalter unterschrieben.
   e) Unter Verbindlichkeiten verstehen wir kurzfristige Schulden bei der Bank.
   f) Als Forderung bezeichnen wir das Guthaben auf dem Girokonto.

Aufgaben Rechnungswesen

Aufgabe 8-9 Rechnungswesen

1. Berechne die fehlenden Werte in der Aufstellung.
2. Schätze, um wie viel Prozent sich der Anteil des Fremdkapitals vom ersten zum zweiten Jahr verändert hat und welche Ursachen dafür infrage kommen. Weise deine Schätzung auch rechnerisch nach.

Bilanzposten	1. Jahr in EUR	2. Jahr in EUR	3. Jahr in EUR	4. Jahr in EUR
Anlagevermögen	?	700.000,00	?	500.000,00
Umlaufvermögen	700.000,00	?	1.550.000,00	?
Gesamtvermögen	?	2.000.000,00	2.500.000,00	?
Eigenkapital	400.000,00	?	950.000,00	?
Fremdkapital	?	1.400.000,00	?	1.150.000,00
Gesamtkapital	1.200.000,00	?	?	1.600.000,00

Aufgabe 8-10 Rechnungswesen

Der Auszubildende Martin soll in der Firma ADA auf der Grundlage der folgenden Angaben eine Bilanz erstellen:

20 Nähmaschinen je 30.000,00 EUR, Pkw weiß: 20.000,00 EUR, Pkw rot: 10.000,00 EUR, Lkw 7,5 t: 40.000,00 EUR, Bebaute Grundstücke: 10.000.000,00 EUR, Bankguthaben: 400.000,00 EUR, Kassenbestand: 30.000,00 EUR, Bankdarlehen: 5.000.000,00 EUR, Forderungen gegenüber Kunden: 2.000.000,00 EUR, Verbindlichkeiten gegenüber Lieferanten: 4.000.000,00 EUR, PC-Anlage: 100.000,00 EUR.

Erstelle aus diesen Vorgaben nach den bekannten Vorschriften eine Bilanz.

Aufgabe 8-11 Rechnungswesen

Begründe, welche Vorgehensweisen den Grundsätzen einer ordnungsmäßigen Buchführung entsprechen bzw. gegen die gesetzlichen Vorschriften verstoßen.

a) Das Unternehmen erstellt täglich Bilanzen.

b) Das Unternehmen vernichtet nach einem Jahr alle Unterlagen.

c) Das Unternehmen erstellt alle 5 Jahre eine Bilanz.

d) Das Unternehmen erstellt seine Bilanz in englischer Sprache.

e) Der Hauptbuchhalter erstellt die Bilanz und der Firmeneigentümer unterschreibt sie.

Aufgabe 8-12 Rechnungswesen

Dir liegen über die Firma Zwinger aus Amberg, die Käfige für Kleintiere herstellt, folgende Daten vor:

Bebaute Grundstücke: 216.000,00 EUR, Darlehen für 18 Monate: 100.000,00 EUR, Verbindlichkeiten: 80.000,00 EUR, Maschinen: 80.000,00 EUR, Fuhrpark: 20.000,00 EUR, Vorräte: 1.000,00 EUR, Forderungen: 10.000,00 EUR, Bankguthaben: 8.000,00 EUR, Kasse: 5.000,00 EUR.

1. Erstelle eine ordnungsgemäße Bilanz.
2. Wie hoch ist das Eigenkapital?

Aufgabe 8-13 Rechnungswesen

Entscheide, ob folgende Behauptungen richtig bzw. falsch sind und berichtige gegebenenfalls die entsprechende Aussage.

a) Die Aktivseite enthält die Verwendung der Schulden.

b) Die Passivseite listet das Eigen- und Fremdkapital auf.

c) Die Aktivseite zeigt die Finanzierung des Unternehmens an.

d) Die Aktivseite gliedert sich in Anlage- und Umlaufvermögen.

e) Anlagevermögen und Umlaufvermögen zusammen ergeben das Kapital.

f) Die Passivseite gibt die Vermögensquellen an.

g) Mittelverwendung und Mittelherkunft sind der Höhe nach unterschiedlich.

h) Die Passivseite führt die Mittelherkunft auf.

i) Maschinen zählen zum Umlaufvermögen eines Unternehmens.

j) Am Ende des Geschäftsjahres sind Bilanz und Inventar zu erstellen.

Aufgabe 8-14 Rechnungswesen

Aus der Inventur sind dir folgende Bestände bekannt:

Maschinen: 100.000,00 EUR, Fuhrpark: 30.000,00 EUR, Kasse: 20.000,00 EUR, Verbindlichkeiten: 11.000,00 EUR, Bankguthaben: 21.000,00 EUR, Vorräte: 18.000,00 EUR, Forderungen: 30.000,00 EUR, Darlehen: 18.000,00 EUR.

1. Erstelle eine ordnungsgemäße Bilanz.

2. Wodurch unterscheiden sich Bilanz und Inventarliste?

Aufgabe 8-15 Rechnungswesen

In den folgenden Text hat sich der Fehlerteufel eingeschlichen. Schreibe den Text in dein Heft ab und berichtige dabei die falschen Aussagen.

*Auf der Passivseite wird die Form des Vermögens dargestellt. Die Bilanz ist mit dem Inventar verwandt. Kaufleute sind freiwillig darum bemüht, eine Bilanz aufzustellen. Die **Gleichung AKTIV = PASSIV** kann auch wie folgt dargestellt werden: **Anlagevermögen + Umlaufvermögen = Eigenkapital**. Bilanz und Inventar unterscheiden sich nur in der Form der Darstellung. Dabei kennzeichnet die Bilanz ihre **Staffelform**, in der Anlagevermögen und Umlaufvermögen gegenübergestellt werden.*

Aufgabe 8-16 Rechnungswesen

Besorge dir die Bilanz einer Firma aus deinem näheren Wohnumfeld. Diese Aufgabe kannst du erfüllen, indem du z. B. im Internet nachsiehst.

1. Was fällt dir hinsichtlich der Gliederung dieser Bilanz auf?

2. Wie hoch ist die Bilanzsumme (Anlage- und Umlaufvermögen) der Firma?

3. Wie viel EUR gehören dem Betrieb selbst? Wie hoch sind die Schulden?

4. Weshalb sind Unternehmen zur Veröffentlichung ihrer Bilanz verpflichtet?

Aufgabe 8-17 Rechnungswesen

Ordne auf der Grundlage des Inventarschemas auf Seite 114 die folgenden Positionen und stelle danach eine Bilanz auf.

Bankguthaben: 40.000,00 EUR, Maschinen: 80.000,00 EUR, Bebaute Grundstücke: 150.000,00 EUR, Langfristiges Bankdarlehen: 85.000,00 EUR, Kassenbestand: 5.000,00 EUR, Forderungen: 20.000,00 EUR, Kurzfristiger Bankkredit: 20.000,00 EUR, Lieferverbindlichkeiten: 27.000,00 EUR, Vorräte: 16.000,00 EUR, Fuhrpark: 35.000,00 EUR, Unbebaute Grundstücke: 70.000,00 EUR, Verwaltungsgebäude: 220.000,00 EUR.

Aufgabe 8-18 Rechnungswesen

Stelle aus nachfolgenden Inventurbeständen ein Inventar und die Bilanz auf.

Bankguthaben
- bei der Süddeutschen Bank   20.000,00 EUR
- bei der Kreissparkasse   23.000,00 EUR

Lieferschulden
- gegenüber Lieferer Rot   60.000,00 EUR
- gegenüber Lieferer Blau   40.500,00 EUR

Büroausstattung laut Verzeichnis   21.000,00 EUR

Fahrzeuge
- ein Pkw   30.000,00 EUR
- zwei Lieferwagen   55.000,00 EUR

Maschinen   54.000,00 EUR

Kurzfristige Schulden
- bei der Süddeutschen Bank   8.000,00 EUR
- bei der Kreissparkasse   15.000,00 EUR

Vorräte laut Verzeichnis   52.000,00 EUR

Bargeldbestand   7.000,00 EUR

Unbebautes Grundstück, Erlanger Weg   210.000,00 EUR

Bebautes Grundstück, Erlanger Weg   290.000,00 EUR

Büromaschinen   9.500,00 EUR

8.6   Martin führt die Bücher für ADA

8.6.1   Der Geschäftsfall

Fallbeispiel

*Bei **ADA** laufen täglich viele Vorgänge ab, die Einfluss auf die Bilanz haben. Der Auszubildende Martin weiß noch vom Berufsschulunterricht, dass jedes Unternehmen aufgrund des § 238 HGB verpflichtet ist, diese Vorgänge ordnungsgemäß zu erfassen.*

Eines Morgens wird Martin von seinem Chef beauftragt, von der Bank Wechselgeld in Höhe von 5.000,00 EUR abzuholen. Er darf den Firmenwagen verwenden und soll vorher noch für den Chef ein Buch in einer Buchhandlung abholen.

*Martin fährt um 08:00 Uhr morgens los. Da ein Verkehrsstau herrscht, kommt er erst gegen 08:45 Uhr im Buchladen an. Inzwischen hungrig geworden, kauft sich Martin noch beim Bäcker gegenüber eine Brezel. Anschließend holt er gegen 09:15 Uhr das Geld von der Bank ab und kommt kurz vor 09:45 Uhr wieder bei der Firma **ADA** an.*

In dem geschilderten Beispiel sind verschiedene Informationen enthalten. Für unsere Buchführung ist aber nur bedeutend, welche Vorgänge Auswirkungen auf die Bilanz haben. Dabei spielt es keine Rolle, ob sich diese Vorgänge innerhalb oder außerhalb der Firma abspielen. Entscheidend ist lediglich, ob es dadurch zu Veränderungen der Bilanz kommt. Ist dies der Fall, so sprechen wir von **Geschäftsfällen.**

Aufgaben für Einzel- oder Partnerarbeit

1. Welche der im Fallbeispiel vorliegenden Informationen wirken sich auf unsere Bilanz aus?
2. Formuliere diese Geschäftsfälle kurz und bündig.

Grundwissen: Geschäftsfälle

- *Alle betrieblichen Vorgänge, die zu Veränderungen in der Bilanz führen, bezeichnen wir als Geschäftsfälle.*
- *Geschäftsfälle können sowohl durch Kontakt mit der Außenwelt entstehen als auch innerbetriebliche Vorgänge sein.*
- *Geschäftsfälle werden in Kurzform formuliert und sollten nur notwendige Informationen enthalten. Auf Unwesentliches wird verzichtet.*

Betriebliche Vorgänge (Geschäftsfälle)	Formulierung in Kurzform
1. Als Eigentümer unserer Firma gehen wir zur Bank und heben dort 10.000,00 EUR Bargeld ab. Unser Bankkonto wird daher belastet.	Barabhebung von der Bank 10.000,00 EUR
2. Um eine Rechnung pünktlich begleichen zu können, nehmen wir ein Darlehen von 60.000,00 EUR auf.	Umwandlung einer Liefererschuld in eine Darlehensschuld 60.000,00 EUR
3. Wir kaufen einen Lieferwagen für 50.000,00 EUR. Da wir nicht sofort bezahlen, räumt uns der Lieferer ein Zahlungsziel von drei Monaten ein.	Kauf eines Lieferwagens auf Ziel (Verbindlichkeit gegenüber dem Lieferer) für 50.000,00 EUR
4. Wir zahlen ein Darlehen in Höhe von 100.000,00 EUR, das wir wegen der Anschaffung eines Grundstückes aufgenommen haben, mittels Banküberweisung zurück.	Tilgung unseres Darlehens über 100.000,00 EUR durch Banküberweisung

Aufgabe 8-19 Rechnungswesen

Formuliere folgende Geschäftsfälle in Kurzform:

a) Da wir eine Immobilie im Wert von 600.000,00 EUR erwerben wollen, gehen wir zur Bank und nehmen ein Darlehen über 600.000,00 EUR auf. Dadurch haben wir zwar Schulden bei der Bank, können aber nun die gewünschte Immobilie kaufen.

b) Wir müssen die noch ausstehende Rechnung unseres Stofflieferanten STOFFLOB über 100.000,00 EUR begleichen. Deshalb überweisen den Rechnungsbetrag ohne Abzug von unserem Geschäftsbankkonto.

c) Unser Lieferant KLEIDFEIN schickt uns 1 000 Ballen Stoff zu. Wir haben die Ware noch nicht bezahlt. Beiliegend finden wir die Rechnung als Zahlungsaufforderung 40.000,00 EUR.

d) Wir haben hohe Einnahmen aus dem Verkauf von Turnschuhen. Daher bringen wir das Geld zur Bank und zahlen 100.000,00 EUR auf unser Bankkonto ein.

Aufgabe 8-20 Rechnungswesen

Die betrieblichen Vorgänge werden im vorliegenden Text ausführlich dargestellt. Für das Rechnungswesen sind sie jedoch wesentlich kürzer und exakter zu formulieren.

Fasse jeden Geschäftsfall aus dem FALLBEISPIEL in einem Satz zusammen, der alle wesentlichen Aussagen enthält. Notiere die Ergebnisse im Heft.

Fallbeispiel

Eigentlich ist es ein gewöhnlicher Tag in der Firma ADA. Bei genauerem Hinschauen merken wir jedoch, dass sich im Betrieb ziemlich viel abspielt. Gegen neun Uhr morgens trifft eine neue Produktionsmaschine ein, auf die Herr Dall schon seit einigen Wochen wartet. Die Maschine wird in der Fertigungsabteilung aufgestellt und soll in wenigen Tagen erstmals produzieren. Der Anschaffungspreis für die Maschine beträgt 50.000,00 EUR. Da Herr Dall den Betrag nicht sofort bar bezahlt, besteht eine Verbindlichkeit gegenüber dem Lieferanten. Um diese Schuld tilgen zu können, hat Herr Dall rechtzeitig bei der Bank vorgesprochen: Ihm wurde ein Darlehen über 35.000,00 EUR zugesichert. Der Betrag wird nun dem Geschäftskonto der Firma ADA gutgeschrieben.

Herr Dall gibt bei seiner Bank ein ausgefülltes Überweisungsformular ab, denn er muss seinem Rohstofflieferanten eine fällige Schuld von 2.320,00 EUR überweisen. Vor dem Nachhauseweg hebt Herr Dall am Bankautomaten noch 1.000,00 EUR ab, um für das Bezahlen kleinerer Rechnungen genügend Bargeld in der Geschäftskasse zu haben. Wieder in die Firma zurückgekommen, erledigt der Chef vor der Mittagspause ein weiteres Geschäft:

Ein betrieblicher Pkw wurde nach einer Fahrleistung von über 100 000 km ausgemustert und für 1.500,00 EUR zum Verkauf ausgeschrieben. Markus, ein Freund von Martin, hat zufällig von dem Angebot erfahren und nach einer Besichtigung des Wagens und anschließender Probefahrt sofort zugesagt. Der junge Mann hat mit Herrn Dall vereinbart, den Kaufpreis heute in bar zu zahlen und den Pkw samt Kfz-Brief gleich mitzunehmen. Markus wartet im Vorzimmer von Herrn Dall, als dieser von der Bank zurückkommt.

Aufgabe 8-21 Rechnungswesen

Formuliere die drei folgenden Geschäftsvorgänge kurz und bündig:

a) *Wir kaufen einen unbebauten Lagerplatz in der Nähe des Firmengeländes und bezahlen mittels Banküberweisung, Betrag 35.000,00 EUR.*

b) *Wir zahlen einen Teil unseres Darlehen durch Banküberweisung zurück und zwar 25.000,00 EUR.*

c) *Unser Kunde überweist endlich seine offene Rechnung über 13.900,00 EUR.*

8.6.2 Grundsätze ordnungsgemäßer Buchführung

Alle Geschäftsleute müssen sich schon vor der Gründung ihres Betriebes im Klaren sein, dass sie es besonders häufig mit dem Finanzamt zu tun haben. Das Finanzamt, ein staatliches Organ, berechnet aufgrund der abzugebenden Steuererklärungen die Höhe der jeweils zu zahlenden Steuern. Dies setzt eine sorgfältige, lückenlose und ordnungsgemäße Aufzeichnung aller Einnahmen und Ausgaben voraus. Auf diese Weise besteht Beweiskraft gegenüber dem Finanzamt sowie dem Gericht.

Der Wirtschaftsdoc

Ordnungsgemäße Buchführung

Eine Buchführung gilt als ordnungsgemäß, wenn sich ein neutraler Sachverständiger (z. B. Finanzbeamter) in einem angemessenen Zeitraum ohne fremde Hilfe einen genauen Überblick über die finanzielle Lage eines Unternehmens verschaffen kann.

Bei unrichtigen Angaben oder gar Betrug schlägt die Justiz mit empfindlichen Strafen zu. Selbst Freiheitsentzug ist möglich. Bestimmungen über die Grundsätze ordnungsmäßiger Buchführung ergeben sich hauptsächlich aus dem Handelsgesetzbuch (§ 238 [f] HGB), der Abgabenordnung (AO), dem Aktiengesetz (AktG) und den Einkommensteuerrichtlinien (EStR).

Wichtige Grundsätze ordnungsgemäßer Buchführung

- *Sämtliche Geschäftsfälle müssen in ihrer Entstehung und Abwicklung **nachvollziehbar** sein (fortlaufende, richtige und vollständige Aufzeichnungen).*

- *Die Buchführung muss **wahr, klar und übersichtlich** sein.*

- *Für alle Buchungen besteht **Belegzwang** (Beweiskraft, geordnete Aufbewahrung).*

- *Die Eintragungen in die Handelsbücher müssen **dokumentenecht** sein (nicht mit Bleistift).*

- *Die ursprünglichen Aufzeichnungen dürfen **nicht verändert** werden (kein Überschreiben oder Radieren).*

- *Die Aufzeichnungen über Kasseneinnahmen und Kassenausgaben müssen **täglich** erfolgen.*

- *Es besteht eine **zehnjährige Aufbewahrungspflicht** für Handelsbücher, Inventar, Bilanzen und Belege.*

8.6.3 Die Bedeutung der Belege

Fallbeispiel

Da könnte ja jeder kommen – da stimmt einiges nicht

Willi, ein schlitzohriger Berufsschüler, erzählt in der Pause, wie man bequem zu Geld kommen könnte. Er hätte beobachtet, dass sein Chef anstandslos Bargeld an Mitarbeiter auszahle, wenn diese im Auftrag der Firma einkaufen würden.

Willi berichtet am Folgetag seinem Chef, dass er für das Büro folgende Ausgaben getätigt habe: 10 Folienstifte zu je 1,50 €, 10 Faserschreiber zu je 0,75 €, 2 Radiergummis zu je 2,80 €, 100 Klarsichthüllen zu 3,40 € und 2 Päckchen Papier zu je 4,50 €. Insgesamt hätte er für die Firma 40,50 € ausgelegt.

Willis Chef entgegnet: „Bevor wir weiterreden, zeige mir die Belege." Willi stottert und sucht nach Ausreden. Der Chef reagiert eiskalt: „Da könnte ja jeder kommen. – Nimm dich in Acht. Ohne Belege kein Geld! Sind deine Angaben unwahr, hast du die Probezeit nicht bestanden."

Aufgaben für Einzel- oder Partnerarbeit

1. Warum wird der Firmenchef den Geldbetrag nicht an Willi ausbezahlen?
2. Was müsste ein Mitarbeiter dem Firmenchef vorlegen, damit er die Ausgaben, die er für das Unternehmen getätigt hat, erstattet bekommt?
3. a) Äußere dich zur Drohung von Willis Firmenchef: „Da könnte ja jeder kommen. – Nimm dich in Acht. Ohne Belege kein Geld! Sind deine Angaben unwahr, hast du die Probezeit nicht bestanden."
   b) Wie würdest du anstelle des Firmenchefs reagieren? Begründe deine Meinung.

Quittung

| | EUR | 119,00 |
| Nr. | inkl. % MwSt./EUR | 19,00 |

| EUR in Worten | einhundertneunzehn | Cent wie oben |

von *Schreibwarengeschäft Anders*
für Schreibwaren

für *Herrn Willi Balles*

dankend erhalten.

Ort/Datum *Scheinfeld, 20.. – 02 – 02*

Buchungsvermerke

Stempel/Unterschrift des Empfängers
Heiko Anders

Belege dienen als Beweis.

Ohne schriftliche Aufzeichnung der Geschäftsfälle würde es in jedem Unternehmen wohl drunter und drüber gehen. Wer könnte sich die Vielzahl der betrieblichen Vorgänge merken und sie auch später noch richtig formulieren? Wer könnte beweisen, dass Einnahmen und Ausgaben korrekt und vollständig abgewickelt wurden?

Alle Schriftstücke, die diese Vorgänge in einer Firma festhalten, werden Belege genannt. Mit einem Beleg lassen sich mehrere Aufgaben gleichzeitig erfüllen. Der Unternehmer bzw. dessen Rechnungswesenabteilung kann auch nach längerer Zeit noch genau nachvollziehen, welche Geschäftsfälle vorkamen. Ebenso ist mit einem Beleg jeder betriebliche Vorgang **Dritten gegenüber nachweisbar.** Das ist vor allem wichtig, wenn ein Betriebsprüfer des Finanzamts die Buchführung überprüfen will.

Eigenbelege	Belege	Fremdbelege
• Kopien von Schriftstücken, die aus dem Betrieb herausgehen, z. B. Ausgangsrechnungen, Briefe an Geschäftspartner		• Originale von Schriftstücken, die im Betrieb eingegangen sind, z. B. Eingangsrechnungen, Briefe von Geschäftspartnern, Kontoauszüge
• innerbetriebliche Schriftstücke, z. B. Lohn- und Gehaltslisten, Quittungen		

Ersatz- oder Notbelege sind zu erstellen, wenn für den Geschäftsfall (z. B. bei Verlust eines Originals) kein Beleg vorliegt.
Die **Aufbewahrungspflicht** für Belege beträgt 10 Jahre.

Selbst bei sorgfältigem Vorgehen können im Einzelfall Belege verloren gehen. Ausnahmsweise ist es dann möglich, statt der natürlichen Belege **künstliche Belege** selbst zu erstellen. Wir sprechen dann von **Ersatz- oder Notbelegen.**

Der Wirtschaftsdoc

Ohne Beleg geht nichts

• Nur wenn ein ordnungsgemäßer Beleg vorhanden ist, darf die Buchhaltung den Geschäftsfall bearbeiten. Ein wichtiger Grundsatz der Buchführung heißt daher:

• **Keine Buchung ohne Beleg!**
Ein Beleg verbindet immer den einzelnen Geschäftsfall mit der nachfolgenden Buchung.

Beispiel

Martin hat sich während seiner Ausbildung für alle von ihm durchlaufenen Abteilungen Merkhefte angelegt. So konnte er sich die wichtigsten Arbeitsschritte leichter merken und bei Unklarheiten schnell nachschauen. In der Abteilung Buchhaltung hat er sich zum Thema Belege einiges in Stichworten notiert:

1. Belege überprüfen

Wurden alle aufgeführten Preise richtig berechnet (rechnerische Überprüfung)? Sind die angegebenen Waren tatsächlich geliefert worden (sachliche Überprüfung)?

2. Belege geordnet sortieren

Alle Belege werden nach Datum oder anderen Kriterien (z. B. alphabetisch, Art der Vorgänge, Zahlungsweise) geordnet und fortlaufend nummeriert.

3. Belege und Buchung vorkontieren

a) Die Belege erhalten einen Buchungsstempel.
b) Der Buchhalter führt die Buchung durch.

4. Belege geordnet ablegen und aufbewahren

Die bearbeiteten Belege werden geordnet abgeheftet. Sofern sie später noch benötigt werden, müssen sie rasch auffindbar sein.

Die Belege beweisen unsere Geschäftsfälle. In der Abgabenordnung (§ 147 AO) und im Handelsgesetzbuch (§ 257 HGB) ist festgelegt, dass Belege, Handelsbücher, Bilanzen sowie Inventare mindestens zehn Jahre aufzubewahren sind.

5. Die Belege auf Datenträgern abspeichern

Die Belege dürfen auf Datenträgern (z. B. Festplatte, CD oder Diskette) aufbewahrt werden, müssen allerdings bei einer Betriebsprüfung durch das Finanzamt immer verfügbar sein und bei Bedarf lesbar gemacht werden.

8.6.4 Arbeiten mit Belegen

In der Buchhaltungsabteilung von ADA-Sportartikel geht der folgende Beleg ein:

Vorgang/Buchungsinformation	Bu.-Tag	Wert	BN-Nr.	Umsatz EUR
KARTENVERFÜGUNG Karte 3/..-02-18 – EC-Karte mit PIN 91443 Scheinfeld	20..-02-25	0103	9966	- 1.000,00
	Kto.-Nr. 123 456	Alter Saldo	Schuld	G u t h a b e n alt 28.345,00
ADA-Sportartikel Industriestraße 1		Neuer Saldo	Schuld	G u t h a b e n neu
91443 Scheinfeld	Auszug vom 20..-02-27	Ausz.-Nr. 32	Blatt 1	27.345,00
Sparbank Scheinfeld	Kontokorrentkredit in EUR: 10.000,00			

Aufgabe für Einzelarbeit

Welcher Geschäftsfall liegt dem Beleg auf Seite 138 zugrunde?

Der Wirtschaftsdoc

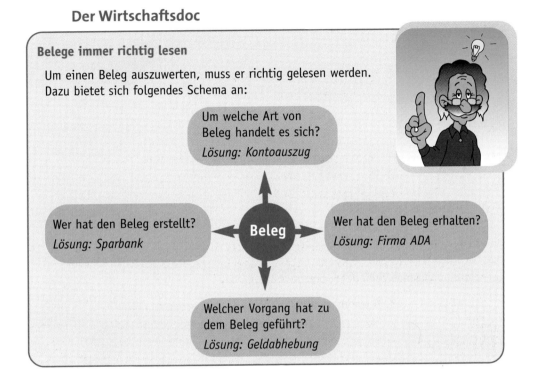

Nach diesem Schema solltest du alle Belege untersuchen, die du künftig zur Bearbeitung vorgelegt bekommst. Auf unser Beispiel bezogen, bedeutet dies: Die Sparbank Scheinfeld erstellt einen Kontoauszug für das Geschäftskonto von ADA. Daraus geht hervor, dass **vom Bankkonto ein Betrag in Höhe von 1.000,00 € abgehoben wurde.**

Welche Handlung verbirgt sich hinter diesem Geschäftsfall? Erinnern wir uns: Herr Dall hat am Geldautomaten seiner Hausbank 1.000,00 € abgehoben, um die Geschäftskasse für mögliche Barzahlungen aufzustocken. Als kurz formulierter Geschäftsfall ergibt sich also: **Barabhebung vom Bankkonto, 1.000,00 €.**

Aufgabe 8-22 Rechnungswesen

Der Abteilung Rechnungswesen im Unternehmen Armin Dall, ADA-Sportartikel, liegt die Kopie eines Beleges vor. Es handelt sich um eine Rechnung über den Verkauf von Sportartikeln.

1. Handelt es sich um einen Eigen- oder Fremdbeleg?

2. Welche Art von Rechnung liegt hier vor?

Aufgabe 8-23 Rechnungswesen

Der Buchführung im Betrieb ADA-Sportartikel liegt die Kopie des folgenden Belegs vor:

ADA-Sportartikel
Industriestraße 1
91443 Scheinfeld

ADA-Sportartikel . Industriestr. 1 . 91443 Scheinfeld

SPORT WANNINGER
An der Naabgasse 33

92421 Schwandorf

USt-ID-Nr. 123 456 789
St-Nr. DE 251/100/12345

Rechnung Nr. 21/1423
Ihr Auftrag Nr./Datum
25 375/20..-03-12

Liefertag
20..-03-24

Scheinfeld
20..-03-26

Position	Menge	Artikel	Einzelpreis	Gesamtpreis
30	20	Fußball „World" 80,00 EUR		1.600,00 EUR
		abzüglich 14 % Rabatt		224,00 EUR
		zuzüglich Verpackung und Porto		25,00 EUR
		Netto		1.401,00 EUR
		zuzüglich 19 % USt		266,19 EUR
		Rechnungsbetrag		**1.667,19 EUR**

Zahlung binnen 30 Tagen ohne Abzug oder binnen 8 Tagen mit 2 % Skonto.
Die gelieferte Ware bleibt bis zur vollständigen Bezahlung unser Eigentum.

Bankverbindung: SPARBANK SCHEINFELD, BLZ: 762 500 00, Konto-Nr. 123 456

1. Handelt es sich um einen Eigen- oder Fremdbeleg?

2. Welche Art von Rechnung liegt hier vor?

Aufgabe 8-24 Rechnungswesen

Schau dir den an die Firma **ADA-Sportartikel** gerichteten Kontoauszug der SPARBANK SCHEINFELD vom 10. April 20.. genauer an.

Konto-Nummer 123456	Auszug 34	Blatt 1	Text/Verwendungszweck	PN	Wert		Umsätze in EUR	*
			Überweisung Firma Sport Wanninger, Schwandorf Konto: 340 045 BLZ: 750 898 90 Rechnung-Nr. 21/1423	123	07	04	1.667,19	H
			Barauszahlung	234	08	04	800,00	S

Geschäftsstelle Am Bankenplatz 2, 91443 Scheinfeld	Letzter Auszug 20..-03-25	Alter Kontostand 16.450,00	H
	Kontoauszug vom 20..-04-10	Neuer Kontostand 17.317,19	H
Firma **ADA-Sportartikel** **Industriestr. 1** **91443 Scheinfeld**	* Lastschrift/Schuldensaldo = S Gutschrift/Guthabensaldo = H		
	Sparbank Scheinfeld BLZ 762 500 00		
	Konto-Auszug Unstimmigkeiten bitten wir unserer Revision mitzuteilen.		

1. Beantworte folgende Fragen:

   a) Handelt es sich um einen Eigen- oder Fremdbeleg?

   b) Welche Art von Beleg liegt hier vor?

   c) Wie lange muss der Beleg aufbewahrt werden?

   d) Wie wird die Aufbewahrung von Belegen bei großen Firmen meist geregelt?

2. Formuliere die zugrunde liegenden Geschäftsfälle:

   a) für den Betrag über 1.667,19 EUR,

   b) für den Betrag über 800,00 EUR.

Aufgabe 8-25 Rechnungswesen

Folgender Beleg wurde vom Firmeninhaber ADA-Sportartikel, Herrn Armin Dall, unterschrieben.

1. Handelt es sich um einen Eigen- oder Fremdbeleg?
2. Nenne den Geschäftsfall (Text, Betrag).
3. Nenne die einzelnen Arbeitsschritte bei der Behandlung von Belegen.
4. Erkläre kurz und bündig die Begriffe: Eigenbeleg, Fremdbeleg, Kontierungsstempel und Ersatzbeleg.

8.6.5 Veränderungen im Betrieb durch Geschäftsfälle

In Abschnitt 8.6.1 „Der Geschäftsfall" wurden zahlreiche betriebliche Vorgänge in der Firma ADA-Sportartikel ausführlich dargestellt. Auf den Seiten 131 bis 134 hast du bereits gelernt und eingeübt, solche betrieblichen Vorgänge in Kurzform als Geschäftsfälle zusammenzufassen. Betrachten wir einige dieser Geschäftsfälle nochmals genauer!

1. Geschäftsfall

Die Firma ADA-Sportartikel erhält von der Sparbank Neustadt einen Kontoauszug (vgl. S. 138/139) mit dem Geschäftsfall:

Barabhebung vom Bankkonto, 1.000,00 EUR.

Dieser Geschäftsfall hat Auswirkungen auf zwei verschiedene Bilanzposten:

• Unser **Kassen**bestand nimmt um 1.000,00 EUR zu.	• Unser **Bank**konto nimmt um 1.000,00 EUR ab.
• **Kasse** (KA) ist ein **Aktiv**posten.	• **Bank** (BK) ist ein **Aktiv**posten.

Zwischen zwei Aktivposten findet eine Verschiebung statt. Die Bilanzsumme der Fa. ADA ändert sich dadurch nicht.

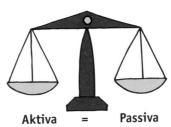

Bilanz

Kasse + 1.000,00 EUR
Bank   − 1.000,00 EUR

Aktiva = Passiva

Wir bezeichnen diesen Vorgang als reinen **Aktiv-Tausch**.

2. Geschäftsfall

Die Firma ADA erhält von der SPARBANK SCHEINFELD eine Mitteilung, die hier auszugsweise abgedruckt wird.

Scheinfeld, 20..-03-25

Sehr geehrter Herr Dall,

das von Ihnen beantragte Darlehen über **35.000,00 EUR** wird bewilligt. Wie vereinbart beträgt die Laufzeit des Darlehens **zwei Jahre** bei einem Zinssatz von 7 % pro Jahr; nach zwei Jahren ist der Kredit einschließlich der Zinsen an die Sparbank zurückzuzahlen.

Der **Darlehensbetrag** wird heute dem **Geschäftskonto** der Fa. ADA **gutgeschrieben**; eine Kopie liegt bei. Alle weiteren Bedingungen entnehmen Sie bitte dem Vertrag.

Mit freundlichen Grüßen

Es handelt sich um folgenden Geschäftsfall:

Gutschrift eines Bankdarlehens über 35.000,00 EUR auf dem Bankkonto.

Da die Bank den Kredit für zwei Jahre gewährt, handelt es sich um „langfristige Bankverbindlichkeiten", Abkürzung LBKV. Dieser Geschäftsfall hat Auswirkungen auf zwei verschiedene Bilanzposten:

• Unser **Bank**konto (BK) nimmt um 35.000,00 EUR zu. • **Bank** (BK) ist ein **Aktiv**posten.	• Unsere **Darlehensschulden** (LBKV) nehmen um 35.000,00 EUR zu. • Langfristige Bankverbindlichkeiten (LBKV) ist ein **Passiv**posten.

Ein Aktivposten und ein Passivposten nehmen um 35.000,00 EUR zu.
Die Bilanzsumme der Fa. ADA **erhöht sich** dadurch ebenfalls um 35.000,00 EUR.

Bilanz

Bank		langfristige Bankverbindlichkeiten
BK + 35.000,00 EUR		**LBKV** + 35.000,00 EUR
Aktiva + 35.000,00 EUR	=	**Passiva** + 35.000,00 EUR

Wir bezeichnen diesen Vorgang als **Aktiv-Passiv-Mehrung.**

3. Geschäftsfall

Der Fa. ADA liegt folgende Überweisungsdurchschrift vor:

Überweisungsauftrag an 762 500 00	***Sparbank Scheinfeld***		

Dieser Beleg ist für Ihre Unterlagen bestimmt!

Empfänger	Lederfabrik Ochs, Bodendorf		
Konto-Nr. des Empfengers 567		Bankleitzahl	762 500 00
bei (Kreditinstitut) Sparbank Scheinfeld			
	EUR		2.380,00
Kunden-Referenznummer/ Verwendungszweck Bezug von Rohleder-Rechnung Nr. 532 vom 20..-02-12			
Kontoinhaber Fa. ADA-Sportartikel, Scheinfeld			
Kontonummer des Kontoinhabers 123 456			

20..-02-12
Datum   Unterschrift

Es handelt sich um folgenden Geschäftsfall:

Banküberweisung an unseren Rohstofflieferer, 2.380,00 EUR.

Dieser Geschäftsfall hat Auswirkungen auf zwei verschiedene Bilanzposten:

- Unsere **Verbindlichkeiten** (VE) an den Lieferer nehmen um 2.380,00 EUR ab.

- **Verbindlichkeiten aus Lieferungen und Leistungen** (VE) ist ein **Passiv**posten.

- Unser **Bank**konto (BK) nimmt um 2.380,00 EUR ab.

- **Bank** (BK) ist ein **Aktiv**posten.

Ein Aktivposten und ein Passivposten nehmen um 2.380,00 EUR ab.
Die Bilanzsumme der Fa. ADA **vermindert sich** dadurch ebenfalls um 2.380,00 EUR.

Bilanz

| Bank (BK) | – 2.380,00 EUR | | Verbindlichkeiten an Lieferer (VE) | – 2.380,00 EUR |
| **Aktiva** | – 2.380,00 EUR | **=** | **Passiva** | – 2.380,00 EUR |

Wir bezeichnen diesen Vorgang als **Aktiv-Passiv-Minderung**.

4. Geschäftsfall

Der Firma ADA-Sportartikel liegt folgendes Schreiben der Sparbank Scheinfeld vor:

Sparbank Scheinfeld

Ihr kompetenter Partner
in Vermögensfragen

Scheinfeld 20..-05-22

Sehr geehrter Herr Dall,

vereinbarungsgemäß haben wir die Schuld an Ihren Lieferanten, die Lederfabrik Ochs, in Höhe von **24.990,00 EUR** übernommen.

Über den Betrag von 24.990,00 EUR hat Ihnen unsere Bank ein Darlehen eingeräumt; die Laufzeit beträgt 18 Monate bei einem Zinssatz von 8 % pro Jahr.

Mit freundlichen Grüßen

M. Popp

M. Popp, Sachbearbeiter Kreditabteilung

Es handelt sich um folgenden Geschäftsfall:

**Umwandlung einer Liefererschuld (VE) über 24.990,00 EUR
in langfristige Bankverbindlichkeiten (LBKV).**

Dieser Geschäftsfall hat Auswirkungen auf zwei verschiedene Bilanzposten:

- Unsere **Verbindlichkeiten an Lieferer** (VE) nehmen um 24.990,00 EUR ab.

- Verbindlichkeiten aus **Lieferungen und Leistungen** (VE) ist ein **Passiv**posten.

- Unsere **Darlehensschulden** (LBKV) nehmen um 24.990,00 EUR zu.

- **Langfristige Bankverbindlichkeiten** (LBKV) ist ein **Passiv**posten.

Zwischen zwei Passivposten findet eine Verschiebung von 24.990,00 EUR statt.
Die Bilanzsumme der Firma ADA bleibt davon unberührt.

Bilanz

**Verbindlichkeiten aus Lieferungen
und Leistungen** (VE)   – 24.990,00 EUR
Langfristige Darlehensschuld (LBKV)   + 24.990,00 EUR

Aktiva = Passiva
Dieser Vorgang ist ein reiner **Passiv-Tausch**.

Bilanzveränderungen

Ein Geschäftsfall verändert mindestens zwei Bilanzposten. Dabei können folgende Fälle auftreten:

- *AKTIV-TAUSCH: Ein Aktivposten wird mehr, einer weniger.*

- *PASSIV-TAUSCH: Ein Passivposten wird mehr, einer weniger.*

- *AKTIV-PASSIV-MEHRUNG: Vermehrung eines Aktiv- und eines Passivpostens.*

- *AKTIV-PASSIV-MINDERUNG: Verminderung eines Aktiv- und eines Passivpostens.*

Es gilt der Grundsatz: Summe der AKTIVA = Summe der PASSIVA.

Beate besucht den Wirtschaftsdoc, um noch einige Tipps für das Lösen von Rechnungs-wesen-Aufgaben zu bekommen. Sie erzählt ihm, was im Unterricht durchgenommen wurde und nennt den Geschäftsfall: **„Wir überweisen an den Lieferer die noch offenstehende Rechnung über 8.500,00 EUR."** Der Wirtschaftsdoc empfiehlt Beate, sich immer die fol-genden vier Fragen zu stellen:

Der Schlüssel zum Erfolg: Erleichterungen für jedermann beim Buchen

Stelle dir folgende Fragen:	aufgezeigt an unserem Beispiel	
1. Welche Posten der Bilanz sind betroffen?	Verbindlichkeiten	Bank
2. Handelt es sich um Aktiv- oder/und um Passivposten?	Passiv	Aktiv
3. Handelt es sich um eine Mehrung oder Minderung der Bilanzposten?	Minderung	Minderung
4. Welche Bilanzveränderung liegt vor?	Aktiv-Passiv-Minderung	

 Aufgaben Rechnungswesen

Aufgabe 8-26 Rechnungswesen

Bei den folgenden Geschäftsfällen wird jeweils nur die Veränderung eines Bilanzpostens auf-gezeigt.

1. Gib Möglichkeiten an, welcher zweite Bilanzposten sich verändern könnte.
2. Stelle außerdem dar, welcher Geschäftsfall jeweils vorliegt. Beachte dabei, dass manch-mal mehrere Möglichkeiten denkbar sind.

Tipp: Diese Aufgabe kann auch von zwei Schülergruppen an der Tafel bearbeitet werden. Wer ist zuerst fertig? Wie viele Möglichkeiten wurden gefunden? Stimmen die Lösungs-vorschläge überein?

1. Mehrung Bankguthaben (BK), 1.000,00 EUR

2. Mehrung Kasse (KA), 2.500,00 EUR

3. Mehrung langfristige Bankverbindlichkeiten (LBKV), 13.500,00 EUR

4. Minderung unserer Verbindlichkeiten aus Lieferungen und Leistungen (VE), 5.950,00 EUR

5. Mehrung Fuhrpark (FP), 25.000,00 EUR

6. Minderung Forderungen aus Lieferungen und Leistungen (FO), 3.570,00 EUR

Aufgabe 8-27 Rechnungswesen

Um welche Geschäftsfälle handelt es sich? Formuliere den Text.

Nr.	Mehrung	Minderung	Mehrung	Minderung
1		Kurzfr. Bankverb.	Langfr. Bankverb.	
2	Bank	Kasse		
3	Bank		Kurzfr. Bankverb.	
4		Bank		Langfr. Bankverb.
5		Verbindlichkeiten		Bank
6	Kasse	Bank		
7	Bank	Forderungen		
8	Geschäftsgebäude		Langfr. Bankverb.	

Aufgabe 8-28 Rechnungswesen

1. Erstelle zunächst aus den nachfolgenden Werten eine Bilanz:

Kasse: 9.000,00 EUR, Bank: 24.500,00 EUR, Langfristige Bankverbindlichkeiten: 10.000,00 EUR, Fuhrpark: 20.000,00 EUR, Verbindlichkeiten an den Lieferer: 12.000,00 EUR, Büromaschinen: 30.000,00 EUR, Forderungen: 15.000,00 EUR.

2. Stelle nach jedem nachfolgenden Geschäftsfall eine neue Bilanz auf:

a) Zielkauf einer Fertigungsmaschine, 5.000,00 EUR,

b) Barabhebung vom Bankkonto, 500,00 EUR,

c) Tilgung einer Lieferverbindlichkeit durch Banküberweisung, 2.000,00 EUR,

d) Umwandlung der Lieferschuld in Langfristige Bankverbindlichkeiten, 3.570,00 EUR.

Aufgabe 8-29 Rechnungswesen

Prüfe folgende Geschäftsfälle bezüglich ihrer Auswirkungen auf die Bilanz. Stelle dir dabei jeweils vier Fragen:

1. Welche Posten der Bilanz sind betroffen?

2. Handelt es sich um Aktiv- oder Passivposten?

3. Liegt eine Mehrung oder Minderung der Bilanzposten vor?

4. Um welche Bilanzveränderung handelt es sich?

a) Wir begleichen eine Liefererrechnung durch Banküberweisung.

b) Unser Kunde begleicht seine Zahlungsverpflichtung bar.

c) Eine kurzfristige Liefererschuld wird in eine langfristige Darlehensschuld umgewandelt.

d) Unser Kunde begleicht eine Rechnung durch Banküberweisung.

e) Wir nehmen eine Teilrückzahlung unserer langfristigen Darlehensschuld mittels Bankscheck vor.

f) Wir leisten eine Bareinzahlung auf unser Bankkonto.

g) Es erfolgt eine Banküberweisung an unseren Lieferer.

8.6.6 Die Auflösung der Bilanz in Konten

Wie du bereits erkannt hast, löst jeder Geschäftsfall eine Veränderung der Bilanz aus. Dem Auszubildenden Martin liegt folgende Bilanz der Fa. ADA-Sportartikel vor:

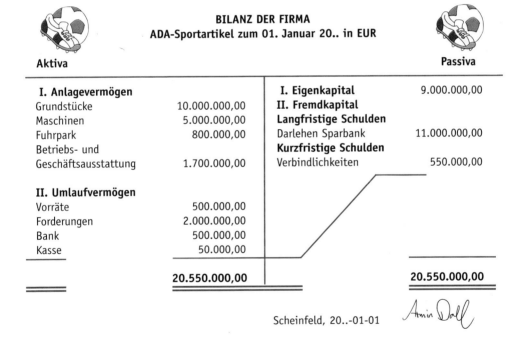

BILANZ DER FIRMA
ADA-Sportartikel zum 01. Januar 20.. in EUR

Aktiva		Passiva	
I. Anlagevermögen		I. Eigenkapital	9.000.000,00
Grundstücke	10.000.000,00	**II. Fremdkapital**	
Maschinen	5.000.000,00	**Langfristige Schulden**	
Fuhrpark	800.000,00	Darlehen Sparbank	11.000.000,00
Betriebs- und		**Kurzfristige Schulden**	
Geschäftsausstattung	1.700.000,00	Verbindlichkeiten	550.000,00
II. Umlaufvermögen			
Vorräte	500.000,00		
Forderungen	2.000.000,00		
Bank	500.000,00		
Kasse	50.000,00		
	20.550.000,00		**20.550.000,00**

Scheinfeld, 20..-01-01

Es ereignet sich der folgende Geschäftsfall:

Martin hebt vom Geschäftsbankkonto 10.000,00 EUR ab.

Dieser Geschäftsfall führt zu einer Veränderung der Bilanz.

BILANZ DER FIRMA ADA
nach dem Geschäftsfall

Aktiva		Passiva	
I. Anlagevermögen		**I. Eigenkapital**	9.000.000,00
Grundstücke	10.000.000,00	**II. Fremdkapital**	
Maschinen	5.000.000,00	**Langfristige Schulden**	
Fuhrpark	800.000,00	Darlehen Sparbank	11.000.000,00
Betriebs- und		**Kurzfristige Schulden**	
Geschäftsausstattung	1.700.000,00	Verbindlichkeiten	550.000,00
II. Umlaufvermögen			
Vorräte	500.000,00		
Forderungen	2.000.000,00		
Bank	**490.000,00**		
Kasse	**60.000,00**		
	20.550.000,00		**20.550.000,00**

Scheinfeld, 20..-01-01   *Armin Dall*

Wie die zweite Bilanz des Firmeninhabers Armin Dall zeigt, haben sich die beiden Aktiv-Bilanzposten Bank und Kasse verändert.

Aufgaben für Einzel- oder Partnerarbeit

Dir liegen folgende Geschäftsfälle der Firma ADA zur Bearbeitung vor. Entscheide, um welche Bilanzveränderungen es sich dabei jeweils handelt. Schreibe die Schlussbilanz mit den veränderten Posten neu.

1. Banküberweisung an den Lieferer 10.000,00 EUR
2. Umwandlung einer bestehenden Lieferschuld (VE) in ein langfristiges Bankdarlehen (LBKV), 30.000,00 EUR
3. Barabhebung von der Bank, 40.000,00 EUR
4. Die Bank schreibt einen langfristigen Kredit auf unser Bankkonto gut, 30.000 EUR.

Von der Bilanz zu den einzelnen T-Konten

Sicherlich empfindest du es als lästig, bei jedem zu buchenden Geschäftsfall eine neue Bilanz aufzustellen. Vielleicht ist dir schon aufgefallen, dass bei allen bisherigen Geschäftsfällen nur zwei Bilanzposten betroffen waren. Du kannst dir künftig viel Arbeit ersparen, wenn du die Veränderungen nur bei den davon betroffenen Bilanzposten durchführst. Erst nachdem du sämtliche Geschäftsfälle gebucht hast, ist es sinnvoll, eine neue Bilanz, die sogenannte Schlussbilanz, zu erstellen.

- Zu diesem Zweck wird die Bilanz in einzelne T-Konten aufgelöst. Jeder Bilanzposten erhält ein eigenes Konto. Dort werden die Veränderungen erfasst.

Der Wirtschaftsdoc

Beim Auflösen der Bilanz in Konten orientieren wir uns an folgendem Schema:

1. Wir stellen die Bilanz aus der Inventarliste des Unternehmens auf.
2. Wir tragen die Anfangsbestände (AB) in die Konten ein.
3. Wir buchen die Veränderungen aufgrund der Geschäftsfälle.
4. **Wir ermitteln in den einzelnen Konten die Schlussbestände** (Saldo = Differenz zwischen Soll- und Habenseite).
5. **Wir tragen die ermittelten Schlussbestände in die Schlussbilanz ein.**

Von der Bilanz zum T-Konto

- *Die Veränderungen der Bilanzposten buchen wir auf T-Konten.*
- *Mehrungen in aktiven Bestandskonten (Bilanzposten) tragen wir auf der **linken** Seite ein.*
- *Minderungen in aktiven Bestandskonten buchen wir stets auf der **rechten** Seite.*
- *Mehrungen in passiven Bestandskonten führen wir auf der **rechten** Seite durch.*
- *Minderungen in passiven Bestandskonten stehen immer auf der **linken** Seite.*
- *Anstelle von **linker Seite** sprechen wir künftig von **Soll**.*
- *Buchungen auf der **rechten Seite** finden im **Haben** statt.*

Die umseitige Bilanz mit der Auflösung der einzelnen Bilanzposten in T-Konten zeigt dir Schritt für Schritt, wie du vorgehen musst. Die Werte der Bilanzposten werden als **Anfangsbestände (AB)** gebucht. Dabei stehen alle Anfangsbestände in den **aktiven Bestandskonten** auf der linken Kontoseite, also im **Soll**. Die Anfangsbestände in den **passiven Bestandskonten** erscheinen auf der rechten Kontoseite im **Haben**.

- **Um Zeit zu sparen, brauchst du künftig auf den T-Konten lediglich die dafür vorgesehenen Abkürzungen anzugeben. Im Kontenplan am Buchende sind die Abkürzungen bei Bedarf einsehbar.** Damit du dich rasch an die Abkürzungen gewöhnst, verwenden wir bei den bereits bekannten Konten ebenfalls nur die Abkürzungen.

Eröffnungsbilanz der Firma ADA
zum 01. Januar 20.. in EUR

Aktiva

Passiva

I. Anlagevermögen			**I. Eigenkapital**		9.000.000,00
❶	Grundstücke	10.000.000,00	**II. Fremdkapital**		
❷	Maschinen	5.000.000,00	**Langfristige Schulden**		
❸	Fuhrpark	800.000,00	Darlehen Sparbank		11.000.000,00
❹	Betriebs- und		**Kurzfristige Schulden**		
	Geschäftsausstattung	1.700.000,00	Verbindlichkeiten		550.000,00
	II. Umlaufvermögen				
❺	Vorräte	500.000,00			
❻	Forderungen	2.000.000,00			
❼	Bank	500.000,00			
❽	Kasse	50.000,00			
		20.550.000,00			**20.550.000,00**

❶
S	Grundstück (UGR)	H
AB	10.000.000,00	

❶
S	Eigenkapital (EK)	H
	AB	9.000.000,00

❷
S	Maschinen (MA)	H
AB	5.000.000,00	

❷
S	Langfristige Bankver- bindlichkeiten (LBKV)	H
	AB	11.000.000,00

❸
S	Fuhrpark (FP)	H
AB	800.000,00	

❸
S	Verbindlichkeiten aus Liefe- rungen und Leistungen (VE)	H
	AB	550.000,00

❹
S	Büroausstattung (BA)	H
AB	1.700.000,00	

❺
S	Vorräte	H
AB	500.000,00	

❻
S	Forderungen (FO)	H
AB	2.000.000,00	

❼
S	Bank (BK)	H
AB	500.000,00	

❽
S	Kasse (KA)	H
AB	500.000,00	

In den aktiven Bestandskonten stehen die von der Bilanz übernommenen **Anfangsbestände** immer links im **Soll**.

In den passiven Bestandskonten stehen die von der Bilanz übernommenen **Anfangsbestände** immer rechts im **Haben**.

Aufgabe 8-30 Rechnungswesen

Erstelle eine Eröffnungsbilanz und löse sie in Konten auf.

Unbebaute Grundstücke:	*160.000,00 EUR*
Gebäude:	*330.000,00 EUR*
Maschinen:	*120.000,00 EUR*
Bank:	*45.000,00 EUR*
Kasse:	*7.000,00 EUR*
Forderungen:	*10.000,00 EUR*
Eigenkapital:	*590.000,00 EUR*
Langfristige Bankverbindlichkeiten:	*75.000,00 EUR*
Kurzfristige Bankverbindlichkeiten:	*57.000,00 EUR*
Verbindlichkeiten aus Lieferungen und Leistungen:	*150.000,00 EUR*

8.6.7 Das Buchen in Bestandskonten

Heute lernst du, alle Geschäftsfälle auf Konten zu buchen. Dabei solltest du dir folgende Fragen stellen:

1. Um welche Konten handelt es sich?

2. Sind es aktive oder passive Bestände?

3. Wie ändert der Geschäftsfall diese Bestände?

4. Auf welchem Konto steht die Sollbuchung, wo die Habenbuchung?

Das folgende Beispiel soll dir das Verständnis für die Buchungsvorgänge erleichtern. Der Geschäftsfall lautet:

Kauf eines Lieferwagens im Wert von 35.000,00 EUR auf Ziel.

Soll	Aktivkonto	Haben
Anfangsbestand **Mehrung**		Minderung

Soll	Passivkonto	Haben
Minderung		Anfangsbestand **Mehrung**

Konten:	Fuhrpark und Verbindlichkeiten
Aktivkonto:	Fuhrpark
Passivkonto:	Verbindlichkeiten
Bestandsveränderung:	Fuhrpark + 35.000,00 EUR
	Verbindlichkeiten + 35.000,00 EUR

Folgende Konten sind betroffen (als Buchungsanweisung):

Nr.	Soll	Haben	EUR
1	Fuhrpark (FP) +	Verbindlichkeiten (VE) +	35.000,00

Es erfolgt also die Buchung auf Konten in EUR (mit Angabe des Gegenkontos):

S	Fuhrpark (FP) in EUR		H
AB	60.000,00		
1. VE	35.000,00		

S	Verbindlichkeiten (VE) in EUR		H
		AB	90.000,00
		1. FP	35.000,00

Der Wirtschaftsdoc

Buchen in Konten

- Jeder Geschäftsfall wird auf zwei Konten erfasst: **zuerst im Soll und danach im Haben.**

- Alle Konten nehmen wertmäßig auf der Seite zu, wo der Anfangsbestand steht. Auf der gegenüberliegenden Kontoseite nimmt der Bestand ab.

- **Aktivkonten** nehmen im **Soll zu** und im **Haben ab. Passivkonten** nehmen im **Haben zu** und im **Soll ab.**

- Beim Buchen in den Konten wird die Nummer des Geschäftsfalls und das Gegenkonto angegeben. Dabei wird mit Abkürzungen gearbeitet.

Um den Schlussbestand auf den Konten ermitteln zu können, solltest du dir die folgende Vorgehensweise gut einprägen. Der Geschäftsfall lautet:

Bankabhebung für die Geschäftskasse: 1.000,00 EUR.

S	Bank (BK		H
AB	28.345,00	1. KA	1.000,00
		SB	**27.345,00**
	28.345,00		**28.345,00**

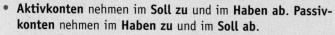

2. Schritt:
Auf der kleineren Seite ergibt sich ein **Fehlbetrag**, der als **Saldo** bezeichnet wird. Dieser Unterschiedsbetrag entspricht **dem Schlussbestand** (SB) des Kontos.

1. Schritt:
Auf der wertmäßig größeren Kontenseite wird die **Summe ermittelt** und auf die andere Kontenseite **übertragen.** Auf beiden Kontenseiten muss die gleiche Kontensumme stehen.

S	Kasse (KA)		H
AB	750,00	SB	1.750,00
1. BK	1.000,00		
	1.750,00		**1.750,00**

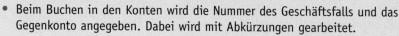

3. Schritt:
Die **äußere Form** muss beim Abschluss der Konten genau beachtet werden. Abschlussstriche, Doppelstriche unter der Kontensumme und bei vorhandenem leeren Platz ein Entwertungsstrich („Buchhalternase") sind verpflichtend **vorgeschrieben.**

 **Aufgaben Rechnungswesen**

Aufgabe 8-31 Rechnungswesen

*Armin Dalls Tochter Sabine hat in Neustadt (Aisch) ein Fitnessstudio mit Sportgeräte-Handlung neu eröffnet. Folgende Anfangsbestände liegen vor: Bebaute Grundstücke: 140.000,00 EUR, Fitnessgeräte: 20.000,00 EUR, Büro- und Geschäftsausstattung: 1.500,00 EUR, Forderungen: 18.550,00 EUR, Bank: 3.300,00 EUR, Kasse: 500,00 EUR, Verbindlichkeiten: 14.000,00 EUR, Langfristiges Bankdarlehen: 80.000,00 EUR, Fuhrpark: 20.500,00 EUR, Kurzfristiges Darlehen: 15.000,00 EUR, **Eigenkapital?***

1. Stelle eine Eröffnungsbilanz auf.

2. Eröffne die aktiven und passiven Konten.

3. Bereits in den ersten Wochen ereignen sich zahlreiche Geschäftsfälle. Stelle dabei schriftlich folgende Überlegungen an:

- *Welche Bilanzposten verändern sich?*
- *Handelt es sich um Aktiv- oder Passivkonten (A oder P)?*
- *Liegt eine Mehrung oder Minderung des jeweiligen Kontos vor (+ oder –)?*
- *Auf welcher Kontoseite ist daher zu buchen (S oder H?)?*

4. Buche die Geschäftsfälle in den Konten.

Die Geschäftsfälle lauten:

a) Barabhebung von der Bank: 500,00 EUR.

b) Banküberweisung einer Schuld an den Lieferer der Fitnessgeräte: 2.000,00 EUR.

c) Umwandlung einer Liefererverbindlichkeit in eine langfristige Darlehensschuld: 5.000,00 EUR.

d) Die Bank schreibt ein kurzfristiges Darlehen dem Bankkonto gut: 20.000,00 EUR.

e) Kauf eines gebrauchten Kleintransporters von einem Privatmann für 15.000,00 EUR gegen Bankscheck.

f) Ein Kunde überweist einen noch offenen Rechnungsbetrag über 15.500,00 EUR für gekaufte Sportgeräte auf das Bankkonto des Fitnessstudios.

g) Teilrückzahlung des kurzfristigen Darlehens durch Banküberweisung: 10.000,00 EUR.

Aufgabe 8-32 Rechnungswesen

Die abgedruckte vereinfachte Bilanz eines Unternehmens weist folgende Werte auf:

Eröffnungsbilanz zum 01. Januar 20.. in EUR

Aktiva		Passiva	
I. Anlagevermögen		**I. Eigenkapital**	105.000,00
Maschinen	36.000,00	**II. Fremdkapital**	
Fuhrpark	44.000,00	Langfristige Bank-	
Büroausstattung	9.000,00	verbindlichkeiten	59.000,00
		Kurzfristige Bank-	
II. Umlaufvermögen		verbindlichkeiten	31.500,00
Vorräte	52.000,00	Lieferverbindlichkeiten	10.500,00
Forderungen	14.000,00		
Bank	47.000,00		
Kasse	4.000,00		
	206.000,00		**206.000,00**

1. Eröffne alle aktiven und passiven Bestandskonten.
2. Welche Bilanzposten verändern sich bei den Geschäftsfällen 3 a) bis 3 f)?
3. Übertrage alle durchgeführten Buchungsanweisungen mit Angabe der fortlaufenden Nummer, des Gegenkontos und des EURO-Wertes in die eröffneten Bestandskonten.

   a) *Umwandlung einer Liefererschuld in ein zweijähriges Bankdarlehen bei der Kreissparkasse: 20.400,00 EUR*

   b) *Teile der Geschäftsausstattung werden bar gekauft: 900,00 EUR*

   c) *Ein Kunde tilgt den Rest eines Kredits bar: 2.000,00 EUR*

   d) *Ein Dreimonatskredit wird bei der Sparbank aufgenommen. Die Bank schreibt den Betrag von 11.500,00 EUR auf dem Konto gut.*

   e) *Tilgung eines langfristigen Darlehens durch Abbuchung vom Bankkonto: 30.000,00 EUR*

   f) *Ausgleich einer Liefererschuld durch Banküberweisung: 150,00 EUR*

Aufgabe 8-33 Rechnungswesen

1. Handelt es sich bei den vorliegenden Geschäftsfällen in der Tabelle um einen Aktiv- oder Passiv-Tausch, eine Aktiv-Passiv-Mehrung oder Aktiv-Passiv-Minderung? Schreibe die Lösungen in dein Heft.
2. Formuliere kurz und bündig in einem Satz den jeweiligen Geschäftsfall.

Nr.	Soll	Haben	EUR	Kurzformulierung: Geschäftsfälle
1.	Büromaschinen +	Kasse –	850,00	**Muster zu Nr. 1:** Wir kaufen neue Büro-
2.	Kurzfristige Bank-verbindlichkeiten –	Langfristige Bank-verbindlichkeiten +	12.700,00	möbel für 850,00 EUR und zahlen bar.
3.	Verbindlichkeiten an den Lieferer –	Bank –	750,00	
4.	Bank +	Kasse –	300,00	
5.	Kurzfristige Bank-verbindlichkeiten –	Bank –	11.000,00	
6.	Kasse +	Forderungen –	2.000,00	

Aufgabe 8-34 Rechnungswesen

Beantworte zu den folgenden Geschäftsfällen die dir bereits bekannten Fragen:

1. **Welches Konto ist betroffen?**
2. **Liegt ein aktives oder ein passives Bestandskonto vor?**
3. **Wie ändert der Geschäftsfall diese Bestandskonten?**
4. **Auf welchem Konto steht die Sollbuchung, wo die Habenbuchung?**

a) *Verkauf eines unbebauten Grundstücks gegen Bankgutschrift: 190.000,00 EUR*

b) *Kauf eines Geschäftshauses durch Aufnahme eines fünfjährigen Bankkredits in Höhe von 340.000,00 EUR*

c) *Ein Kunde bezahlt eine Rechnung bar: 240,00 EUR.*

d) *Aufnahme eines kurzfristigen Bankkredits in Höhe von 4.400,00 EUR bei der Sparbank. Gutschrift auf das Bankkonto.*

8.6.8 Der einfache Buchungssatz

In der Praxis wird heute im Allgemeinen nicht mehr von Hand in den Konten gebucht. Diese Aufgabe übernehmen der Computer und ein gutes Finanzbuchhaltungsprogramm. Dennoch muss in der Buchhaltung jeder Geschäftsfall in möglichst kurzer Form festgehalten werden.

Du erinnerst dich sicherlich noch an den Grundsatz: **„Keine Buchung ohne Beleg!"** Wie geht die Buchhaltungsabteilung vor, wenn folgender Beleg eintrifft? Zunächst wird der Beleg überprüft und sortiert, anschließend mit dem **Buchungsstempel** versehen.

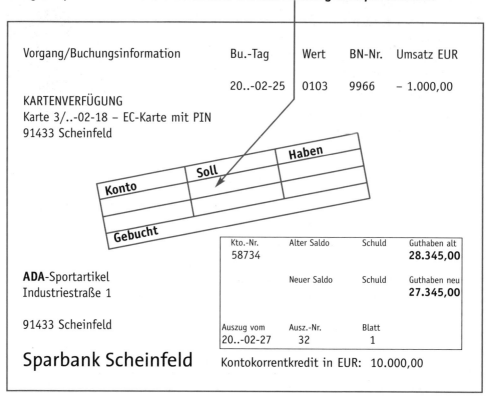

In den Buchungsstempel werden alle wichtigen Informationen für die Buchung eingetragen: **Zuerst** wird das Konto angegeben, das sich im **Soll** verändert. **Danach** erfolgt der Buchungseintrag für das Konto, das im **Haben** bewegt wird. Unter dieser Buchungsanweisung erfolgt der Buchungsvermerk. Nach Durchführung der Buchung unterschreibt die zuständige Person mit Datum und Namen.

Konto	Soll	Haben
KA	1.000,00 EUR	
BK		1.000,00 EUR
Gebucht 20..-03-01		

Auch diese Buchungsanweisung lässt sich vereinfachen, indem du sie in einem einfachen **Buchungssatz** zusammenfasst:

KA   an   BK   1.000,00 EUR

Oder allgemein ausgedrückt:

Soll-Buchung an Haben-Buchung EUR-Betrag

Der Wirtschaftsdoc

Der einfache Buchungssatz

- Die Namen der Konten sind durch das Wort „an" miteinander verbunden.
- Das Konto vor dem „an" enthält die Soll-Buchung, das Konto danach die Haben-Buchung.
- Also: Soll-Buchung an Haben-Buchung, Betrag in EUR.
- Die EUR-Beträge müssen bei der Soll- und der Haben-Buchung auf beiden Seiten gleich hoch sein.

Präge dir dieses Vier-Punkte-Schema für die Bildung von Buchungssätzen ein:

- *Welche Bilanzposten verändern sich?*
- *Handelt es sich um Aktiv- oder Passivkonten?*
- *Liegt eine Mehrung oder Minderung bei dem Konto vor?*
- *Auf welcher Kontoseite ist daher zu buchen (Soll oder Haben)?*

Beispiel: Bareinzahlung von 500,00 EUR auf das Bankkonto		
Bankkonto	Betroffene Bilanzposten	Kasse
Aktivkonto	Aktiv- oder Passivkonto?	Aktivkonto
Mehrung + 500,00 EUR	Mehrung oder Minderung?	Minderung – 500,00 EUR
Buchung im Soll	Buchen im Soll oder Haben?	Buchung im Haben
➜ Buchungssatz:	Bank an Kasse 500,00 EUR	

Aufgabe 8-35 Rechnungswesen

Bilde die Buchungssätze zu den folgenden Geschäftsfällen:

1. *Barabhebung vom Bankkonto: 1.000,00 EUR.*
2. *Aufnahme eines langfristigen Darlehens von 20.000,00 EUR, Bankgutschrift.*
3. *Banküberweisung an unseren Lieferer: 2.900,00 EUR.*
4. *Bareinzahlung auf unser Bankkonto: 1.500,00 EUR.*
5. *Ein Kunde überweist eine noch offene Rechnung über 5.950,00 EUR.*
6. *Umwandlung einer Liefererschuld über 11.900,00 EUR in eine Darlehensschuld.*
7. *Teilrückzahlung des Darlehens durch Banküberweisung: 8.000,00 EUR.*

Aufgabe 8-36 Rechnungswesen

Die vereinfachte Bilanz eines Unternehmens zeigt folgendes Bild:

Aktiva	Bilanz zum 01. Januar 20..		Passiva
Maschinen	20.000,00 EUR	Eigenkapital	95.000,00 EUR
Fuhrpark	37.000,00 EUR	Langfristige	
Büromaschinen	6.000,00 EUR	Bankverbindlichkeiten	59.000,00 EUR
Vorräte	46.000,00 EUR	Verbindlichkeiten	24.000,00 EUR
Forderungen	15.000,00 EUR		
Bank	49.000,00 EUR		
Kasse	5.000,00 EUR		
	178.000,00 EUR		**178.000,00 EUR**

1. Bilde die Buchungssätze zu folgenden Geschäftsfällen:

a) Ausgleich einer Liefererschuld durch Banküberweisung: 3.000,00 EUR.

b) Ein Kunde überweist eine fällige Rechnung: 2.500,00 EUR.

c) Tilgung einer Hypothek durch Abbuchung vom Bankkonto: 11.000,00 EUR.

d) Anzahlung für den Kauf eines Grundstücks mit Scheck: 12.000,00 EUR.

e) Barabhebung von der Bank für die Geschäftskasse: 1.000,00 EUR.

2. Eröffne alle Bestände der Bilanz auf den entsprechenden Konten.

3. Übertrage alle Buchungssätze mit Angabe des fortlaufenden Kleinbuchstabens, des Gegenkontos und des EUR-Wertes in die eröffneten Bestandskonten.

Aufgabe 8-37 Rechnungswesen

Bilde die Buchungssätze der folgenden Geschäftsfälle bei ADA-Sportartikel:

1. Kauf einer Lagerhalle auf Ziel: 25.000,00 EUR.

2. Ein Kunde zahlt eine fällige Rechnung bar: 1.700,00 EUR.

3. Kauf eines unbebauten Grundstücks mittels Bankscheck: 85.000,00 EUR.

4. Aufnahme einer Hypothek bei der Bank: 80.000,00 EUR.

5. Ausgleich einer Liefererschuld durch Barzahlung: 700,00 EUR.

6. Tilgung der Hypothek durch eine erste Ratenzahlung über 10.000,00 EUR. Die Abbuchung erfolgt vom Bankkonto.

7. Barabhebung vom Bankkonto: 100,00 EUR.

8. Ein Kleinkredit von 4.000,00 EUR (Laufzeit 6 Monate) wird bei der Bank aufgenommen. Die Bank schreibt den Betrag auf das Konto von ADA gut.

9. *Ein Kunde überweist den Rechnungsbetrag über 4.500,00 EUR.*
10. *Der kurzfristige Kleinkredit über 4.000,00 EUR wird nach Ablauf der Gewährungsfrist durch Abbuchung vom Bankkonto zurückgezahlt.*
11. *Bareinzahlung auf das Bankkonto: 750,00 EUR.*

Aufgabe 8-38 Rechnungswesen

Der Buchhalter von ADA-Sportartikel hat den nachfolgenden Beleg bereits überprüft und mit dem Kontierungsstempel versehen.

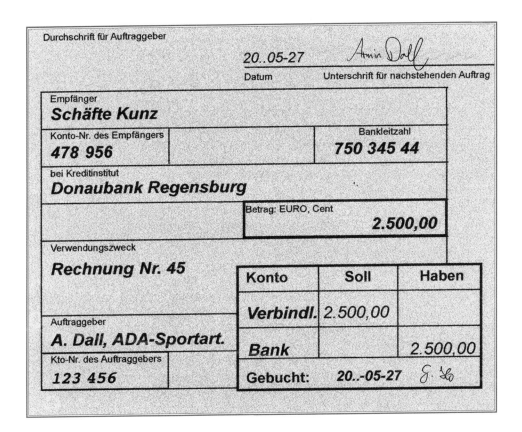

1. Um welche Art des Belegs handelt es sich?
2. Bilde die entsprechende Buchung.
3. Stelle die Konten Bank (AB 10.000,00 EUR) und Verbindlichkeiten (AB 20.000,00 EUR) auf und buche den Geschäftsfall in T-Konten mit Angabe des Gegenkontos.

8.6.9 Der zusammengesetzte Buchungssatz

Bisher haben wir mit Geschäftsfällen gearbeitet, bei denen nur jeweils zwei Konten betroffen waren. In der Praxis werden aber häufig durch einen Geschäftsfall mehr als zwei Konten verändert. In diesem Fall müssen wir einen zusammengesetzten Buchungssatz bilden. Gehen wir von folgendem Geschäftsfall aus:

Geschäftsfall: Die Firma **ADA** zahlt eine Schuld über 2.900,00 EUR an den Lieferer: Barzahlung 900,00 EUR und Banküberweisung des Restbetrages von 2.000,00 EUR.

Überlegungen: Die Schulden bei unserem Lieferer nehmen ab, unser Kassenbestand und unser Bankkonto vermindern sich.

Benötigte Konten:

Verbindlichkeiten aus Lieferungen und Leistungen	Passivkonto	➝ nimmt im Soll ab	– 2.900,00 EUR
Bank	Aktivkonto	➝ nimmt im Haben ab	– 2.000,00 EUR
Kasse	Aktivkonto	➝ nimmt im Haben ab	– 900,00 EUR

Buchungssatz:

Verbindlichkeiten (VE)	**2.900,00 EUR**	**an**	**Bank (BK)**	**2.000,00 EUR**
			Kasse (KA)	**900,00 EUR**

Der Wirtschaftsdoc

Der zusammengesetzte Buchungssatz

- Die Grundregeln für den einfachen Buchungssatz gelten auch beim zusammengesetzten Buchungssatz.

- Wenn Geschäftsfälle drei oder mehr Konten betreffen, muss jedem Konto eindeutig der entsprechende Betrag zugeordnet werden.

- Die Summe aller Beträge im Soll muss immer der Summe sämtlicher Beträge im Haben entsprechen (Sollseite in EUR = Habenseite in EUR).

Buchung in T-Konten:

S	VE (EUR)		H		S	BK (EUR)		H
1. BK/KA	2.900,00	AB	....		AB	....	1. VE	2.000,00

S	KA (EUR)		H
AB	....	1. VE	900,00

Aufgabe 8-39 Rechnungswesen

Bilde die zusammengesetzten Buchungssätze zu den folgenden Geschäftsfällen:

1. Ein Kunde begleicht eine Rechnung über 4.760,00 EUR durch Bankscheck in Höhe von 3.500,00 EUR. Den Rest zahlt er bar.

2. Kauf eines unbebauten Lagerplatzes für 55.000,00 EUR. 7.000,00 EUR werden bar bezahlt, der Restbetrag vom Bankkonto überwiesen.

3. Die Bezahlung der Liefererschulden erfolgt mittels Bankscheck über 23.000,00 EUR und Barzahlung, 5.560,00 EUR.

4. Kauf eines unbebauten Grundstücks gegen Barzahlung von 10.000,00 EUR und Aufnahme eines langfristigen Darlehens von 25.000,00 EUR.

5. Tilgung einer Darlehensschuld durch Banküberweisung, 18.000,00 EUR, und Barzahlung, 7.000,00 EUR.

Aufgabe 8-40 Rechnungswesen

Bilde die Buchungssätze zu den folgenden Geschäftsfällen.

1. Kauf eines Verwaltungsgebäudes	340.000,00 EUR
gegen Aufnahme einer Hypothek	200.000,00 EUR
gegen Barzahlung	140.000,00 EUR
2. Kauf eines unbebauten Grundstücks	? EUR
gegen Banküberweisung	160.000,00 EUR
Rest in bar	105.000,00 EUR
3. Verkauf eines Verwaltungsgebäudes	90.000,00 EUR
gegen Bankscheck	43.000,00 EUR
Rest auf Ziel	? EUR
4. Ein Kunde zahlt	35.000,00 EUR
durch Barzahlung	5.000,00 EUR
durch Banküberweisung	30.000,00 EUR
5. Ausgleich einer Eingangsrechnung	2.800,00 EUR
durch Barzahlung	300,00 EUR
durch Banküberweisung	2.500,00 EUR

8.7 Berechnung und Buchung der Vorsteuer

Zur schnellen und genauen Lederbearbeitung erwirbt ADA eine neue Zuschneidemaschine. In der Buchhaltung geht zu diesem Geschäftsfall folgender Beleg ein:

Kornelius Werner & Söhne
Zuschneidemaschinen Würzburg

Bahnhofsstraße 14
97070 Würzburg

ADA–Sportartikel
Industriestraße 1

91433 Scheinfeld

Telefon: (09 31) 2 34 55 67

Frankenbank Würzburg
BLZ: 703 555 00
Konto-Nr. 99 155 742

10. März 20..

Rechnung

Nr.: 345/ ..

Art.-Nr.	Gegenstand	Betrag in EUR
M 34	Zuschneidemaschine ZM-T55-C	120.000,00
	+ 19 % Umsatzsteuer	+ 22.800,00
	Rechnungsbetrag	**142.800,00**

Vielen Dank für Ihren Auftrag. Zahlbar innerhalb von 30 Tagen nach Rechnungseingang.

Bitte bei Zahlungen und Schriftwechsel stets die Rechnungsnummer mit angeben.

> Warenpreis des Lieferers = **Netto**preis. Dies besagt, dass die Umsatzsteuer noch nicht enthalten ist.

> Der Warenwert wird immer erhöht um die Umsatzsteuer, die an den Lieferer gezahlt werden muss. Die **beim Einkauf** zu zahlende Umsatzsteuer heißt **Vorsteuer**. Sie beträgt meist **19 %**.

> Die Fa. ADA hat ein **Zahlungsziel** von 30 Tagen. Sie kann sich mit der Bezahlung also vier Wochen Zeit lassen.

> Rechnungsbetrag = **Brutto**einkaufspreis. Das bedeutet, dass wir den **Warenwert netto plus Umsatzsteuer** an den Lieferer bezahlen müssen.

Anmerkung: Zum Netto-Warenwert berechnet Kornelius Werner & Söhne zusätzlich 19 % Umsatzsteuer. Die Firma **ADA** muss die Summe aus dem **Warenwert netto und der Umsatzsteuer** bezahlen. Dies ergibt den **Brutto-Einkaufspreis.** Die beim Einkauf in Rechnung gestellte **Umsatzsteuer** wird als **Vorsteuer** bezeichnet.

Nettoeinkaufspreis	120.000,00 EUR	≙	100 %	Grundwert
+ 19 % Umsatzsteuer	22.800,00 EUR	≙	19 %	Prozentwert
Bruttoeinkaufspreis	142.800,00 EUR	≙	119 %	vermehrter Grundwert

Berechnung der Umsatzsteuer mit Dreisatz:

$$100 \% \triangleq 120.000,00 \ \text{EUR}$$
$$19 \% \triangleq x \ \text{EUR}$$
$$x = \frac{120.000,00 * 19}{100} = 22.800,00 \ \text{EUR}$$

 Aufgaben Rechnungswesen

Aufgabe 8-41 Rechnungswesen

Schätze ab, wie hoch bei den folgenden Netto-Warenwerten die Vorsteuer (19 %) ist. Dabei sind folgende **Netto-Warenwerte** *gegeben:*

1.	2.000,00 EUR	4.	24.000,00 EUR	7.	6.500,00 EUR
2.	800,00 EUR	5.	12.000,00 EUR	8.	31.000,00 EUR
3.	320,00 EUR	6.	5.600,00 EUR	9.	17.500,00 EUR

Aufgabe 8-42 Rechnungswesen

Die Firma ADA kauft Rohstoffe ein. Berechne zu den gegebenen **Netto-Warenwerten** die anteilige **Vorsteuer** (19 %) und den **Brutto-Rechnungspreis**.

1.	2.000,00 EUR	4.	1.500,00 EUR	7.	250,00 EUR
2.	600,00 EUR	5.	500,00 EUR	8.	8.000,00 EUR
3.	900,00 EUR	6.	10.000,00 EUR	9.	4.100,00 EUR

Der Wirtschaftsdoc

Vorsteuer – Umsatzsteuer

- Die **Umsatzsteuer**, die einem Unternehmen beim Einkauf in Rechnung gestellt wird, heißt **Vorsteuer**.
- Der **Umsatzsteuersatz** beträgt im Normalfall 19 %. Bei Lebensmitteln, Büchern und Zeitschriften gilt ein ermäßigter Steuersatz von 7 %.
- Die Vorsteuer wird vom Netto-Warenwert berechnet:

$$\text{Umsatzsteuer (in EUR)} = \frac{\text{Netto-Warenwert (in EUR)} * 19}{100}$$

- Unter dem **Bruttobetrag** verstehen wir den Betrag **einschließlich Umsatzsteuer**. Im **Nettobetrag** ist die Umsatzsteuer dagegen noch **nicht** enthalten.

Beispiel

Wie der folgende Vorfall zeigt, reicht der einfache Rechenweg vom Netto-Warenwert zum Brutto-Rechnungsbetrag nicht immer aus. Gehen wir davon aus, dass das Faxgerät der Firma ADA vorübergehend nicht richtig funktioniert. Etliche Faxe werden nur unvollständig gedruckt. Unter anderem erreicht die Firma ADA dieses lückenhafte Angebot über einen Firmen-Pkw:

Pkw, Nettopreis	EUR	≙	100 %	*Grundwert*
+ 19 % Umsatzsteuer	EUR	≙	19 %	*Prozentwert*
Bruttoverkaufspreis	**29.750,00 EUR**	≙	**119 %**	***vermehrter Grundwert***

Wie du siehst, sind die Angaben zum Warenwert netto (in EUR) und zur Umsatzsteuer (in EUR) nicht zu entziffern. Glücklicherweise sind die Angaben über den Bruttoverkaufspreis dagegen vollständig lesbar. Dies ist der Schlüssel, um die Lücken richtig ergänzen und den Vorgang korrekt buchen zu können.

Der Bruttopreis des Pkw ergibt sich aus der Summe von Nettopreis und Umsatzsteuer. Da der Nettopreis unserer Ausgangsgröße 100 % und die Umsatzsteuer 19 % beträgt, entspricht der Bruttopreis dem vermehrten Grundwert von 119 %.

Berechnung der Umsatzsteuer und des Nettopreises bei vermehrtem Grundwert

1. Umsatzsteuer

119 % ≙ 29.750,00 EUR
19 % ≙ x EUR

$$x = \frac{29.750,00 \text{ EUR} * 19}{119} = \textbf{4.000,00 EUR}$$

2. Nettopreis

119 % ≙ 29.750,00 EUR
100 % ≙ x EUR

$$x = \frac{29.750,00 \text{ EUR} * 100}{119} = \textbf{25.000,00 EUR}$$

Der Wirtschaftsdoc

Der vermehrte Grundwert

Mit einem vermehrten Grundwert müssen wir immer dann rechnen, wenn der Bruttobetrag gegeben ist:

Warenwert netto	≙	100 %	Grundwert
+ Umsatzsteuer	≙	19 %	Prozentwert
Rechnungsbetrag brutto	≙	119 %	vermehrter Grundwert

*Für die **Umrechnung** eines **Bruttobetrages** in einen **Nettobetrag** solltest du dir den folgenden Ansatz gut einprägen:*

$$\text{Warenwert netto in EUR} = \frac{\text{Rechnungsbetrag brutto in EUR} * 100}{119}$$

 Aufgaben Rechnungswesen

Aufgabe 8-43 Rechnungswesen

Schätze ab, welcher der drei aufgeführten **Umsatzsteuerbeträge** jeweils zu dem angegebenen **Bruttobetrag** gehört.

1. *Rechnungsbetrag brutto: 595,00 EUR*
   a)   180,00 EUR   b)   8,00 EUR   c)   95,00 EUR
2. *Rechnungsbetrag brutto: 5.355,00 EUR*
   a) 1.520,00 EUR   b)   120,00 EUR   c)   855,00 EUR
3. *Rechnungsbetrag brutto: 416,50 EUR*
   a)   66,50 EUR   b)   106,00 EUR   c)   16,00 EUR
4. *Rechnungsbetrag brutto: 14.280,00 EUR*
   a) 4.520,00 EUR   b) 2.280,00 EUR   c)   320,00 EUR

Aufgabe 8-44 Rechnungswesen

Schätze ab, welcher der drei aufgeführten **Netto-Beträge** jeweils zu dem angegebenen **Bruttobetrag** gehört.

1. *Rechnungsbetrag brutto: 7.735,00 EUR*
   a) 6.500,00 EUR   b) 5.000,00 EUR   c)   7.200,00 EUR
2. *Rechnungsbetrag brutto: 535,50 EUR*
   a)   320,00 EUR   b)   450,00 EUR   c)   500,00 EUR
3. *Rechnungsbetrag brutto: 101,15 EUR*
   a)   55,00 EUR   b)   65,00 EUR   c)   85,00 EUR
4. *Rechnungsbetrag brutto: 21.420,00 EUR*
   a) 12.000,00 EUR   b) 15.000,00 EUR   c) 18.000,00 EUR

Aufgabe 8-45 Rechnungswesen

Berechne aus den **Bruttobeträgen** den **Netto-Warenwert** und die **Umsatzsteuer**.

1. 7.140,00 EUR   3.   178,50 EUR   5.   357,00 EUR

2. 2.975,00 EUR   4. 4.760,00 EUR   6. 14.280,00 EUR

Aufgabe 8-46 Rechnungswesen

Berechne jeweils die fehlenden Beträge:

	Rechnungsbetrag brutto	UST in %	UST in EUR	Warenwert netto
1	11.900,00 EUR	19	?	?
2	107,00 EUR	7	?	?
3	?	7	?	1.000,00 EUR
4	?	19	?	4.000,00 EUR
5	535,00 EUR	7	?	?
6	?	19	950,00 EUR	?
7	?	19	2.850,00 EUR	?
8	?	7	14,00 EUR	?

Die Buchung der Vorsteuer

Wie muss nun die Vorsteuer, die von der Firma ADA beim Einkauf der Zuschneidemaschine zu bezahlen ist, in der Buchhaltung behandelt werden?

Beim Kauf der Maschine wird der Fa. **ADA** Umsatzsteuer in Rechnung gestellt (= **Vorsteuer**), die sie an den Lieferer zusätzlich zum Warenwert bezahlen muss.

Das Unternehmen kann die Umsatzsteuer, die es beim **Einkauf** gezahlt hat (= **Vorsteuer**), später vom Finanzamt zurückfordern.

Die Fa. **ADA** hat daher in Höhe der gezahlten Vorsteuer eine Forderung an das Finanzamt.

Das Konto **Vorsteuer (VORST) ist ein aktives Bestandskonto.**

In der Abteilung Rechnungswesen der Fa. ADA wird folgende Überlegung angestellt:

Nettopreis Zuschneidemaschine	120.000,00 EUR ➝	**Aktivkonto Maschinen nimmt zu.**
+ Umsatzsteuer 19 %	22.800,00 EUR ➝	**Aktivkonto Vorsteuer nimmt zu.** (Wir haben eine Forderung an das Finanzamt von 22.800,00 EUR.)
Rechnungsbetrag brutto	142.800,00 EUR ➝	**Passivkonto Verbindlichkeiten nimmt zu.** (Wir schulden dem Lieferer der Zuschneidemaschine den Bruttobetrag von 142.800,00 EUR.)

Aufgrund dieser Vorgaben ergibt sich bei dem Geschäftsgang „Einkauf einer Zuschneide-maschine auf Ziel" (Netto-Warenwert: 120.000,00 EUR, Vorsteuer: 22.800,00 EUR, Brutto-Warenwert: 142.800,00 EUR) der folgende Buchungssatz:

Maschinen	**120.000,00 EUR**	**an**	**Verbindlichkeiten**	**142.800,00 EUR**
Vorsteuer	**22.800,00 EUR**			

Vorsteuer-Buchungssatz

- Bei jedem Einkauf wird neben dem Netto-Warenwert Umsatz-steuer berechnet, die das Unternehmen später vom Finanz-amt wieder zurückfordert.
- Die **gezahlte Umsatzsteuer** heißt **Vorsteuer** und stellt eine **Forderung an das Finanzamt** dar.
- Die Umsatzsteuer wird beim Einkauf auf das aktive Bestands-konto Vorsteuer (VORST) gebucht.

Der typische Buchungssatz beim Einkauf sieht folgendermaßen aus:

Nettowert	**Betrag in EUR**	**an**	**Bruttowert**	**Betrag in EUR**
Vorsteuer	**Betrag in EUR**			

 Aufgaben Rechnungswesen

Aufgabe 8-47 Rechnungswesen

Bilde die Buchungssätze zu den folgenden Geschäftsfällen. Soweit nichts anderes angege-ben ist, gilt ein Umsatzsteuersatz von 19 %.

1. *Zielkauf eines Lieferwagens, netto 30.000,00 EUR*
2. *Bareinzahlung auf das Bankkonto: 1.300,00 EUR*
3. *Kauf einer Regalwand für die Verwaltung gegen Bankscheck: brutto 1.071,00 EUR*
4. *Banküberweisung einer noch offenen Rechnung an den Lieferer: 2.975,00 EUR*
5. *Aufnahme eines langfristigen Darlehens gegen Bankgutschrift: 40.000,00 EUR*
6. *Kauf eines neuen Fotokopierers gegen Barzahlung: 714,00 EUR brutto*
7. *Teilrückzahlung eines kurzfristigen Bankdarlehens durch Banküberweisung, 7.500,00 EUR, und durch Barzahlung, 2.500,00 EUR*

8.8 Buchungslesen

8.8.1 Deutung von Buchungssätzen

Fallbeispiel

Beate sitzt zu Hause und ist sauer. Sie hat die letzte Arbeit in Rechnungswesen total vermasselt und gerade noch eine „Fünf" kassiert. Wer kann helfen? Wahrscheinlich nur der Wirtschaftsdoc. Obwohl ihr die schlechte Note peinlich ist, sucht sie ihn auf.

Doc: *„Hallo, Beate. Was ist denn mit dir los? Du bist ja völlig verstört!"*

Beate: *„Ach, meine letzte Rechnungswesenarbeit ist total danebengelaufen. Normalerweise bin ich gut, wenn es um Buchungssätze geht. Aber diesmal mussten wir genau umgekehrt vorgehen: Buchungssätze und Konten waren gegeben. Wir sollten aufschreiben, welcher Geschäftsfall sich dahinter versteckt. Das habe ich nicht auf die Reihe bekommen. Ich wurde immer nervöser, wusste nicht, was ich tun sollte und die Zeit rannte davon. Hoffentlich kannst du mir helfen, dass ich bald wieder gute Noten schreibe."*

Doc: *„Beate, das ist gar nicht so schwer. Wie immer in Rechnungswesen, gehst du am besten nach einem Schema vor und klärst folgende Fragen ab:"*

Der Wirtschaftsdoc

Buchungslesen

- Sind die angegebenen Konten Aktivkonten oder Passivkonten?
- Kommt es durch die Sollbuchung zu einer Mehrung oder Minderung?
- Kommt es durch die Habenbuchung zu einer Mehrung oder Minderung?
- Wie formuliere ich den Geschäftsfall, sodass sämtliche Konten benannt und alle Beträge eindeutig zugeordnet werden?

→ **Buchungssatz 1:**

Bank (BK) **an** **Kasse (KA)** **1.500,00 EUR**

a) Welche Arten von Bestandskonten sind betroffen?

Lösung: Zwei Aktivkonten (Mehrung im Soll und Minderung im Haben): Bank (BK) und Kasse (KA)

b) Wie verändern sich die Bestände?

Lösung: Bank + im Soll und Kasse – im Haben

c) Um welchen Geschäftsfall handelt es sich?

Lösung: Wir zahlen 1.500,00 EUR auf unser Bankkonto ein.

→ **Buchungssatz 2:**

Maschinen (MA)	**50.000,00 EUR**	**an Verbindlichkeiten**	**59.500,00 EUR**
Vorsteuer (VORST)	**9.500,00 EUR**	**(VE)**	

a) Welche Arten von Bestandskonten sind betroffen?

Lösung: Zwei Aktivkonten (Mehrung im Soll): Maschinen (MA) und Vorsteuer (VORST), ein Passivkonto (Mehrung im Haben): Verbindlichkeiten (VE)

b) Wie verändern sich die Bestände?

Lösung: Maschinen (MA) und Vorsteuer (VORST) + im Soll, Verbindlichkeiten (VE) + im Haben

c) Um welchen Geschäftsfall handelt es sich?

Lösung: Wir kaufen eine Maschine auf Ziel im Wert von netto 50.000,00 EUR.

8.8.2 Das Deuten von Buchungen in T-Konten

Es stellt sich das Problem: Auf welchen Geschäftsfällen beruhen die Eintragungen Nr. 1 bis Nr. 4 in dem abgebildeten Konto? Auch hier ist nach dem gleichen Schema vorzugehen wie beim Lesen von Buchungssätzen:

Das Konto Bank ist ein Aktivkonto und nimmt

auf der Sollseite zu. **auf der Habenseite ab.**

S	BK		H
AB	35.000,00 EUR	**2. VE**	2.380,00 EUR
1. KA	1.500,00 EUR	**4. FP**	29.000,00 EUR
3. FO	8.568,00 EUR		

Das auf S. 171 abgebildete Konto **Bank** ist ein **Aktivkonto** und nimmt im **Soll** um 1.500,00 EUR zu. Wie aus dem Vermerk hinter der Nr. 1 ersichtlich, hat sich auf der **Habenseite** das Konto **Kasse** als Gegenkonto um den gleichen Betrag vermindert.

Somit lautet der Geschäftsfall:

Bareinzahlung auf das Bankkonto: 1.500,00 EUR.

──➤ Überlegungen zum Geschäftsfall 2:

Das auf S. 171 abgebildete Konto **Bank** nimmt als **Aktivkonto** im **Haben** um 2.380,00 EUR ab. Aus dem Vermerk hinter der Nr. 2 wird ersichtlich, warum unser Bankkonto abgenommen hat: Das Gegenkonto **Verbindlichkeiten** aus Lieferungen und Leistungen hat sich auf der **Sollseite** um 2.380,00 EUR vermindert.

Somit lautet der Geschäftsfall:

Bezahlung unserer Liefererverbindlichkeiten in Höhe von 2.380,00 EUR per Banküberweisung.

Aufgabe für Einzelarbeit

Untersuche auf die gleiche Art und Weise die Buchungen Nr. 3 und Nr. 4 und stelle die zugrunde liegenden Geschäftsfälle fest.

 Aufgaben Rechnungswesen

Aufgabe 8-48 Rechnungswesen

Formuliere die Geschäftsfälle zu den folgenden Buchungssätzen:

1. Kasse (KA)		an Bank (BK)		550,00 EUR
2. Verbindlichkeiten (VE)		an Bank (BK)		13.090,00 EUR
3. Büroausstattung (BA)	1.000,00 EUR	an Kasse (KA)		1.190,00 EUR
Vorsteuer (VORST)	190,00 EUR			
4. Fuhrpark (FP)	25.000,00 EUR	an Verbindlichk. (VE)		29.750,00 EUR
Vorsteuer (VORST)	4.750,00 EUR			
5. Bank (BK)		an Forderungen (FO)		14.280,00 EUR
6. Langfr. Bankverb.	5.000,00 EUR	an Bank (BK)		4.000,00 EUR
(LBKV)		Kasse (KA)		1.000,00 EUR
7. Bank (BK)		an Kasse (KA)		500,00 EUR
8. Maschinen (MA)	100.000,00 EUR	an Verbindlichk. (VE)		119.000,00 EUR
Vorsteuer (VORST)	19.000,00 EUR			

Aufgabe 8-49 Rechnungswesen

Welche Geschäftsfälle liegen den Eintragungen im Konto Kasse zugrunde?

S	Kasse (KA)		H
AB	1.300,00 EUR	**2. VE**	595,00 EUR
1. BK	1.500,00 EUR	**4. BK**	900,00 EUR
3. FO	357,00 EUR	**5. LBKV**	1.000,00 EUR
6. UGR	3.000,00 EUR	**7. FP, VORST**	2.975,00 EUR

Aufgabe 8-50 Rechnungswesen

Nenne die Geschäftsfälle für die nachfolgenden Buchungen und gib dabei sowohl den Text als auch die Beträge in EUR an.

1. Betriebs-/Verwaltungsgebäude		an Bank	380.000,00 EUR
2. Bank		an Forderungen	357,00 EUR
3. Kasse		an Bank	420,00 EUR
4. Maschinen	2.000,00 EUR	an Kasse	2.320,00 EUR
Vorsteuer	320,00 EUR		
5. Bank		an Langfr. Bankverbindl.	25.000,00 EUR
6. Betriebs-/Verwaltungsgebäude		an Bank	500.000,00 EUR
7. Kurzfr. Bankverbindlichkeiten		an Bank	3.000,00 EUR
8. Bank		an Unbebaute Grundstücke	75.000,00 EUR

Aufgabe 8-51 Rechnungswesen

Nenne die Geschäftsfälle für nachfolgende Buchungen und gib dabei sowohl den Text als auch die Beträge in EUR an.

1. Bebaute Grundstücke	500.000,00 EUR	an Langfr. Bankverb.	100.000,00 EUR
		Bank	400.000,00 EUR
2. Verbindlichkeiten	6.545,00 EUR	an Kasse	545,00 EUR
		Bank	6.000,00 EUR
3. Bank	3.400,00 EUR	an Forderungen	4.760,00 EUR
Kasse	1.360,00 EUR		
4. Verwaltungsgebäude	375.000,00 EUR	an Bank	370.000,00 EUR
		Kasse	5.000,00 EUR
5. Kasse	3.800,00 EUR	an Kurzfr. Bankverb.	4.300,00 EUR
Bank	500,00 EUR		
6. Büromaschinen	4.000,00 EUR	an Kasse	200,00 EUR
Vorsteuer	760,00 EUR	Verbindlichkeiten	4.560,00 EUR
7. Fuhrpark	52.000,00 EUR	an Bank	40.000,00 EUR
Vorsteuer	9.880,00 EUR	Verbindlichkeiten	21.880,00 EUR

9 Wir untersuchen Eingangsrechnungen

9.1 Der Händler gewährt Rabatt und Skonto

Hier sehen wir u. a. Lederschäfte

Fallbeispiel

Martin macht Erfahrungen beim Einkauf

Die Firma **ADA** *hat einen neuen Anbieter für Sohlen, Schäfte und Schnürsenkel von Sportschuhen gefunden.* **ADA** *führt deshalb mit der Firma* **LEDERSCHAFT GMBH** *in Nürnberg Gespräche über die Lieferung von 20 000 Schäften. Martin darf seinen Ausbilder zum Einkaufsgespräch begleiten. Am Abend berichtet er dem Wirtschaftsdoc über seine Eindrücke, Beobachtungen und Erfahrungen bei den Verhandlungen mit der Zulieferfirma.*

Martin: *„Guten Tag Wirtschaftsdoc, heute durfte ich mit meinem Ausbilder nach Nürnberg fahren und die Verhandlungen mit der Firma* **LEDERSCHAFT GMBH** *miterleben. Das war hochinteressant. Ursprünglich wollte die Firma für jeden einzelnen dieser Schäfte 10,00 €. Aber nun müssen wir lediglich 9,00 € bezahlen."*

Martin:	„Bei 20 000 Schäften sind das 20.000,00 € weniger. Dafür könnte ich ein neues Auto kaufen. Mein Ausbilder ist ein Genie im Verhandeln."
Doc:	„Martin, bei großen Aufträgen funktioniert das fast immer. Es ist handelsüblich, einen **Rabatt** von ca. 10 % zu geben, wenn entsprechend viel eingekauft wird. Ein **Rabatt** ist ein **Preisnachlass**. Er wird gewährt, wenn man größere Mengen einkauft, ein hochwertiges, teures Produkt erwirbt oder zu den Stammkunden zählt. Wer wiederholt bei einer Firma einkauft, erhält einen **Treuerabatt**."
Martin:	„Aber sind hohe Preisnachlässe nicht nachteilig für die Lieferfirma?"
Doc:	„Keine Firma gibt gern Rabatte. Aber solange der Betrieb genug verdient, lohnt es sich trotzdem. Meist wird der Rabatt schon einkalkuliert, bevor der **Listenpreis (LEP)** genannt wird."
Martin:	„Vom **LEP** wurde auch gesprochen. Mein Ausbilder Herr Schlau sagte zu seinem Verhandlungspartner Herrn Sohler, er könne den **LEP** sowieso vergessen, falls er mit der Firma ADA ins Geschäft kommen wolle. Was ist damit gemeint?"
Doc:	„Der **Listeneinkaufspreis (LEP)** ist der Preis für ein bestimmtes Produkt. Er wird – wie der Name bereits verrät – in einer Liste aufgeschrieben."
Martin:	„Jetzt ist mir klar, worum es ging. Vom **Listenpreis (LEP)** wurden der Rabatt abgezogen und die Bezugskosten (Fracht) hinzugerechnet."

Grund für die Gewährung von Rabatt

Mengenrabatt	Treuerabatt	Sonderrabatt
Kauft ein Kunde eine bestimmte Menge, so gewährt der Händler in der Regel einen Nachlass, z.B. 10 % **Mengenrabatt.**	Unterhält ein Kunde regelmäßige Geschäftsbeziehungen zum Händler, so ist ein **Treuerabatt** üblich.	Aufgrund bestimmter Eigenschaften, z.B. schlechtere Qualität, Überalterung, Einkauf außerhalb der Saison, wird ein **Sonderrabatt** angeboten.

Aufgabe für Einzel- oder Partnerarbeit

Wie viel musst du bezahlen, wenn du dir für 80,00 EUR Turnschuhe im Internet bestellst? Du erhältst 8 % Rabatt, weil du zu den ersten Bestellern zählst. Für Porto und Verpackung werden dir aber 5,00 EUR berechnet.

9.2 Wir ziehen beim Bezahlen Skonto ab

Beispiel

Der Chef erinnert Martin daran, beim Erhalt einer Rechnung sogleich zu überprüfen, bis wann bezahlt werden muss und ob Skonto gewährt wird. Vielfach wird bei schneller Bezahlung innerhalb von 8 Tagen neben einem möglichen Mengenrabatt ein weiterer Nachlass angeboten. Es handelt sich um Skonto. 2 bis 3 % Skonto gibt es bei Sofortzahlung, d. h. eine Rechnung wird z. B. innerhalb einer Woche beglichen.

Aufgaben für Einzel- oder Partnerarbeit

1. Erkläre die Begriffe Skonto und Rabatt. Wo liegen die Gemeinsamkeiten, wo die Unterschiede?
2. Begründe, weshalb es sich für den Lieferer lohnt, Skonto zu gewähren.
3. Auch bei privaten Einkäufen wird teilweise Skonto angeboten. Wann ist dieser Nachlass üblich, wann dagegen nicht?

Skonto

- *Skonto wird gewährt, damit Rechnungen schnell bezahlt werden.*
- *Skonto ist ein Nachlass, der bei Zahlung innerhalb einer vereinbarten Frist angeboten wird.*
- *Üblich sind bei Bezahlung einer Rechnung binnen 8 Tagen 2–3 % Skonto.*

9.3 Die erste Eingangsrechnung

Beispiel

Martin bearbeitet seine erste Eingangsrechnung

Die Sportfirma **ADA** hat das Unternehmen **Lederschaft GmbH** beim Verkaufsgespräch damit beauftragt, 20 000 Stiefelschäfte zu liefern. Nachdem der Versand ordnungsgemäß erfolgt ist, soll der Azubi Martin die Rechnung überprüfen. Dabei kann der junge Mann das vom Wirtschaftsdoc vermittelte Wissen praktisch umsetzen. Um sich seine Arbeit zu erleichtern, markiert sich Martin die wichtigsten Begriffe auf der Rechnung.

Wir schauen uns eine Eingangsrechnung näher an.

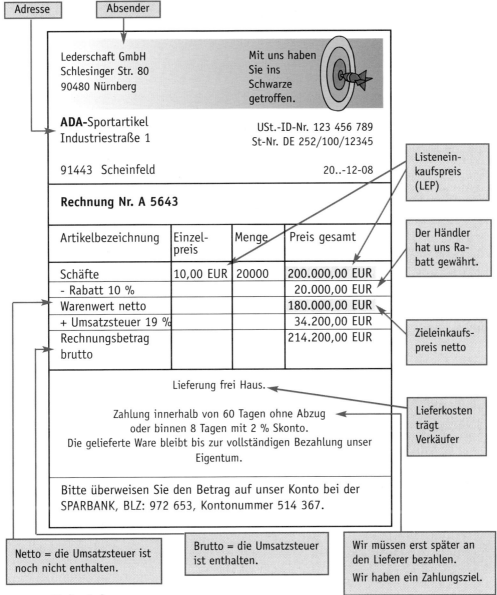

Adresse

Absender

Lederschaft GmbH
Schlesinger Str. 80
90480 Nürnberg

Mit uns haben
Sie ins
Schwarze
getroffen.

ADA-Sportartikel
Industriestraße 1

USt.-ID-Nr. 123 456 789
St-Nr. DE 252/100/12345

91443 Scheinfeld

20..-12-08

Listenein-
kaufspreis
(LEP)

Rechnung Nr. A 5643

Artikelbezeichnung	Einzel-preis	Menge	Preis gesamt
Schäfte	10,00 EUR	20000	200.000,00 EUR
- Rabatt 10 %			20.000,00 EUR
Warenwert netto			180.000,00 EUR
+ Umsatzsteuer 19 %			34.200,00 EUR
Rechnungsbetrag brutto			214.200,00 EUR

Der Händler
hat uns Ra-
batt gewährt.

Zieleinkaufs-
preis netto

Lieferung frei Haus.

Zahlung innerhalb von 60 Tagen ohne Abzug
oder binnen 8 Tagen mit 2 % Skonto.
Die gelieferte Ware bleibt bis zur vollständigen Bezahlung unser
Eigentum.

Lieferkosten
trägt
Verkäufer

Bitte überweisen Sie den Betrag auf unser Konto bei der
SPARBANK, BLZ: 972 653, Kontonummer 514 367.

Netto = die Umsatzsteuer ist
noch nicht enthalten.

Brutto = die Umsatzsteuer
ist enthalten.

Wir müssen erst später an
den Lieferer bezahlen.

Wir haben ein Zahlungsziel.

Beispiel

Nachdem sich der Auszubildende Martin in die Prüfung von Eingangsrechnungen eingear-beitet hat, ist es fortan seine Aufgabe, regelmäßig die eintreffenden Rechnungen zu prü-fen. Dabei vergleicht Martin Punkt für Punkt:

✓ *die bestellte, gelieferte und verrechnete Menge,*
✓ *den vereinbarten und den berechneten Gesamtpreis,*
✓ *die vereinbarten Nachlässe (Mengenrabatt, Treuerabatt, Skonto),*
✓ *Datum und Lieferer,*
✓ *die Liefer- und Zahlungsbedingungen.*

Preis, Rabatt, Bezugskosten

- **Listeneinkaufspreis:** *Diesen Preis entnimmt der Händler aus einer Ange-botsliste vom Hersteller der Ware.*
- **Bezugs- oder Frachtkosten:** *Diese Kosten entstehen beim Versand der Ware, z. B. Transportkosten, Rollgeld, Transportversicherungen.*
- **Rabatt:** *Dieser Preisnachlass wird vom Händler vor allem dann gewährt, wenn wir eine größere Menge kaufen.*
- **Zieleinkaufspreis:** *So wird der Preis nach Abzug von Rabatt genannt. Dabei gehen wir davon aus, dass wir auf Ziel einkaufen und bezahlen.*
- **Bareinkaufspreis:** *Damit ist der Preis gemeint, den wir nach Abzug von Skonto bezahlen.*
- **Einstandspreis:** *Dies ist der Preis, den wir letztendlich einschließlich der Bezugskosten bezahlen müssen.*

Schema für die Einkaufskalkulation

Um sicherzugehen, dass er keinen Fehler auf der Rechnung übersieht, rechnet Martin alles selbst nach. Er hält sich an ein in der Wirtschaft weitverbreitetes Kalkulationsschema.

Listeneinkaufspreis je Stück		10,00 EUR
*Menge 20 000		
Listeneinkaufspreis		200.000,00 EUR
– Rabatt	10 %	20.000,00 EUR
Zieleinkaufspreis netto		180.000,00 EUR
– Skonto	2 %	3.600,00 EUR
Bareinkaufspreis netto		176.400,00 EUR
+ Bezugskosten		0,00 EUR
Einstandspreis		176.400,00 EUR

Einkaufskalkulation

Für die Berechnung des Ein-standspreises gilt nebenste-hendes Schema:

Listeneinkaufspreis je Stück
*Menge
Listeneinkaufspreis gesamt
– Liefererrabatt
Zieleinkaufspreis netto
– Liefererskonto
Bareinkaufspreis netto
+ Bezugskosten
Einstandspreis

RW Aufgaben Rechnungswesen

Aufgabe 9-1 Rechnungswesen

Erstelle die Eingangsrechnung nach dem Vorbild von S. 177 und die Einkaufskalkulation nach vorstehendem Muster. Bei der Firma ADA-Sportartikel gehen die Zahlungsaufforderungen für folgende Einkäufe ein:

1. Die Firma ADA hat 1 000 kg PU-Granulat (zur Herstellung von Schuhsohlen) zu je 4,00 EUR netto bei der Firma KUNSTO in 89233 Neu-Ulm, Heerstraße 115, bestellt.
2. ADA erhält eine Rechnung über den Einkauf von 1 000 Laufsohlen zu je 3,00 EUR von der Firma HARTSOHL in 91717 Wassertrüdingen, Bahnhofstraße 8. Der Zulieferer gewährt 10 % Rabatt. Es werden 30,00 EUR Fracht in Rechnung gestellt.

Aufgabe 9-2 Rechnungswesen

Berechne den **Netto-Einstandspreis** für eine Warenlieferung von 100 000 Stollen für Fußballschuhe, wenn der Lieferer einen Stückpreis von 0,10 EUR ansetzt, 8 % Rabatt gewährt und für die Fracht 40,00 EUR berechnet.

Aufgabe 9-3 Rechnungswesen

Berechne jeweils die fehlenden Beträge. Verwende dazu das Kalkulationsschema.

	a)		b)		c)		d)		e)	
Listeneinkaufspreis/Stück	5,00 EUR		25,00 EUR		?		4,00 EUR		?	
Menge	1 000 St.		200 St.		2 000 St.		?		400 St.	
Listeneinkaufspreis gesamt	?		?		?		?		6.200,00 EUR	
Liefererrabatt	15 %	? EUR	? %	400,00 EUR	20 %	? EUR	10 %	? EUR		930,00 EUR
Zieleinkaufspreis	?		?		?		2.070,00 EUR		?	
Liefererskonto	2 %		? %	? EUR	2 %	? EUR	3 %	? EUR	? %	? EUR
Bareinkaufspreis	?		4.692,00 EUR		?		?		?	
Bezugskosten	55,00 EUR		58,00 EUR		36,20 EUR		?		24,60 EUR	
Einstandspreis	?		?		3.721,00 EUR		2.050,00 EUR		5.136,50 EUR	

Aufgabe 9-4 Rechnungswesen

Erstelle ein Rechenblatt am PC, mit dessen Hilfe du nach Eingabe von Rabatt, Skonto, Frachtkosten, Listeneinkaufspreis und Menge den Einstandspreis berechnen kannst.

9.4 Rechnungsüberprüfung mit vermindertem Grundwert

Beispiel

Das Problem mit dem Kaffeefleck

Eines Morgens erhält Martin eine Rechnung von der SCHNÜR & SENKEL GMBH, auf der sich ein großer Kaffeefleck befindet. Der braune Fleck hat sich über einen Großteil der Zahlenkolonne ausgebreitet. Vieles ist nicht mehr zu entziffern. Da Martin den Sachbearbeiter der Lieferfirma nicht erreicht, jedoch die Rechnungsprüfung abschließen will, ruft er den Wirtschaftsdoc an.

DIE BESCHÄDIGTE RECHNUNG

SCHNÜR & SENKEL GmbH
Hilfschreiweg 38
90403 Nürnberg

ADA-Sportartikel
Industriestraße 1

91443 Scheinfeld

20..-12-28

Rechnung Nr. 8 931

Artikel Nr.	Artikel Bezeichnung	Menge	Preis pro Stück	Preis gesamt
89 321	Schnürsenkel rot/gestreift	5.000	3,50 E~~UR~~	~~UR~~
89 322	Schnürsenkel schwarz	10.000		~~EUR~~
	Warenwert netto			~~00~~ EUR
	– Rabatt 20 %			~~EUR~~
	Nettowert			~~0.000,00~~ EUR
	+ UST 19%			5.700,00 EUR
	Rechnungsbetrag			35.700,00 EUR

Lieferung frei Haus.
Zahlung in 60 Tagen ohne Abzug oder binnen 8 Tagen mit 2 % Skonto.
Die Ware bleibt bis zur vollständigen Bezahlung unser Eigentum.

Bitte überweisen Sie den Betrag auf unser Konto bei der RAISBANK,
BLZ 863 542 01, Kontonummer 325 547.

Martin:	*„Hallo Bernd, ich habe dir eben ein Fax von einer Rechnung der Firma SCHNÜR & SENKEL GMBH zugeschickt, auf welcher sich ein großer Kaffeefleck befindet. Vielleicht kannst du mir sagen, wie man die fehlenden Beträge berechnet."*
Doc:	*„Hallo Martin, ich habe mir die besagte Rechnung schon angeschaut. Du musst lediglich das Einkaufskalkulationsschema anwenden und dabei von unten nach oben rechnen. Neu könnte für dich allerdings sein, dass du nicht von einem Grundwert von 100 % ausgehen kannst. Am besten, ich erkläre dir dies Punkt für Punkt."*

Bei der Berechnung des Listeneinkaufspreises entstand für Martin also das Problem, dass der Nettowert nicht 100 % darstellt. Daraus ergibt sich folgende Frage:

Wie hoch ist der Listeneinkaufspreis, wenn nach Abzug von 20 % Rabatt der Rechnungsbetrag (Zieleinkaufspreis) 30.000,00 EUR beträgt?

Lösung	Listeneinkaufspreis	37.500,00 EUR		100 %	Grundwert
	– Rabatt	7.500,00 EUR	↑	20 %	– Minderung
	Zieleinkaufspreis	30.000,00 EUR		80 %	verminderter Grundwert

Wir rechnen mit unserem altbewährten Dreisatz: Dabei können wir entweder den Rabatt oder den Listenverkaufspreis berechnen.

Beispiel 1: Wir berechnen den Rabatt:

$$30.000,00 \text{ EUR} \triangleq 80\%$$
$$X \quad \text{EUR} \triangleq 20\%$$

$$X = \frac{30.000,00 * 20}{80} = 7.500,00 \text{ (EUR)}$$

Der Rabatt beträgt 7.500,00 EUR.

Beispiel 2: Wir berechnen sofort den Listeneinkaufspreis (LEP):

$$30.000,00 \text{ EUR} \triangleq 80\%$$
$$X \quad \text{EUR} \triangleq 100\%$$

$$X = \frac{30.000,00 * 100}{80} = 37.500,00 \text{ (EUR)}$$

Der Listeneinkaufspreis beträgt 37.500,00 EUR.

Da diese Zahlen nicht leicht im Kopf zu rechnen sind, machen wir folgende Nebenrechnung:

```
NR: 30.000*20    =  600.000
NR: 600.000 : 80 =    7.500
       560
       400
        00
```

```
NR: 30.000*100    = 3.000.000
NR: 3.000.000 : 80 =    37.500
       2 40
        600
        560
         400
          00
```

 Aufgaben Rechnungswesen

Aufgabe 9-5 Rechnungswesen

Erstelle die Rechnung „mit dem Kaffeefleck" von S. 180 und ergänze – soweit möglich – die fehlenden Beträge.

Aufgabe 9-6 Rechnungswesen

Berechne den Einstandspreis mit dem dir bekannten Kalkulationsschema.

Nr.	Zieleinkaufspreis	Rabatt	Skonto	Bezugskosten (Fracht)
1	9.000,00 EUR	10 %	2 %	480,00 EUR
2	18.600,00 EUR	7 %	3 %	340,00 EUR
3	28.200,00 EUR	6 %	3 %	220,00 EUR
4	4.600,00 EUR	8 %	2 %	300,00 EUR

Aufgabe 9-7 Rechnungswesen

Erstelle ein Rechenblatt für die Tabellenkalkulation, damit du nach Eingabe von Menge, Listeneinkaufspreis, Rabatt und Skonto den Bareinkaufspreis berechnen kannst.

Aufgabe 9-8 Rechnungswesen

Berechne in den folgenden acht Teilaufgaben den Rabatt in Prozenten.

Nr.	Zieleinkaufspreis	Rabatt	Nr.	Listeneinkaufspreis	Rabatt
1	9.000,00 EUR	1.000,00 EUR	5	20.000,00 EUR	2.000,00 EUR
2	24.000,00 EUR	1.000,00 EUR	6	18.000,00 EUR	1.800,00 EUR
3	16.560,00 EUR	1.440,00 EUR	7	5.000,00 EUR	350,00 EUR
4	5.880,00 EUR	120,00 EUR	8	3.330,00 EUR	166,50 EUR

Aufgabe 9-9 Rechnungswesen

Berechne bei dem gegebenen Zieleinkaufspreis den Listeneinkaufspreis, den Bareinkaufspreis und den Einstandspreis.

Nr.	Zieleinkaufspreis	Rabatt	Skonto	Fracht
1	9.500,00 EUR	5 %	2 %	80,00 EUR
2	18.600,00 EUR	7 %	3 %	50,00 EUR
3	28.200,00 EUR	6 %	2 %	130,00 EUR
4	32.340,00 EUR	2 %	3 %	280,00 EUR

Aufgabe 9-10 Rechnungswesen

Martin hat wegen besonderer Leistungen eine kleine Einkommenserhöhung erhalten. Seine Ausbildungsvergütung beläuft sich jetzt auf 610,00 EUR. Wie hoch war sein altes Arbeitseinkommen, wenn die Erhöhung 2 % ausmacht?

Aufgabe 9-11 Rechnungswesen

Wie hoch ist der Listeneinkaufspreis für 1 000 Schäfte, wenn sich nach Abzug von 3 % Skonto und 5 % Rabatt ein Einstandspreis von 921,50 EUR ergibt?

Aufgabe 9-12 Rechnungswesen

Wie hoch ist der Listeneinkaufspreis einer Ware, wenn wir einen Einstandspreis von 1.000,00 EUR 3 % Skonto und 5 % Rabatt haben?

Aufgabe 9-13 Rechnungswesen

Entscheide, ob folgende Behauptungen richtig oder falsch sind. Schreibe alle Aussagen in korrekter Form in dein Heft.

Nr.	Behauptung
1	Der Zieleinkaufspreis ist der vom Händler zuerst genannte Preis.
2	Die Postgebühren darf der Händler als Fracht in Rechnung stellen.
3	Der Listeneinkaufspreis wird so genannt, weil der Käufer auf einer Liste den Preis bestätigt.
4	Der Zieleinkaufspreis macht kenntlich, dass wir auf Ziel einkaufen.
5	Auf Ziel einkaufen bedeutet, dass wir nach Rechnungseingang sofort bezahlen.
6	Brutto bedeutet einschließlich der UST.
7	Skonto erhalten wir bei sofortiger Bezahlung einer Rechnung.

10 Der Einsatz von Werkstoffen im Betrieb

10.1 Wir kaufen Werkstoffe ein

Abb. 1 und 2: Rohstoffe der Firma ADA; Leder und Lederschäfte

Hauptziel unseres Unternehmens **ADA**-Sportartikel ist es, einen möglichst hohen Gewinn aus der Geschäftstätigkeit zu erzielen, um das Eigenkapital zu vermehren. Damit dieses Ziel erreicht wird, sind mehrere Schritte notwendig. Bevor die Firma **ADA-Sportartikel** überhaupt mit der Produktion beginnen kann, müssen **Rohstoffe, Hilfsstoffe, Betriebsstoffe und Fremdbauteile** eingekauft bzw. „bezogen" werden. Diese Produkte heißen **Werkstoffe.**

Werkstoffe

- *Rohstoffe: Hauptbestandteile eines Produktes, z. B. Lederschäfte*

- *Hilfsstoffe: Nebenbestandteile eines Produktes, z. B. Klebstoffe*

- *Betriebsstoffe: gehen nicht in das Produkt mit ein, z. B. Strom, Wasser, Öl*

- *Fremdbauteile: von anderen Herstellern bezogen und in das eigene Produkt eingebaut, z. B. Stollen für Sportschuhe, Schnürsenkel*

Fallbeispiel

Beate: „Bei der Erkundung der Firma ADA fiel mir auf, dass ihr kein größeres Schuhlager habt. Und wo sind eure Rohstoffe, um die Schuhe herzustellen?"

Martin: „Lagerhaltung ist teuer und daher werden unsere Werkstoffe sofort verbraucht. Auch die fertigen Schuhe werden sofort weiterverkauft. Dieses Verfahren heißt **„just-in-time"**. Um Kosten zu sparen, versuchen wir, die richtige Menge an Werkstoffen zum richtigen Zeitpunkt am richtigen Ort zu haben. Wir laden die Werkstoffe vom LKW ab und verbrauchen sie sofort in der Produktion."

„Just-in-time-Produktion" (JIT)

- Damit ist eine rechtzeitige, genaue Abstimmung von Materialzuliefer- und Produktionsterminen gemeint. Die Güter werden auf Abruf bereitgestellt.
- „Just in time" heißt: Lieferung zum richtigen Zeitpunkt, in der richtigen Menge, in der richtigen Reihenfolge, am richtigen Ort.
- Vorteile: Die Lagerkosten werden reduziert. Die Lagerbestände veralten oder verderben nicht.
- Nachteile: Die Störanfälligkeit ist größer. Bei einer Lieferverzögerung gerät der Herstellungsablauf leicht ins Stocken. Es drohen Verluste.

Da wir **Werkstoffe** sofort verbrauchen, können wir diese nicht auf ein aktives oder passives Bestandskonto buchen. Für den **Verbrauch** von Gütern oder Dienstleistungen lernen wir einen **neuen Kontentyp** kennen. Diesen Verbrauch buchen wir auf **Aufwandskonten**.

Aufwandskonten

Aufwandskonten erfassen den Verbrauch von Gütern und Dienstleistungen in einem Unternehmen.

Der Wirtschaftsdoc erklärt dir, wie die Aufwendungen gebucht werden.

Der Wirtschaftsdoc

Aufwendungen

Werkstoffe stellen in der Buchführung ein eigenes Kapitel dar.

- Beim Einkauf werden sie in gebucht. Die Aufwandskonten stellen eine eigene Kontengruppe dar. ⟶ AUFWANDSKONTEN
- Die Mehrung des Verbrauchs wird in einem Aufwandskonto im ⟶ SOLL gebucht.
- Beim Kauf von Werkstoffen fällt immer ⟶ VORSTEUER an.

Zu diesem Zweck werden die folgenden neuen Konten benötigt:

Für den Einkauf von **Rohstoffen:**	**Aufwendungen für Rohstoffe (AWR)**
Für den Einkauf von **Hilfsstoffen:**	**Aufwendungen für Hilfsstoffe (AWH)**
Für den Einkauf von **Betriebsstoffen:**	**Aufwendungen für Betriebsstoffe (AWB)**
Für den Einkauf von **Fremdbauteilen:**	**Aufwendungen für Fremdbauteile (AWF)**

Vor jeder **Einkaufsbuchung** musst du entscheiden, welche **Werkstoffart** vorliegt. Danach legst du die Konten fest und berechnest die Beträge. Beim Buchen beachtest du folgendes Schema und stellst dir folgende vier Fragen:

- **Welche Konten sind betroffen?**
- **Um welchen Kontentyp (Aktivkonto, Passivkonto, Aufwandskonto) handelt es sich?**
- **Liegt eine Mehrung oder Minderung vor?**
- **Wird im Soll oder Haben gebucht?**

Der Wirtschaftsdoc bietet noch eine kleine Hilfe an: „Eigentlich sind diese Einkaufsbuchungen immer gleichlautend. Zuerst wird das passende Werkstoffkonto festgelegt. Danach wird gebucht:

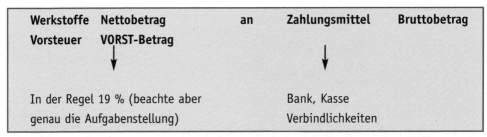

Werkstoffe	Nettobetrag	an	Zahlungsmittel	Bruttobetrag
Vorsteuer	VORST-Betrag			
	↓		↓	
	In der Regel 19 % (beachte aber		Bank, Kasse	
	genau die Aufgabenstellung)		Verbindlichkeiten	

Um das Gelernte besser verstehen und behalten zu können, betrachtest du alles nochmals anhand des folgenden Beispiels.

Wir erhalten eine Eingangsrechnung für Schrauben über 1.000,00 EUR netto.

- Schrauben sind im Produkt enthaltene Hilfsstoffe. Es handelt sich um einen Nebenbestandteil. Wir buchen auf das Konto **Aufwendungen Hilfsstoffe (AWH)**.
- Beim Einkauf von Werkstoffen fällt **Vorsteuer (VORST)** an.
- Da eine Eingangsrechnung vorliegt, buchen wir auf **Verbindlichkeiten (VE)**.

Der Buchungssatz lautet also:

Aufwendungen Hilfsstoffe (AWH)	**1.000,00 EUR**	an Verbindlichk. (VE)	**1.190,00 EUR**
Vorsteuer (VORST)	**190,00 EUR**		

Ohne Übung geht es kaum. – Buchen lernst du nicht im Traum.

Aufgaben Rechnungswesen

Aufgabe 10-1 Rechnungswesen

Bilde die entsprechenden Buchungssätze in der vorgeschriebenen Form. Berechne die Umsatzsteuer mit 19 %. Gib den Rechenweg an.

1. *Barkauf von Betriebsstoffen: netto 350,00 EUR*
2. *Wir kaufen Hilfsstoffe für netto 800,00 EUR per Bankscheck.*
3. *Eingangsrechnung für eine Lederlieferung: Warenwert netto: 3.500,00 EUR*
4. *Für Schnürsenkel zahlen wir brutto 119,00 EUR bar.*
5. *Die Werbeaufkleber für unsere Fußbälle kosten brutto 416,50 EUR. Wir überweisen den Betrag per Bank.*
6. *Der Betrag von der Eingangsrechnung Nr. 3 wird an den Lieferer überwiesen.*
7. *Zieleinkauf von Schuhsohlen für netto 500,00 EUR*

> **Aufgewacht und nachgedacht: Buche klug und mach es richtig.**
> **Die Nebenrechnung für UST ist wichtig!**

Abb. 3: Um welche Stoffe handelt es sich?

Du weißt bereits, dass in einem Unternehmen alle Buchungsvorgänge auf **Belegen** (also Rechnungen, Quittungen, Kontoauszüge usw.) beruhen. Daher versuchen wir jetzt, eine solche Rechnung in unserer Buchhaltung ordnungsgemäß zu erfassen (vgl. auch Kapitel 9: „Wir untersuchen Eingangsrechnungen").

Lederfabrik Ochs

Wiesenstraße 6

76543 Bodendorf   20..-02-15

ADA-Sportartikel
Industriestraße 1

91443 Scheinfeld

Rechnungsnummer: 6574

Wir lieferten Ihnen **frei Haus:**	**Preise in EUR**
Rohleder, extra feste Qualität	2.500,00
−Sonderrabatt 5 %	125,00
Nettowarenwert	2.375,00
+ UST 19 %	451,25
Rechnungsbetrag	2.826,25

Bitte überweisen Sie den Betrag auf unser Konto Nr. 567 453 bei der
Sparbank in Scheinfeld (BLZ 765 600 01). Zahlungsziel 30 Tage ohne
weiteren Abzug.

Die Lieferung bleibt bis zur vollständigen Bezahlung unser Eigentum.

Mit freundlichen Grüßen

Abb. 4: Um welche Stoffe handelt es sich?

Beim Buchen gehst du in folgenden drei Schritten vor:

1. Du legst fest, um **welche Werkstoffe** (Roh-, Hilfs-, Betriebsstoffe oder Fremdbauteile) es sich handelt. Die Rechnung der Lederfabrik Ochs bezieht sich auf Rohstoffe.

2. Du beachtest das **Zahlungsziel**. Im vorliegenden Beispiel muss spätestens **am 14. März bezahlt** werden.

3. Du weißt aus früheren Kapiteln, dass wir den Rabatt abziehen können, aber in unserer Buchführung nicht festhalten müssen. **Wir buchen als Betrag den Nettowarenwert.**

Die Lösung:

Aufwendg. für Rohstoffe (AWR)   2.375,00 EUR   an Verbindlichk. (VE) 2.826,25 EUR

Vorsteuer (VORST)   451,25 EUR

Der Wirtschaftsdoc

Grundbuchung bei Werkstoffen

- Beim Einkauf von Werkstoffen aller Art wird immer die gleiche Grundbuchung durchgeführt:

AWR (bzw. AWB, AWH, AWF)	an	Zahlungsmittelkonto
VORST		(BK, KA, VE)

10.2 Bezugskosten beim Einkauf

Die Lieferbedingungen

Sobald du ein Angebot oder eine Rechnung anschaust, findest du darin auch die Lieferbedingungen aufgeführt. Sie könnten folgendermaßen aussehen:

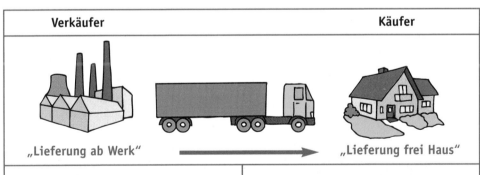

Verkäufer	Käufer
„Lieferung ab Werk"	„Lieferung frei Haus"
Der Käufer kommt selbst für den Transport der Ware auf. Er beauftragt damit eine Spedition oder übernimmt die Kosten für die Anlieferung durch den Hersteller.	Im Preis sind bereits die Lieferkosten enthalten. In diesem Fall bezahlt der Verkäufer die Lieferung der Ware.

Was bedeutet „Lieferung ab Werk"? Manche Verkäufer liefern die Werkstoffe nicht immer „frei Haus", d. h. also ohne Berechnung der Transportkosten, wie z. B. Fracht, Verpackung, Versicherungskosten usw. Der Gesetzgeber erlaubt diese Regelung. Soweit nichts anderes vereinbart wird, muss der Kunde für die gesamten Lieferkosten aufkommen, denn **„Warenschulden sind Holschulden".**

Aufgaben für Einzelarbeit

1. a) Erkläre mit eigenen Worten den Grundsatz: „Warenschulden sind Holschulden".
   b) Was ist damit gemeint? c) Welche Auswirkungen sind damit verbunden?
2. Weshalb liefern manche Verkäufer „frei Haus", obgleich sie vom Gesetzgeber nicht dazu verpflichtet werden?
3. Warum ist die „Lieferung frei Haus" oft an bestimmte Mindestmengen bzw. Mindestbeträge geknüpft?
4. Verdient eine Firma grundsätzlich weniger, wenn sie „frei Haus" an ihre Kunden liefert? Begründe deine Meinung.

Wie wirkt sich die Berechnung der Fracht- bzw. Bezugskosten beim Buchen aus?

- Wir brauchen **zusätzliche Konten für diese Aufwendungen**. Für jeden Werkstoff richten wir deshalb ein eigenes Konto ein, das diese Aufwendungen aufnimmt.

Bezugskosten:	Bezugskosten für Rohstoffe:	BZKR
	Bezugskosten für Fremdbauteile:	BZKF
	Bezugskosten für Hilfsstoffe:	BZKH
	Bezugskosten für Betriebsstoffe:	BZKB

Diese Konten zählen zu den Aufwendungen. Wir buchen die Mehrung deshalb im Soll.

- **Eine Ausnahme gibt es allerdings:** Die Bezugskosten sind nicht so gleichwertig oder selbstständig wie die Konten für unsere Werkstoffe; sie spielen eine untergeordnete Rolle. Wir nennen sie deshalb auch

Unterkonten der Werkstoffkonten.

- Für die **Buchung dieser Bezugskosten** gilt der gleiche Grundsatz wie für die Buchung der Werkstoffe selbst:

**Mehrungen werden im SOLL gebucht. Es fällt VORSTEUER an.
Die Bezahlung erfolgt gemäß Rechnungsvereinbarung.**

Nachdem diese Buchungsvorgänge etwas schwieriger zu bearbeiten sind, bietet uns der Wirtschaftsdoc ein Beispiel mit Aufgaben zur Übung an. Es handelt sich um eine Rechnung mit Bezugskosten.

Nähgarne Fest
Hauptstr. 45
90425 Nürnberg   20..-02-25

ADA–Sportartikel
Industriestraße 1

91433 Scheinfeld

Rechnungsnummer: 3456

Für unsere Lieferung vom 25. Februar d. J. berechnen wir Ihnen:

Artikel:	Preise in EUR
4 Rollen zu je 50 m Spezialnähgarn	150,00
2 Rollen zu je 20 m Superfestgarn	120,00
Warenwert	270,00
+ Frachtkosten und Verpackung	**40,00**
Nettowarenwert	310,00
+ UST 19 %	58,90
Rechnungsbetrag (brutto)	**368,90**

> Frachtkosten werden in Rechnung gestellt.

Der Betrag ist innerhalb eines Zahlungsziels von 14 Tagen ohne Abzug zu überweisen auf unser Konto Nr. 567 123 bei der Neubank in Nürnberg (BLZ 760 907 01).

Die Ware bleibt bis zur vollständigen Zahlung unser Eigentum.

Mit freundlichen Grüßen

Gerhard Fest

Neu an der Rechnung von NÄHGARNE FEST ist, dass dieser Lieferer Fracht- und Verpackungskosten in Höhe von **netto 40,00 EUR** berechnet. Diese Aufwendungen werden auf
das bereits eingerichtete Konto **Bezugskosten** gebucht. Dabei gehst du in drei Schritten
vor:

- **Du legst fest, welche Werkstoffe gekauft wurden** ⟶ hier HILFSSTOFFE.
- **Du legst das dazu passende Bezugskostenkonto fest** ⟶ hier BZKH.
- **Anschließend erfasst du die gesamte Rechnung in einem Buchungssatz.**

Die Lösung: Du verwendest der Einfachheit halber die angebotenen Abkürzungen.

AWH	270,00 EUR	an	VE	368,90 EUR
BZKH	40,00 EUR			
VORST	58,90 EUR			

Du hast jetzt einen „**zusammengesetzten**" Buchungssatz vor dir. Beachte dabei, dass sich
die Vorsteuer sowohl auf die **Aufwendungen für Hilfsstoffe (AWH)** als auch auf die **Bezugskosten für Hilfsstoffe (BZKH)** bezieht. In unserem Beispiel beläuft sich die Vorsteuer
also auf **19 % von 310,00 EUR**. Das ergibt den Betrag von insgesamt **58,90 EUR**.

> **Alle Bezugskosten sind umsatzsteuerpflichtig.**
> **Du musst demnach VORSTEUER (VORST) buchen.**

 **Aufgaben Rechnungswesen**

Aufgabe 10-2 Rechnungswesen

Bilde alle anfallenden Buchungssätze in der vorgeschriebenen Form. Die Umsatzsteuer beträgt 19 %. Gib dazu die Nebenrechnungen für deren Ermittlung an.

1. *ADA kauft Maschinenöl für netto 300,00 EUR. Dazu fallen Frachtkosten in Höhe von netto 15,00 EUR an. Das Zahlungsziel beträgt 10 Tage ohne jeden Abzug.*

2. *Es werden Rohstoffe für netto 8.000,00 EUR geliefert. Die Fracht- und Verpackungskosten betragen zusammen netto 250,00 EUR. Die gesamte Rechnung wird mit einem Bankscheck beglichen.*

3. *Für eine Lieferung von Schrauben und Nieten bezahlen wir bar netto 150,00 EUR und zusätzlich die Anlieferungskosten in Höhe von netto 10,00 EUR.*

Aufgabe 10-3 Rechnungswesen

Bilde den Buchungssatz für den in der Abbildung gezeigten Werkstoff, wenn eine Eingangsrechnung über brutto 11.900,00 EUR vorliegt.

Abb. 5: Eine Hand voll Granulat. Wozu braucht ADA das Material? Welcher Werkstoffart wird Granulat zugeordnet?

Aufgabe 10-4 Rechnungswesen

Bilde die Buchungssätze zu den vorliegenden Geschäftsfällen:

1. *Wir kaufen Rohstoffe auf Ziel für netto 10.000,00 EUR. Der Händler stellt 500,00 EUR Fracht netto in Rechnung.*

2. *Wir erhalten eine Eingangsrechnung für Schmieröl über 2.500,00 EUR netto. Der Händler stellt 238,00 EUR Fracht brutto in Rechnung.*

3. *Die Rechnung eines Lieferanten von Stollen für Fußballschuhe bezahlen wir mittels Bankscheck. Der Betrag auf dem Bankscheck beläuft sich auf 3.570,00 EUR.*

4. *Wir kaufen Leder für die Schuhe auf Ziel. Der Warenwert beträgt 20.000,00 EUR netto. Der Händler gewährt uns 10 % Rabatt, verlangt aber 50,00 EUR Fracht netto.*

Aufgabe 10-5 Rechnungswesen

Schnur & Erben KG			Lieferung nach Maß
Hesselbergstraße 28			
91717 Wassertrüdingen			

ADA-Sportartikel
Industriestraße 1

91443 Scheinfeld

20..-12-08

Rechnung Nr. 84321

gelieferte Ware	Einzelpreis	Menge	Preis gesamt
Schnürsenkel	0,50 EUR	20 000	
– Rabatt 10 %			
+ UST 19 %			
Rechnungsbetrag brutto			

Lieferung erfolgt frei Haus. Zahlung ist erbeten innerhalb von 60 Tagen ohne Abzug.
Die Ware bleibt bis zur vollständigen Bezahlung unser Eigentum.

Bitte überweisen Sie den Betrag auf unser Konto bei der Stadtsparkasse
Wassertrüdingen, BLZ: 963 433 01, Kontonummer 32 154 032.

1. Berechne die in der Rechnung fehlenden Beträge.
2. Wie hoch ist der Einstandspreis für die Schnürsenkel-Lieferung an die Firma ADA?
3. Bis wann muss die Rechnung spätestens überwiesen werden?
4. Bilde den Buchungssatz für die Eingangsrechnung.
5. Bilde den Buchungssatz bei Banküberweisung der Rechnung.

Der Verkauf von Fertigerzeugnissen

11

11.1 Die Umsatzerlöse für Fertigerzeugnisse

Die Fertigerzeugnisse der Firma ADA-Sportartikel

Beispiel

*Martin staunt, als ihn sein Ausbildungsleiter am ersten Arbeitstag durch die Sport-artikelfirma **ADA** führt. Pro Jahr stellt **ADA** etwa 300 000 Sportschuhe und 20 000 Sport-bälle her. Die Produkte werden überwiegend an Kunden in Deutschland und im europäi-schen Ausland geliefert. Durch den Verkauf der Waren – die **Umsätze** – erzielt die Sport-artikelfirma **ADA** Einkünfte, die wir als **Erlöse** bezeichnen. Mithilfe der Erlöse werden nicht nur die Aufwendungen gedeckt, die der Firma bei der Herstellung der Fertigerzeugnisse ent-stehen. Gleichzeitig soll auch möglichst viel übrig bleiben; denn schließlich will ja ein Unternehmen in jedem Geschäftsjahr einen stattlichen **Gewinn** erzielen.*

Aufgabe für Partnerarbeit (Rollenspiel)

Im folgenden Fallbeispiel bestellt eine Kundin bei **ADA** telefonisch Waren. Gebt den Inhalt des Gesprächs mit verteilten Rollen wieder.

In der ADA-Verkaufsabteilung klingelt das Telefon. Martin nimmt ab.

Martin: *„Firma **ADA**-Sportartikel, Verkaufsabteilung, guten Morgen, Sie sprechen mit Martin Klug.“*

Kundin Baier: *„Grüß Gott, hier spricht Frau Baier vom Modehaus **Sporteck** in Hof. Mir liegt die Angebotsliste Ihrer neuen Kollektion vor. Es sind einige interessante Produkte dabei. Bevor ich Ihnen die genaue Bestellung faxe: Mit welcher Lieferzeit muss ich für Artikel aus der neuen Kollektion rechnen?“*

Martin: *„Wir haben momentan alle Artikel in ausreichenden Mengen vorrätig. Im Normalfall erhalten Sie die Ware innerhalb von ein bis zwei Wochen.“*

Kundin Baier: *„Wie schaut es mit den **Lieferbedingungen** und unserem bisherigen **Kundenrabatt** aus?“*

Martin: *„Wir liefern wie immer **frei Haus**. Und was Ihren Kundenrabatt angeht: Für das Modehaus Sporteck gilt als alter Stammkunde weiterhin ein Treuerabatt von 10 %. Außerdem gewähren wir Ihnen bei Zahlung binnen 8 Tagen 3 % Skonto.“*

Kundin Baier: *„Herr Klug, ich faxe Ihnen zunächst unsere Bestellliste über dringend benötigte Fußballschuhe. Bitte seien Sie so nett und leiten Sie den Auftrag schnell weiter.“*

Martin: *„Gern geschehen, Frau Baier! Ich werde die Bestellung sofort bearbeiten und an das Auslieferungslager weitergeben.“*

Aufgabe für Partnerarbeit

1. Wertet den Inhalt und die Art der Gesprächsführung aus. Worum hat sich der Auszubildende Martin offensichtlich bemüht?
2. Was hat es mit dem Ausspruch „der Kunde ist König“ auf sich?

11.1.1 Die Ausgangsrechnung

Beispiel

Kurz nach Martins Telefongespräch mit der Einkäuferin Frau Baier von der Firma Sporteck trifft mittels FAX die angekündigte Bestellung von 100 Fußballschuhen bei ADA ein. Der Auftrag wird – wie von Martin telefonisch zugesichert – sofort ausgeführt. Martin schreibt die Rechnung, die aus Gründen der Portoersparnis den verkauften Erzeugnissen beigelegt wird.

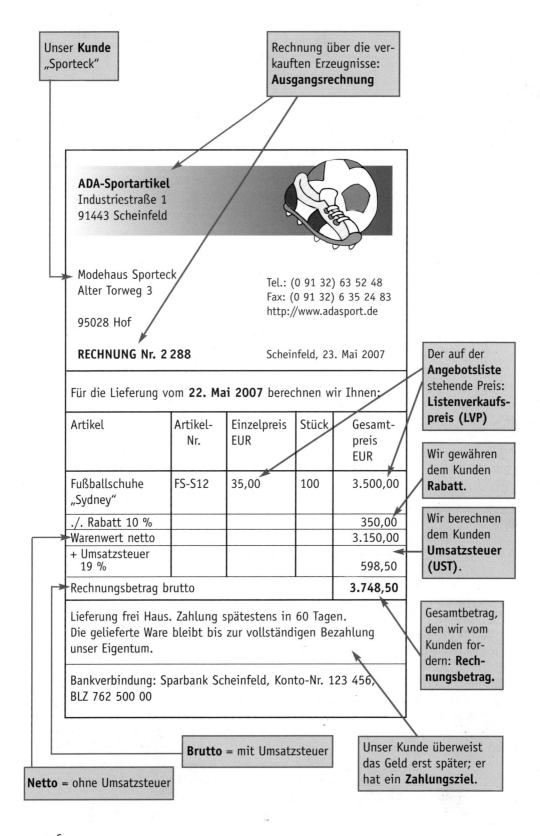

Unser **Kunde** „Sporteck"

Rechnung über die ver-
kauften Erzeugnisse:
Ausgangsrechnung

ADA-Sportartikel
Industriestraße 1
91443 Scheinfeld

Modehaus Sporteck
Alter Torweg 3

95028 Hof

Tel.: (0 91 32) 63 52 48
Fax: (0 91 32) 6 35 24 83
http://www.adasport.de

RECHNUNG Nr. 2 288   Scheinfeld, 23. Mai 2007

Für die Lieferung vom **22. Mai 2007** berechnen wir Ihnen:

Artikel	Artikel-Nr.	Einzelpreis EUR	Stück	Gesamt-preis EUR
Fußballschuhe „Sydney"	FS-S12	35,00	100	3.500,00
./. Rabatt 10 %				350,00
Warenwert netto				3.150,00
+ Umsatzsteuer 19 %				598,50
Rechnungsbetrag brutto				**3.748,50**

Lieferung frei Haus. Zahlung spätestens in 60 Tagen.
Die gelieferte Ware bleibt bis zur vollständigen Bezahlung
unser Eigentum.

Bankverbindung: Sparbank Scheinfeld, Konto-Nr. 123 456,
BLZ 762 500 00

Der auf der
Angebotsliste
stehende Preis:
Listenverkaufs-preis (LVP)

Wir gewähren
dem Kunden
Rabatt.

Wir berechnen
dem Kunden
**Umsatzsteuer
(UST).**

Gesamtbetrag,
den wir vom
Kunden for-
dern: **Rech-nungsbetrag.**

Brutto = mit Umsatzsteuer

Unser Kunde überweist
das Geld erst später; er
hat ein **Zahlungsziel.**

Netto = ohne Umsatzsteuer

196

Aufgabe 11-1 Rechnungswesen

Erstelle für die Firma ADA-Sportartikel nach obigem Muster die Ausgangsrechnungen für folgende Verkäufe:

1. 25 Tennisschuhe „Wimbledon", Listenpreis pro Paar 40,00 EUR; der Kunde erhält 5 % Rabatt.
2. 20 Fußbälle „Worldcup", Stückpreis netto 25,00 EUR; der Kunde hat einen Rabatt von 10 % ausgehandelt.
3. 100 Paar Basketballstiefel „Jump", netto pro Paar 50,00 EUR; da es sich um ein Auslaufmodell handelt, erhält der Kunde einen Sonderrabatt von 25 %.

Aufgabe 11-2 Rechnungswesen

1. Berechne jeweils die fehlenden Beträge und Werte für folgende Ausgangsrechnungen; es gilt der volle Umsatzsteuersatz von 19 %.
2. Erstelle für die Aufstellung ein Rechenblatt am PC.

Vorgaben	Aufgabe 1	Aufgabe 2	Aufgabe 3	Aufgabe 4	Aufgabe 5	Aufgabe 6
Listenverkaufs- preis in EUR	2.000,00	1.750,00	4.000,00			
Kundenrabatt	10 %			5 %		
Kundenrabatt in EUR					80,00	250,00
Warenwert netto in EUR		1.487,50		3.250,00	720,00	
Umsatzsteuer (19 %) in EUR						
Rechnungsbe- trag in EUR			3.808,00			1.190,00

11.1.2 Die Buchung von Umsatzerlösen

Fallbeispiel

*Für die Sportartikelfirma **ADA** ist es wichtig, ihre Sportschuhe und Bälle gewinnbringend zu verkaufen. Ohne die **Erträge**, die beim Verkauf erzielt werden, könnte sie nicht existieren. Es wäre kein **Kapital** da für den Kauf der nötigen Rohstoffe, für die Zahlung von Löhnen, Gehältern und Miete.*

*Beate kann das sehr gut nachvollziehen. Auch sie erzielt **Erträge**, wenn sie gelegentlich von Oma Kerstin Geld geschenkt bekommt. Gleiches gilt, wenn ihr auf dem Sparbuch Zinsen gutgeschrieben werden oder wenn sie auf dem Flohmarkt alte Spielsachen verkauft. Ohne diese Erträge könnte Beate nur selten ins Kino gehen oder ihr Lieblingseis kaufen, fast nie ein Konzert besuchen und ihren Freundinnen nur winzige Geburtstagswünsche erfüllen. Und wovon sollte sie dann noch sparen?*

Ertrag

Unter Ertrag verstehen wir den Wertzuwachs in einem Unternehmen.

In der Firma **ADA** werden die Erträge aus dem Verkauf von Fertigerzeugnissen in der Buchhaltung erfasst. Betrachte deshalb die Ausgangsrechnung auf S.196. ADA hat Fußballschuhe an das Modehaus Sporteck verkauft und eine Rechnung über **3.748,50 EUR brutto** ausgestellt.

Unser Kunde hat von uns Ware erhalten, seine Rechnung aber noch nicht bezahlt.	Für unsere Firma stellt der Verkauf einen **Ertrag** in Höhe von **3.500,00 EUR** dar:

Unser Kunde hat von uns Ware erhalten, seine Rechnung aber noch nicht bezahlt.

▶ Wir haben an ihn eine **Forderung** über den gesamten Rechnungsbetrag von **3.748,50 EUR.**

▶ Diese ist auf dem **Konto FO** (= Forderungen) zu buchen.

Das Konto **FO** ist ein **aktives Bestandskonto.**

Für unsere Firma stellt der Verkauf einen **Ertrag** in Höhe von **3.500,00 EUR** dar:

▶ Wir buchen Erträge auf dem **Konto UEFE** (**U**msatz**e**rlöse für **F**ertig**e**rzeugnisse).

▶ Da wir dem Kunden einen **Rabatt** gewährt haben, ziehen wir diesen Preisnachlass aber **sofort** von unseren Umsatzerlösen ab.

Listenverkaufspreis	3.500,00 EUR
– Kundenrabatt 10 %	350,00 EUR
= tatsächliche Umsatzerlöse	**3.150,00 EUR**

▶ Das Konto **UEFE** beeinflusst den Gewinn des Unternehmens und wird daher als **Ertragskonto** bezeichnet.

SOLL				HABEN
FO	**3.748,50 EUR**	an	UEFE	**3.150,00 EUR**
			UST	**598,50 EUR**

Versteh' ich nicht! Wir bekommen vom Kunden doch 3.748,5 EUR. Warum ist das nicht alles unser Ertrag?

Unser Kunde überweist uns **3.748,50 EUR**. Das ist mehr als der Warenwert netto; wir verlangen nämlich bei jedem Verkauf auch 19 % Umsatzsteuer vom Warenwert.

Dieses Geld dürfen wir allerdings nicht behalten, sondern leiten es an das Finanzamt weiter.

▶ Wir haben in Höhe der ausgewiesenen Umsatzsteuer eine Schuld an das Finanzamt über **598,50 EUR.**

▶ Diese Schuld (= Verbindlichkeit) buchen wir auf das **Konto UST** (Umsatzsteuer).

▶ Das UST-Konto ist ein **passives Bestandskonto** (genauso wie z. B. Schulden an unseren Lieferer).

Der Wirtschaftsdoc

Das Konto UEFE (Umsatzerlöse für eigene Erzeugnisse bzw. Fertigerzeugnisse)

- Das Konto **UEFE** ist ein **Ertragskonto**.
- Wie jedes andere Ertragskonto nimmt UEFE im **Haben** zu.
- Auf dem Konto UEFE wird stets der **Nettowert** der Erzeugnisse gebucht.
- FO (Bruttowert in EUR) an UEFE (Nettowert in EUR)
  UST (Steueranteil in EUR)

 Aufgaben Rechnungswesen

Aufgabe 11-3 Rechnungswesen

Bilde die Buchungssätze zu den Ausgangsrechnungen der Aufgabe 11-1.

Aufgabe 11-4 Rechnungswesen

Wie lauten die Buchungen zu den folgenden Geschäftsfällen bei der Firma ADA?

1. *Zielverkauf von Fertigerzeugnissen, 10.000,00 EUR netto*
2. *Zielverkauf von Fußballschuhen: 100 Paar à 25,00 EUR; 25 % Kundenrabatt, da es sich um ein Auslaufmodell handelt*
3. *Zielverkauf von Fertigerzeugnissen, Rechnungsbetrag 7.140,00 EUR brutto*
4. *Ausgangsrechnung über 25 Fußbälle, Listenpreis 30,00 EUR, 10 % Rabatt*
5. *Ausgangsrechnung über 5.950,00 EUR brutto; wir haben dem Kunden 10 % Rabatt gewährt.*
6. *Abgabe von Fußballschuhen für 50,00 EUR netto im Fabrikverkauf. Der Kunde zahlt bar.*

Aufgabe 11-5 Rechnungswesen

Welche Geschäftsfälle liegen den folgenden Buchungssätzen zugrunde?

Nr.	Buchungssatz	Soll		Buchungssatz	Haben
1	FO	1.190,00 EUR	an	UEFE	1.000,00 EUR
				UST	190,00 EUR
2	KA	2.380,00 EUR	an	UEFE	2.000,00 EUR
				UST	380,00 EUR
3	AWR	500,00 EUR	an	VE	595,00 EUR
	VORST	95,00 EUR			

Aufgabe 11-6 Rechnungswesen

Entscheide, ob die folgenden Behauptungen richtig oder falsch sind und schreibe die korrekten Aussagen in dein Heft.

Nr.	Behauptungen
1	Durch den **Verkauf** von Bällen und Sportschuhen erzielt die Firma **ADA** **Umsatzerlöse.**
2	Wenn wir unserem Kunden einen **Rabatt** gewähren, erhöht das unsere **Umsatzerlöse.**
3	Auf dem Konto **UEFE** wird immer der **Bruttowert** gebucht.
4	Wenn die Firma **ADA** ihre Produkte **verkauft**, fällt dabei **Umsatzsteuer** an.
5	Die Firma **ADA** hat **Forderungen**, wenn sie ihre Produkte schon verkauft und auch bereits das **Geld dafür erhalten** hat.
6	Die Höhe des **Gewinns** der Firma **ADA** hängt vor allem auch davon ab, dass sie möglichst hohe **Umsatzerlöse für Fertigerzeugnisse** erzielt.
7	Konten, die den **Gewinn** eines Unternehmens beeinflussen, werden **Ertragskonten** genannt.
8	Das Konto **UEFE** nimmt wie jedes **Ertragskonto im Soll** zu.
9	Die Konten **Forderungen** und **Vorsteuer** sind **aktive Bestandskonten.**

11.2 Die Umsatzsteuer

Die Firma ADA bereitet die Lieferung an einen Kunden vor.

Als Martin seine Ausbildung in der Firma **ADA**-Sportartikel begann, hatte er mit den vielen verschiedenen Begriffen im kaufmännischen Bereich zunächst Schwierigkeiten. Vor allem mit Vorsteuer, Mehrwertsteuer und Umsatzsteuer wusste er wenig anzufangen. Seine Vorstellungen waren ungenau.

Umsatzsteuer?

Mehrwertsteuer?

Vorsteuer?

Ich verstehe überhaupt nichts mehr!

Gut, dass ihm der Wirtschaftsdoc Bernd schnell weiterhelfen konnte. „Keine Panik, Martin! Du kennst die Umsatzsteuer bereits aus deinem Privatleben, wenn du Klamotten einkaufst, dir eine Pizza holst, in einer Gastwirtschaft etwas verzehrst oder tanken musst. Jedes Mal bezahlst du die auf dem Kassenbon ausgewiesene Umsatzsteuer. Die Umsatzsteuer – alter Begriff: Mehrwertsteuer – erscheint z. B. auch auf jeder Handwerker- oder Heizölrechnung."

Umsatzsteuer

Umsatzsteuer ist der Überbegriff für die Steuer, die der Staat auf jeden Umsatz, also jeden Warenverkauf bzw. jede Dienstleistung (z. B. Handwerkerleistung) erhebt.

Mehrwertsteuer ist eine alte Bezeichnung für die Umsatzsteuer, die noch gelegentlich auf Belegen – z. B. auf einer Abrechnung über verzehrte Speisen und Getränke in einer Gastwirtschaft – zu finden ist.

§ 1 UStG (Umsatzsteuergesetz):

Umsatzsteuerpflichtig sind Lieferungen und sonstige Leistungen, die ein Unternehmer gegen Entgelt im Rahmen seines Unternehmens tätigt.

§ 4 UStG:

Steuerfrei sind z. B. Lieferungen in Länder, die nicht zur EG gehören, die Umsätze der Post und der Banken.

§ 12 UStG:

Der **Regelsteuersatz** beträgt **19 %**. Der **ermäßigte Steuersatz** von 7 % gilt z. B. für Lebensmittel, Zeitschriften und Bücher.

Als Unternehmer unterscheidest du folgende zwei Fälle:

Einkauf von

Roh-, Hilfs-, Betriebsstoffen und Fremdbauteilen

ADA-Sportartikel

Verkauf von

Fertigerzeugnissen

Die Firma **ADA**-Sportartikel **kauft** Rohstoffe ein, um Fußballschuhe produzieren zu können. Sie erhält eine Rechnung, in der beispielsweise folgende Beträge stehen:	Die Firma **ADA**-Sportartikel **verkauft** die hergestellten Fußballschuhe. Sie setzt dabei einen höheren Wert an als die reinen Produktionskosten. Schließlich will **ADA** ja einen Gewinn erzielen:

netto	2.000,00 EUR	netto	3.000,00 EUR
+ 19 % UST	380,00 EUR	+ 19 % UST	570,00 EUR
brutto	2.380,00 EUR	brutto	3.570,00 EUR

Umsatzsteuer, die ein Unternehmen beim **Einkauf** zahlt, wird **Vorsteuer (VORST)** genannt. ▶ Gebucht wird sie auf das Konto VORST. ▶ Ein Unternehmen fordert die gezahlte Vorsteuer vom Finanzamt zurück. Das Konto **VORST** ist ein **aktives Bestandskonto** (wie auch das Forderungskonto) und nimmt im Soll zu.	Umsatzsteuer, die ein Unternehmen beim **Verkauf einnimmt**, wird als **Umsatzsteuer (UST)** bezeichnet. ▶ Gebucht wird sie auf das **Konto UST**. ▶ Ein Unternehmen leitet die eingenommene USt an das Finanzamt weiter. Das Konto **UST** ist ein **passives Bestandskonto** (wie Verbindlichkeiten) und nimmt deshalb im Haben zu.

Buchungssatz in EUR AWR 2.000,00 an VE 2.380,00 VORST 380,00	Buchungssatz in EUR FO 3.570,00 an UEFE 3.000,00 UST 570,00

Obwohl unser Unternehmen die Umsatzsteuer bereits gebucht hat, sind die Arbeiten im Zusammenhang mit der UST trotzdem noch nicht abgeschlossen.

Der Wirtschaftsdoc

Wir führen die UST an das Finanzamt ab

- Als Unternehmer haben wir jeden Monat zu berechnen, wie viel Umsatzsteuer wir dem Finanzamt schulden. Diese Schuld müssen wir bis zum 10. Tag des Folgemonats überweisen.

- Von der an das Finanzamt zu zahlenden UST dürfen wir als Unternehmer die VORST abziehen.

- Diese Differenz zwischen Umsatzsteuer und Vorsteuer – der Saldo, der sich auf dem Konto UST im Soll ergibt – ist unsere *Zahllast*.

Das folgende Beispiel soll dir helfen, die Ermittlung der Zahllast besser zu verstehen: Am Ende eines jeden Monats vergleichen wir also unsere VORST (= Forderungen) und UST (= Schulden). Dazu buchen wir die VORST auf das Konto UST um.

S	VORST		H	S	UST		H
VE	380,00	UST	**380,00** →	VORST	**380,00**	FO	570,00
				BK	**190,00**		

Die Differenz, die sich auf dem Konto UST im Soll ergibt – der Saldo von **160,00 EUR** – ist unsere *Zahllast*.

Ermittlung der Zahllast

• Wir haben im laufenden Monat mehr Verkäufe getätigt als Einkäufe. Also sind unsere **UST-Schulden** höher als die **VORST-Forderungen**.	**UST** (in diesem Monat) 570,00 EUR – **VORST** (in diesem Monat) 380,00 EUR ―――――――――――――― = **UST** (Zahllast) 190,00 EUR
• Diese Differenz führen wir an das **Finanzamt** ab.	

Fallbeispiel

Beate überlegt, ob sie mithilfe der UST nicht ihr Taschengeld aufbessern könnte.

Beate: „Hallo, Wirtschaftsdoc! Sag mal, wo kann **ich** eigentlich die Umsatzsteuer geltend machen, die ich beim Kauf meiner neuen Jeans gezahlt habe?"

Doc: „Da hast du leider Pech gehabt; denn du trägst die Jeans als Privatkundin. Alle Privatleute zahlen beim Einkauf die Umsatzsteuer voll."

Beate: „Aber dann sind wir Privatleute ja schlechter dran als die Unternehmen. Das finde ich ungerecht."

Doc: „Nur der Endverbraucher soll die UST bezahlen. Die Firmen haben zwar viel Arbeit mit der UST. Aber letztlich läuft die Steuer nur durch das Unternehmen. Deshalb wird die Umsatzsteuer auch als ‚*durchlaufender Posten*' bezeichnet."

Aufgabe 11-7 Rechnungswesen

Schätze, wie hoch die anfallende Umsatzsteuer ist (1. voller UST-Satz, 2. ermäßigter UST-Satz). Überprüfe deine Schätzung anschließend rechnerisch.

1.	Nettowert	100,00 EUR	4.	Nettowert	2.000,00 EUR
2.	Nettowert	50,00 EUR	5.	Nettowert	400,00 EUR
3.	Nettowert	80,00 EUR	6.	Nettowert	900,00 EUR

Aufgabe 11-8 Rechnungswesen

Berechne jeweils die fehlenden Beträge:

Nr.	Nettobetrag	Umsatzsteuer	Bruttobetrag
1.	1.200,00 EUR	?	?
2.	?	?	297,50 EUR
3.	4.500,00 EUR	?	?
4.	?	1.197,00 EUR	?
5.	?	?	1.011,50 EUR

Aufgabe 11-9 Rechnungswesen

Bilde die Buchungssätze zu den folgenden Geschäftsfällen (voller UST-Satz):

a) Zieleinkauf von Hilfsstoffen, netto:	5.300,00 EUR
b) Barzahlung der Eingangsfracht zu a), netto:	400,00 EUR
c) Zielverkauf von Fußballschuhen, Listenpreis:	2.800,00 EUR
d) Barverkauf von Fußbällen, brutto:	714,00 EUR
e) Zieleinkauf von Schuhleder, brutto:	3.689,00 EUR
f) Zieleinkauf von Hilfsstoffen: netto:	2.000,00 EUR
Wir erhalten 15 % Kundenrabatt; für die Fracht werden uns berechnet (netto):	200,00 EUR

Aufgabe 11-10 Rechnungswesen

Entscheide, ob die folgenden Aussagen richtig [r] oder falsch [f] sind und schreibe die korrekten Aussagen stichpunktartig in dein Heft.

Nr.	Behauptung
1	Der Rechnungsbetrag ist immer ein **Bruttobetrag** und enthält die **Umsatzsteuer**.
2	**Umsatzsteuer**, die uns in Rechnung gestellt wird, buchen wir auf das Konto **UST**.
3	Bei einer **Eingangsrechnung** buchen wir die Umsatzsteuer als VORST.
4	Der **Nettowarenwert** abzüglich der Umsatzsteuer ergibt den **Rechnungsbetrag**.
5	Wenn sich Beate ein Buch kauft, sind im **Rechnungsbetrag 19 % UST** enthalten.
6	Jeder, der **Umsatzsteuer** zahlt, darf sie vom **Finanzamt** auch wieder zurückfordern.
7	Der Verkauf von Fußballschuhen in die USA ist **umsatzsteuerfrei**.

Aufgabe 11-11 Rechnungswesen

Übertrage die Skizze in dein Heft. Ordne danach die folgenden Begriffe entweder dem Einkaufs- oder dem Verkaufsbereich zu:

Forderungen, Rohstoffe, Hilfsstoffe, Betriebsstoffe, Werkstoffe, Bezugskosten, Vorsteuer, Umsatzerlöse für Fertigerzeugnisse, Lieferverbindlichkeiten, Fremdbauteile, Eingangsrechnung, Ausgangsrechnung.

Aufgabe 11-12 Rechnungswesen

Bilde die Buchungssätze für die folgenden Geschäftsfälle bei der Firma ADA:

1. *Ausgangsrechnung über Fertigerzeugnisse, Listenverkaufspreis 1.500,00 EUR; wir gewähren dem Kunden 10 % Treuerabatt.*
2. *Eingangsrechnung über Klebstoffe, netto: 2.100,00 EUR*
3. *Die Frachtkosten für die Lieferung der Klebstoffe zahlen wir bar: 150,00 EUR netto.*
4. *Zielverkauf von Fußbällen, Warenwert netto: 2.500,00 EUR*

⑫ Wiederholung und zusammenfassende Aufgaben

12.1 Das Ziel eines jeden Unternehmens: der Gewinn

Der Wirtschaftsdoc

Gewinn im Unternehmen

Jeder Unternehmer will als Ziel seiner Tätigkeit am Ende des Geschäftsjahres einen Gewinn erwirtschaften.

- Der Gewinn dient einerseits zur Entlohnung dafür, dass der Unternehmer seine Arbeitskraft eingebracht hat.
- Andererseits soll das übernommene Geschäftsrisiko damit abgedeckt werden.
- Außerdem müssen künftig Anschaffungen (Investitionen) getätigt werden, wie neue Maschinen, Fahrzeuge, Geschäftsausstattung.
- In der Buchführung wird der Gewinn (oder der Verlust) ermittelt über die

Erfolgskonten,
also über die
Aufwands- und Ertragskonten.

Anhand eines Beispiels aus einem Unternehmen soll dies verdeutlicht werden:

Zu Beginn des Jahres hatte das Unternehmen ein Eigenkapital von 240.000,00 EUR.

Während des Geschäftsjahres fallen Aufwendungen und Erträge an, die Einfluss auf unser Eigenkapital nehmen.

Aufwendungen		Erträge	
Werkstoffe	80.000,00 EUR	Umsatzerlöse	145.000,00 EUR
Löhne	40.000,00 EUR	Zinserträge	6.000,00 EUR
Miete	8.000,00 EUR		
Summe	**128.000,00 EUR**	**Summe**	**151.000,00 EUR**

Die Erträge sind höher als die Aufwendungen.		Erträge	151.000,00 EUR
	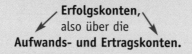	– Aufwendungen	128.000,00 EUR
		Gewinn	23.000,00 EUR

Der Gewinn von 23.000,00 EUR vermehrt in dieser Höhe das bisherige Eigenkapital.

Zum Ende des Jahres beträgt das Eigenkapital 263.000,00 EUR.

Sollten die Aufwendungen höher sein als die Erträge, so tritt ein Verlust ein.

12.2 Zusammenfassende Aufgaben

Die folgenden Aufgaben entsprechen in Länge und Schwierigkeitsgrad einer Schulaufgabe im Rechnungswesen am Ende des Schuljahres aus der 7. Jahrgangsstufe. Die Aufgaben können in Einzel-, Partner- oder Gruppenarbeit gelöst werden und dienen zur Vertiefung des Grundwissens.

Stell dir vor: Du bist nicht mehr in der 7. Klasse der Realschule, sondern bereits im Berufsleben. Versetze dich in die Rolle einer Sachbearbeiterin bzw. eines Sachbearbeiters in der Abteilung Rechnungswesen in einem Unternehmen, das Sportschuhe und Sportbälle herstellt. Es sind noch ein paar Arbeiten von dir zu erledigen.	**ADA–Sportartikel** Industriestraße 1 91443 Scheinfeld 

Dein Chef ist genau und achtet neben einer sauberen Darstellung vor allem darauf, dass

- **bei Berechnungen jeweils alle notwendigen Lösungsschritte vermerkt werden,**
- **ein Umsatzsteuersatz von 19 % berücksichtigt wird,**
- **alle Ergebnisse auf zwei Dezimalstellen genau angegeben werden.**

Aufgabe 12-1 Rechnungswesen

Aufgabe 1

1.1 Belege sind die Grundlage für die Buchführung. Zähle vier Arbeitsgänge auf, wie du Belege in der Buchführung der Firma **ADA**-Sportartikel aufbereitest.

1.2 In der Buchhaltung von **ADA**-Sportartikel liegt folgende Beleg-Durchschrift vor:

Durchschrift für Auftraggeber	20..-01-25	*Armin Dall*
	Datum	Unterschrift für nachstehenden Auftrag
Empfänger: Leder-Stern, Regensburg		
Kto-Nr. des Empfängers: 346 783	Bankleitzahl 720 933 55	
bei der Sparkasse		
	Betrag: EUR 1.547,00	
Verwendungszweck: Rechnung Nr. 34 555 vom 20..-12-27		
Auftraggeber: Armin Dall, ADA-Sportartikel		
Konto-Nr. des Auftraggebers: 123 456		

1.2.1 Handelt es sich um einen Eigen- oder Fremdbeleg?

1.2.2 Welcher Geschäftsfall liegt diesem Beleg zugrunde?

1.2.3 Wie bucht die Firma **ADA** diesen Beleg?

1.2.4 Wie bucht Firma Leder-Stern den entsprechenden Geschäftsfall?

Aufgabe 12-1 Rechnungswesen

Aufgabe 2

In der Buchführungsabteilung der Firma **ADA**-Sportartikel liegt dir ein weiterer Beleg zur Bearbeitung vor:

Wirkner GmbH
Weberstraße 33
94128 Regenstauf

Wirkner GmbH

ADA-Sportartikel
Industriestraße 1

91443 Scheinfeld

Regenstauf, 20..-01-14

Rechnung-Nr. 68/20

Wir liefern Ihnen „ab Werk“. Ihre Bestellung: 20..-01-08

Art.-Nr.	Menge	Bezeichnung	Einzelpreis	Gesamtpreis in EUR
243	1300 Rollen	Spezialgarn	3,40 EUR	4.420,00
26	2800 Stück	Ösen	0,20 EUR	560,00
			– Rabatt	498,00
			Warenwert	4.482,00
			+ Transportkosten	40,00
			Netto	4.522,00
			+ 19 % UST	859,18
			Brutto	**5.381,18**

Das Zahlungsziel beträgt 30 Tage netto, bei Zahlung innerhalb 10 Tagen gewähren wir 2 % Skonto. Die Ware bleibt bis zur endgültigen Bezahlung unser Eigentum.
Regenbank Regenstauf: Kto.-Nr. 8 444 774, BLZ: 750 77 44

2.1 Um welche Art von Rechnung handelt es sich bei vorliegendem Beleg?

2.2 Um welche Werkstoffe handelt es sich?

2.3 Erkläre die in der Rechnung vorkommende Bemerkung: Lieferung „ab Werk“. Was heißt dagegen „frei Haus“?

2.4 Wie nennt der Kaufmann die Bemerkung auf dem Beleg bezüglich der Eigentums-verhältnisse? Weshalb geschieht dies?

2.5 Buche den im Beleg dargestellten Geschäftsfall.

2.6 Die Firma ADA erstellt folgendes Rechenblatt zur Rechnung Nr. 68/20 auf S. 208:

	A Begriffe	B %	C EUR
1	Listeneinkaufspreis		4.980,00
2	– Liefererrabatt		498,00
3	Bareinkaufspreis		4.482,00
4	– Liefererskonto	2,00	##########
5	Zieleinkaufspreis		##########
6	+ Bezugskosten		##########
7	Bezugsspreis		##########

2.6.1 In das vorstehende Kalkulationsschema haben sich Fehler einge-schlichen. Überprüfe das verwendete Kalkulationsschema auf die Richtigkeit und gib das Kalkulationsschema in korrekter Form in deinem Heft wieder.

2.6.2 Berechne den Rabatt in Feld B2 in Prozent.

2.6.3 Ermittle den Bezugspreis, wenn keine Fracht in Rechnung gestellt wurde.

2.6.4 Wie lauten die Formeln in den Feldern C4 und C7?

Aufgabe 3

Im Industriebetrieb ADA-Sportartikel ereignen sich weitere Geschäftsfälle. Bilde die ent-sprechenden Buchungssätze.

3.1 Gutschrift für die Aufnahme eines 5-jährigen Bankdarlehens über 30.000,00 EUR

3.2 Barkauf von Motorenöl, netto 422,00 EUR

3.3 Zielkauf von Lederschäften, netto 50.400,00 EUR. Der Händler stellt 119,00 EUR Fracht brutto in Rechnung.

3.4 Schnürsenkel netto 300,00 EUR werden gegen Banküberweisung eingekauft.

3.5 Verkauf von Fußballschuhen, Marke Beckenbauer, netto 60.000,00 EUR, auf Ziel

3.6 Tilgung eines kurzfristigen Bankdarlehens über 5.000,00 EUR durch Banküberweisung

3.7 Kauf eines neuen Lieferwagens von netto 32.000,00 EUR gegen Bankscheck

3.8 Überweisung des Rechnungsbetrages aus der Verbindlichkeit in Aufgabe 3.3

Aufgabe 12-2 Rechnungswesen

Aufgabe 1

1.1 Um welche Art der Rechnung handelt es sich bei dem umseitig abgebildeten **Beleg Nr. 1** (aus der Sicht der Firma ADA-Sportartikel)?

1.2 Bilde dazu den erforderlichen Buchungssatz.

Beleg Nr. 1:

Kuhhaut & Söhne
Ledergroßhandel
Hochrhönstraße 3
36129 Gersfeld
Tel.: (0 61 22) 1 23 45

ADA-Sportartikel
Industriestraße 1

91443 Scheinfeld

K&S

Rechnung Nr. 713   Gersfeld, 20..-05-16

Wir lieferten Ihnen:

Lederhäute, weiß gelaugt,	300 m² à 20,00 EUR	6.000,00 EUR
– 10 % Sonderrabatt		600,00 EUR
Warenwert netto		5.400,00 EUR
+ Transportbehälter netto		200,00 EUR
+ 19 % Umsatzsteuer		1.064,00 EUR
Rechnungsbetrag		**6.664,00 EUR**

Zahlung: innerhalb von 30 Tagen ohne Abzüge.
Die Ware bleibt bis zur vollständigen Bezahlung unser Eigentum.

1.3 Um welche Art von Beleg handelt es sich bei dem unten abgedruckten **Beleg Nr. 2?**

1.4 Wie viele Geschäftsfälle sind aus diesem Beleg zu erkennen? Beschreibe die einzelnen Geschäftsfälle.

1.5 Bilde dazu alle erforderlichen Buchungssätze.

Beleg Nr. 2:

Auftraggeber/Empfänger/Verwendungszweck	Buch.-Tag	Wert	BN-Nr.	Last-/Gutschr.
Rechnung Fa. Kuhhaut & Söhne, 20..-05-16	20..-05-31	20..-06-01	9966	– 6.664,00 EUR
Miete Verwaltungsgebäude brutto	20..-05-31	20..-05-31	9967	– 2.380,00 EUR
SV Greuther Fürth: Kunden-Nr. 2011	20..-05-31	20..-06-01	9968	+ 1.904,00 EUR
Rechnung 20..-04-20: Fußballschuhe				

ADA-Sportartikel	Kto.-Nr.	Alter Saldo	Schuld	Guthaben in EUR
Industriestraße 1	123456			**28.345,00**
		Neuer Saldo	Schuld	Guthaben in EUR
91443 Scheinfeld				**21.205,00**
	Auszug vom	Ausz.-Nr.	Blatt	
	20..-05-31	32	1	

Sparbank Scheinfeld	**Kontokorrentkredit in EUR 25.000,00**

Aufgabe 2

Ein neuer Lieferant für Spezialfarben zur Lackierung der Sportschuhe unterbreitet uns ein Angebot: Listeneinkaufspreis pro Kanister Speziallack: 750,00 EUR, Skonto: 2 %, Rabatt: 5 %. Die Fracht- und Verpackungskosten pro Kanister betragen netto 20,75 EUR.

Erstelle eine Einkaufskalkulation zu diesem Angebot (saubere Aufstellung mit genauen Bezeichnungen).

Aufgabe 3

In die folgenden Begriffsreihen hat sich jeweils ein Begriff eingeschlichen, der mit den anderen Beispielen nichts zu tun hat. Finde das „schwarze Schaf" heraus und begründe, warum dieser Begriff nicht zu der übrigen Reihe passt.

1. *Maschinen – Bank – Vorsteuer – Verbindlichkeiten – Fuhrpark*
2. *Löhne – Miete – Umsatzerlöse – Aufwendungen für Rohstoffe – Bezugskosten für Hilfsstoffe*
3. *Ausgangslager – Verbindlichkeiten aus Lieferungen – Vorsteuer – Aufwendungen für Hilfsstoffe – Eingangsrechnung*
4. *Bilanz – Anlagevermögen – Aktiva – Passiva – Fremdkapital – Soll*
5. *Eigenkapital – Anlagevermögen – Umlaufvermögen – Fremdkapital – Kasse*
6. *Verbindlichkeiten aus Lieferungen und Leistungen – Bankverbindlichkeiten – Forderungen aus Lieferungen und Leistungen – Eigenkapital*
7. *Forderungen – Umsatzsteuer – Umsatzerlöse – Ausgangsrechnung – Eingangslager*

Aufgabe 4

Bilde zu den folgenden Geschäftsfällen die erforderlichen Buchungssätze.

4.1. *Barzahlung der Pacht für einen Lagerplatz, 900,00 EUR netto*
4.2. *Die Heizölrechnung über netto 4.100,00 EUR zuzüglich netto 150,00 EUR Frachtkosten wird durch einen Bankscheck beglichen.*
4.3. *Banküberweisung der Leasingrate für das Kopiergerät, brutto 357,00 EUR*
4.4. *Zielverkauf von 50 Paar Basketballstiefeln „Jump", Listenverkaufspreis 35,00 EUR pro Paar; wir gewähren unserem Kunden 10 % Rabatt.*
4.5. *Zielkauf von Schnürsenkeln, brutto 1.011,50 EUR; die Lieferung erfolgt durch einen Paketdienst, den wir sofort bar bezahlen: netto 10,00 EUR.*

Aufgabe 5

Wie lauten die Geschäftsfälle zu den folgenden Buchungssätzen (Buchungslesen)?

5.1	BK		an	FO	3.500,00 EUR
5.2	LBKV		an	BK	12.000,00 EUR
5.3	AWR 2.375,00 EUR VORST 451,25 EUR		an	VE	2.826,25 EUR

Aufgabe 6

Entscheide, ob die folgenden Behauptungen richtig oder falsch sind und schreibe die korrekten Aussagen in dein Heft.

Nr.	Behauptung
6.1	In Aufwands- bzw. Ertragskonten werden Bruttobeträge gebucht.
6.2	Umsatzsteuer, die wir unseren Kunden berechnen, erhöht unsere Umsatzerlöse.
6.3	Skonto wird beim Bezug größerer Mengen gewährt.
6.4	Wenn die Aufwendungen größer sind als die Erträge, haben wir einen Gewinn erzielt.
6.5	Das Konto Eigenkapital ist ein passives Bestandskonto und nimmt im Haben zu.

Aufgabe 12-3 Rechnungswesen

Aufgabe 1

Bei einem Stoß Rechnungen sollst du unterscheiden, ob es sich um Rohstoffe, Hilfsstoffe, Betriebsstoffe oder Fremdbauteile handelt.

1.1 Wie werden Rohstoffe, Hilfsstoffe, Betriebsstoffe und Fremdbauteile beschrieben?

1.2 Gib jeweils an, um welche Art von Werkstoff es sich handelt:

> Stadtwerke Nürnberg: Wasserrechnung.
> Firma Kuhleder, Erlangen: 2 000 qm Leder.
> Firma Garn & Co., Nürnberg: 160 m Nähgarn weiß.
> Firma Stoff & Söhne, Ulm: 2 000 kg Baumwolle.
> Firma Sohler GmbH, 10 000 Schuhsohlen.
> Stadtwerke Nürnberg: Stromrechnung.

Aufgabe 2

Entscheide, ob die folgenden Behauptungen richtig oder falsch sind und schreibe die korrekten Aussagen in dein Heft.

Nr.	Behauptung
2.1	Heute zählen in den Betrieben Textverarbeitungs- und Tabellenkalkulationsprogramme zum allgemeinen Standard in der Kommunikations- und Informationstechnologie.
2.2	Wirtschaftliches Handeln bedeutet, nur auf seinen eigenen Vorteil bedacht zu sein.
2.3	Ein entscheidender Standortfaktor bei der Wahl des Unternehmenssitzes ist der Preis für Rohstoffe vor Ort.
2.4	Deutschland lebt in erster Linie von der Güterproduktion. Die angebotenen Dienstleistungen sind nur zweitrangig. Daran wird sich auch künftig wenig ändern.
2.5	Erträge buchen wir bei einer Mehrung immer im Haben.
2.6	Aktive Bestandskonten erfassen den Verbrauch von Gütern und Dienstleistungen.

Aufgabe 3

Der Großhändler Klaus Krönitz, wohnhaft in 89233 Neu-Ulm, Hauptstraße 115, hat bei uns 1.000 Paar Schuhe zu je 80,00 EUR netto bestellt und heute erhalten. Er hat 20 % Sonderrabatt ausgehandelt. Der Großhändler Spitz soll innerhalb von 30 Tagen seine Rechnung bezahlen, bekommt aber 3 % Skonto, wenn er sein Konto binnen 8 Tagen ausgleicht.

1. Erstelle eine Rechnung für den Kunden Spitz.

2. Welchen Betrag erwarten wir vom Großhändler Spitz, wenn er innerhalb von einer Woche bezahlt?

Aufgabe 4

Der Mitarbeiter Klaus Fehloft ist erkrankt. Seine Berechnungen liegen dir vor. Er hat leider die Angewohnheit, ziemlich unsauber zu schreiben. Du sollst eine seiner Berechnungen nachvollziehen. Lediglich der Zieleinkaufspreis von 5.000,00 EUR ist einwandfrei lesbar.

Berechne die fehlenden Größen, wenn 10 % Rabatt und 3 % Skonto abgezogen werden.

Aufgabe 5

Herr Dall will für seinen Enkel ein Fernsehgerät kaufen. In einem Fachgeschäft in Nürnberg kostet das Gerät mit den gewünschten Funktionen 640,00 EUR. Da der Ladeninhaber von Herrn Dall öfters Turnschuhe günstiger bekommt, gewährt er einen Preisnachlass von 20 %. Das gleiche Gerät wird laut Zeitungsinserat beim MEDIMARKT für 469,00 EUR als Sonderangebot verkauft.

Dein Chef will von dir wissen, wo er den Fernseher kaufen soll. Dabei sollst du nicht nur mit Zahlen argumentieren, sondern auch wirtschaftliche Überlegungen in deine Entscheidung einfließen lassen. Auch Gesichtspunkte wie Kundenbetreuung, Umweltschutz und persönliche Beziehungen sind zu berücksichtigen.

Im Einzelnen sind dir bekannt:

- Die Entfernung zwischen MEDIMARKT und ADA-Sportartikel beträgt 30 km. Der Laden des Fachhändlers ist 5 km entfernt.
- Die Fahrtkosten werden mit 0,40 EUR pro km einfache Entfernung berechnet.
- Sowohl der MEDIMARKT als auch das Fachgeschäft verfügen über eine Reparatur- und Serviceabteilung.

5.1 Berechne die beiden Angebote. Welches ist günstiger?

5.2 Für welches Angebot würdest du dich entscheiden? Begründe deine Wahl.

Aufgabe 6

Bilde die Buchungssätze zu folgenden Geschäftsfällen:

6.1   Kauf eines Computers für die Verwaltung auf Ziel: netto 1.500,00 EUR.

6.2   Banküberweisung an den Lieferer der Schuhschäfte: 8.330,00 EUR.

6.3   Wir kaufen Rohstoffe auf Ziel: netto 40.000,00 EUR.

6.4   Der Händler berechnet zur Rohstofflieferung Fracht in Höhe von 500,00 EUR netto.

6.5   Wir verkaufen Fertigerzeugnisse in Höhe von 50.000,00 EUR netto. Der Kunde will die Ware selbst abholen und bei Erhalt mit Scheck bezahlen.

6.6 Wir suchen einen neuen Zulieferer für Kunststoffgranulat. Ein Händler bietet uns den 100-kg-Sack zu je 18,50 netto an. Er gewährt 10 % Rabatt beim Kauf ab fünf Tonnen. Der Händler liefert aber erst bei Abnahme von mindestens einer Tonne und stellt dafür netto 10,00 EUR Fracht in Rechnung.

a) Berechne den Einstandspreis für 1 t Granulat, wenn wir 5 t abnehmen wollen.

b) Bilde den Buchungssatz bei Erhalt der Eingangsrechnung.

6.7 Wir erhalten die Stromrechnung über 4.000,00 EUR netto.

Aufgabe 7

7.1 Bilde den Buchungssatz bei Vorlage des unten abgedruckten Beleges.

7.2 Der Kunde bezahlt am 28. Mai d. J. seine Rechnung.

a) Bilde den Buchungssatz.

b) Bis wann hätte der Kunde die Rechnung bezahlen müssen, um Skonto beanspruchen zu können?

ADA
Sportartikel/Sportbekleidung

Sportgeschäft SPORTI
Baumarktgasse 12 a

89233 Neu-Ulm

ADA-Sportartikel
Industriestraße 1
91443 Scheinfeld

Tel. (0 98 31) 63 42-0
Fax (0 98 31) 63 42-22
http://www.ADA-Sportartikel.de

RECHNUNG Nr. 33 885

Scheinfeld, 20..-05-09

Für die Lieferung vom 22. April 20.. berechnen wir:

Artikel	Artikel-Nr.	Einzelpreis EUR	Stück	Gesamtpreis EUR
Turnschuhe EXZELLENT	TE–228	60,00	200	12.000,00
Fußballschuh ALLROUNDER	FA–118	130,00	100	13.000,00
Fahrradschuh TRETER	FT–111	150,00	50	7.500,00
				32.500,00
– Rabatt 10 %				3.250,00
Warenwert netto				29.250,00
+ Umsatzsteuer 19 %				5.557,50
				34.807,50

Die Zahlung ist zu leisten innerhalb von 60 Tagen ohne Abzug.
Bei Bezahlung innerhalb von 10 Tagen gewähren wir 2 % Skonto.

Die gelieferte Ware bleibt bis zur vollständigen Bezahlung unser Eigentum.
Bankverbindung: Sparbank Scheinfeld, Konto-Nr.: 123 456, BLZ: 762 500 00

⑬ Auf den Punkt gebracht

13.1 Lernen mit dem Wirtschaftspauk

Die älteste Tochter vom Wirtschaftsdoc, deren Spitzname Wirtschaftspauk lautet, hat sich für dich die Mühe gemacht, auf drei Seiten den wichtigsten Lernstoff zusammenzufassen.

Sobald du für eine Arbeit lernst, wird dir ein „Paukstoff" an die Hand gegeben. Mit dieser Zusammenfassung in konzentrierter Form erleichterst du dir das Wiederholen und Einprägen.

Wie lernst und arbeitest du am besten mit dem „Wirtschaftspauk"?

1. Kopiere dir die drei Seiten, sodass du die gewünschten Stellen markieren kannst.
2. Kennzeichne mit Bleistift auf der Kopie, über welches Wissen du bis zur nächsten Schul- bzw. Stegreifaufgabe verfügen musst.
3. Decke die gegebenen Lösungen zunächst ab und notiere aufgrund des Geschäftfalls den Buchungssatz. Überprüfe die Ergebnisse und verfahre anschließend umgekehrt.
4. Wiederhole jedes Schema, nachdem du es verstanden hast und dabei bist, es dir fest einzuprägen, auf einem Blatt Papier. Dies gilt insbesondere für die Bilanz.
5. Bitte einen Mitschüler oder deine Eltern, dir nacheinander die betreffenden Geschäftsfälle vorzulesen. Notiere jeweils den Buchungssatz, evtl. auch das dazugehörige Schema. Wiederhole diese Übung so oft, bis du fehlerfrei arbeitest und alle Buchungssätze spielend beherrscht.
6. Vergiss nicht, etliche Aufgaben aus dem Buch zu lösen. Und jetzt viel Spaß beim Lernen und Üben!

Die Gliederung der Bilanz				
	Aktiva	**Bilanz zum 31. Dez. 20..**	**Passiva**	
Nutzungsdauer ↓ *Liquidität* ↓	**I. Anlagevermögen** Bebaute Grundstücke Maschinen Fuhrpark Büroausstattung **II. Umlaufvermögen** Forderungen Bankguthaben Kasse	**I. Eigenkapital** **II. Fremdkapital** Langfristige Bankverbindlichkeiten Kurzfristige Bankverbindlichkeiten Verbindlichkeiten aus Lieferungen und Leistungen		*Fälligkeit* ↓
Die **Aktivseite** stellt die **Mittelverwendung**, also das **Vermögen** des Unternehmens dar.		Die **Passivseite** gibt Auskunft über die **Mittelherkunft**, also das **Kapital** der Firma.		

Buchungen
Bilde die Buchungssätze nach folgendem Schema:
• Welche Konten sind betroffen?
• Welcher Kontentyp liegt vor? (Aktiv-, Passiv-, Aufwands- oder Ertragskonto?)
• Handelt es sich um eine Mehrung oder Minderung?
• Wird im Soll oder Haben gebucht?

Buchungen im Einkaufsbereich

Als Angestellte der Firma ADA liegen uns verschiedene Geschäftsfälle zur Bearbeitung vor.

Nr.	Geschäftsfall	Soll	Haben	
1	Wir zahlen 10.000,00 EUR auf unser Bankkonto ein.	BK	KA	**10.000,00 EUR**
2	Wir heben 5.000,00 EUR für die Geschäftskasse ab.	KA	BK	**5.000,00 EUR**
3	Unser Kunde überweist 2.000,00 EUR.	BK	FO	**2.000,00 EUR**
4	Wir bezahlen an unseren Lieferer 1.000,00 EUR bar.	VE	KA	**1.000,00 EUR**
5	Eine Lieferverbindlichkeit über 10.000,00 EUR begleichen wir mittels kurzfristigem Bankdarlehen.	VE	KBKV	**10.000,00 EUR**
6	Wir nehmen für drei Jahre einen Bankkredit über 30.000,00 EUR auf.	BK	LBKV	**30.000,00 EUR**
7	Wir tilgen ein kurzfristiges Bankdarlehen in Höhe von 5.000,00 EUR mittels Verrechnungsscheck.	KBKV	BK	**5.000,00 EUR**

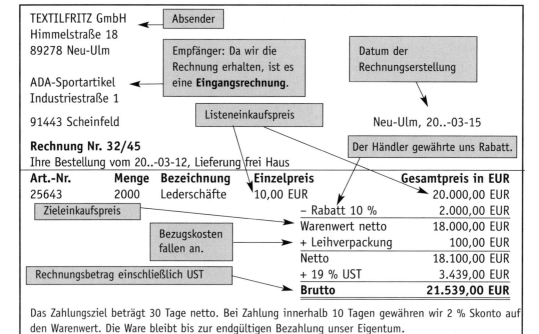

TEXTILFRITZ GmbH ← Absender
Himmelstraße 18
89278 Neu-Ulm

Empfänger: Da wir die Rechnung erhalten, ist es eine **Eingangsrechnung**.

ADA-Sportartikel ←
Industriestraße 1

91443 Scheinfeld

Datum der Rechnungserstellung

Neu-Ulm, 20..-03-15

Rechnung Nr. 32/45
Ihre Bestellung vom 20..-03-12, Lieferung frei Haus

Der Händler gewährte uns Rabatt.

Listeneinkaufspreis

Art.-Nr.	Menge	Bezeichnung	Einzelpreis	Gesamtpreis in EUR
25643	2000	Lederschäfte	10,00 EUR	20.000,00 EUR

Zieleinkaufspreis

Bezugskosten fallen an.

Rechnungsbetrag einschließlich UST

– Rabatt 10 %	2.000,00 EUR
Warenwert netto	18.000,00 EUR
+ Leihverpackung	100,00 EUR
Netto	18.100,00 EUR
+ 19 % UST	3.439,00 EUR
Brutto	**21.539,00 EUR**

Das Zahlungsziel beträgt 30 Tage netto. Bei Zahlung innerhalb 10 Tagen gewähren wir 2 % Skonto auf den Warenwert. Die Ware bleibt bis zur endgültigen Bezahlung unser Eigentum.

Aus der Rechnung sind folgende Einzelheiten abzulesen:

- Die vorliegende Rechnung ist eine **Eingangsrechnung**.
- Skontofrist: bis 20..-03-25 zu zahlen: 21.108,22 EUR
- Zahlungsziel: bis 20..-04-15 zu zahlen: 21.539,00 EUR

- Es besteht Eigentumsvorbehalt. Die Frachtkosten trägt der Verkäufer.
- Es fallen Bezugskosten für die Leihverpackung an.

Für das Lesen von Belegen bietet sich folgendes Schema an:

- **Welche Art von Beleg liegt vor?** (Rechnung, Kontoauszug, Bankbeleg, Quittung?)
- **Wer hat den Beleg erstellt?** (Stammt der Beleg von uns oder einer anderen Firma?)
- **Wer hat den Beleg erhalten?** (Haben wir den Beleg bekommen oder verschickt?)
- **Welcher Vorgang hat zu dem Beleg geführt?** (z. B. Geld abgehoben, eingekauft, verkauft?)

Nr.	Geschäftsfall	Soll		Haben	
8	**Bilde den Buchungssatz bei Rechnungseingang:** Wir kaufen Rohstoffe auf Ziel, der Händler stellt Fracht in Rechnung.	AWR BZKR VORST	18.000,00 EUR 100,00 EUR 3.439,00 EUR	VE	21.539,00 EUR
9	Die Lieferung der Firma Textilfritz erfolgt mittels Spedition. Wir bezahlen mit Scheck über 1.190,00 EUR brutto.	BZKR VORST	1.000,00 EUR 190,00 EUR	BK	1.190,00 EUR

Merke: Sofortrabatte werden nicht gebucht.

Die Buchung des Einkaufs von Werkstoffen erfolgt auf den **Aufwandskonten AWR** (Rohstoffe = Hauptbestandteil), **AWB** (Betriebsstoffe = nicht im Produkt enthalten), **AWH** (Hilfsstoffe = Nebenbestandteil) und **AWF** (Fremdbauteile = fertig vom Zulieferer bezogen).

- Die beim Einkauf anfallenden Frachtkosten wie Speditionsrechnungen, Rollgeld, Verpackungen buchen wir auf den entsprechenden Bezugskostenkonten BZKR, BZKB, BZKH, BZKF.

Nr.	Geschäftsfall	Soll		Haben	
10	Wir bezahlen die Rechnung von Aufgabe Nr. 8 am 14. April d. J.	VE		BK	21.539,00 EUR
11	Wir kaufen eine Maschine (oder *Fahrzeug, Büromaschine, Büroausstattung*) für 11.900 EUR brutto auf Ziel *(Eingangsrechnung)*.	MA (FP, BM, BA) VORST	10.000,00 EUR 1.900,00 EUR	VE	11.900,00 EUR

	Einkaufskalkulationsschema (per Hand oder PC) aufgrund der Eingangsrechnung				
		A	**B**	**C**	**Formeln**
1	Menge in Stück			2000	
2	Listenpreis je Stück			10,00 EUR	
3	Listeneinkaufspreis gesamt			20.000,00 EUR	= C1 * C2
4	– Rabatt in %		10	2.000,00 EUR	= C3*B4/100
5	Zieleinkaufspreis			18.000,00 EUR	= C3–C4
6	– Skonto in %		2	360,00 EUR	= C5*B6/100
7	Bareinkaufspreis			17.640,00 EUR	= C5–C6
8	+ Bezugskosten			100,00 EUR	
9	Einstandspreis netto			17.740,00 EUR	= C7 + C8

	Buchungen im Verkaufsbereich				
12	Wir verkaufen Fertigerzeugnisse für 10.000,00 EUR netto auf Ziel.	FO	11.900,00 EUR	UEFE UST	10.000,00 EUR 1.900,00 EUR

13.2 Grundwissen – Grundbegriffe

A

Anlagevermögen. Darunter sind die langfristig im Unternehmen verbleibenden Gegenstände zu verstehen, z. B. bebaute und unbebaute Grundstücke, Lieferwagen und Geschäftsausstattungen. Das Anlagevermögen wird nach der Nutzungsdauer geordnet.

Ausgaben, fixe und variable. Fixe Ausgaben sind feste Ausgaben, die regelmäßig vorkommen, z. B. Miete, Kanalisation, Fernsehgebühren. Variable Ausgaben sind unregelmäßige Zahlungen, wie z. B. Schul- und Berufsbedarf.

B

Bareinkaufspreis. Damit ist der Preis gemeint, den wir nach Abzug von Rabatt und Skonto bezahlen.

Barscheck. Wer dieses Inhaberpapier unterschrieben bei der Bank des Scheckausstellers vorlegt, erhält das Geld bar ausbezahlt. Der Betrag wird vom Girokonto des Scheckausstellers abgebucht. Barschecks sind gefährlich; denn bei Diebstahl oder Verlust kann auch ein Unbefugter sie leicht einlösen.

Behörden. Hierzu zählen staatliche und städtische Einrichtungen wie Schule, Universität, Polizei, Arbeits-, Gewerbe-, Gesundheits- und Finanzamt.

Beleg. Nur wenn ein ordnungsgemäßer Eigen- oder Fremdbeleg vorhanden ist, darf die Buchhaltung den Geschäftsfall bearbeiten. Ein wichtiger Grundsatz der Buchführung heißt daher: Keine Buchung ohne Beleg! Ein Beleg verbindet immer den einzelnen Geschäftsfall mit der nachfolgenden Buchung. Für Belege besteht eine zehnjährige Aufbewahrungspflicht. Um einen Beleg richtig auszuwerten, bietet sich folgendes Schema an: Um welche Art von Beleg handelt es sich? Wer hat den Beleg erstellt? Wer hat den Beleg erhalten? Welcher Vorgang hat zu dem Beleg geführt?

Betriebsstoffe. Sie sind kein Bestandteil des Produktes, sondern dienen dazu, dass der Betrieb mit Energie versorgt wird und die Maschinen mithilfe von Öl, Schmierstoffen, Wasser usw. betrieben werden können. Die Aufwendungen für Betriebsstoffe werden im Konto AWB, die Bezugskosten für Betriebsstoffe im Konto BZKB bei Mehrung im Soll gebucht.

Bezugs- oder Frachtkosten. Diese Kosten entstehen beim Einkauf der Ware, z. B. Transportkosten, Rollgeld, Transportversicherungen. Beim Buchen unterscheiden wir vier dazugehörige Aufwandskonten, nämlich Bezugskosten für Rohstoffe (BZKR), Bezugskosten für Fremdbauteile (BZKF), Bezugskosten für Hilfsstoffe (BZKH) und Bezugskosten für Betriebsstoffe (BZKB).

Bilanz. Die Bilanz ist mit einer Waage vergleichbar. Es handelt sich um eine Kurzfassung des Inventars in Kontenform. In dieser Übersicht werden Vermögen (Mittelverwendung) und Kapital (Mittelherkunft) gegenübergestellt. Die linke Seite, die Aktivseite, enthält das Anlage- und Umlaufvermögen. Auf der rechten Seite, der Passivseite, werden die Schulden (Fremdkapital) und das Eigenkapital aufgenommen.

Bilanzveränderungen. Jeder Geschäftsfall verändert mindestens zwei Bilanzposten: Aktiv-Tausch: Ein Aktivposten wird mehr, einer weniger (KA an FO). Passiv-Tausch: Ein Passivposten wird mehr, einer weniger (KBKV an VE). Aktiv-Passiv-Mehrung: Die Mehrung betrifft ein Aktiv- und ein Passivkonto (FP an VE). Aktiv-Passiv-Minderung: Von der Minderung sind ein Aktiv- und ein Passivkonto betroffen (VE an BK).

Buchführung. Jeder Kaufmann muss sich an den gesetzlichen Vorschriften des Handelsgesetzbuches (HGB) orientieren und ist zur ordnungsmäßigen Buchführung verpflichtet. Nur ordnungsgemäß geführte Bücher gelten als Beweis z. B. gegenüber dem Finanzamt. Alle wichtigen Unterlagen sind zehn Jahre lang sicher aufzubewahren. Die Buchführung gilt als ordnungsgemäß, wenn sich ein neutraler Sachverständiger (z. B. Finanzbeamter) in einem angemessenen Zeitraum ohne fremde Hilfe einen genauen Überblick über die finanzielle Lage eines Unternehmens verschaffen kann.

Buchungssatz, einfacher. Die Namen der Konten sind durch das Wort „an" miteinander verbunden. Das Konto vor dem „an" enthält die Soll-Buchung, das Konto danach die Haben-Buchung. Die EUR-Beträge müssen bei der Soll- und der Haben-Buchung auf beiden Seiten gleich hoch sein.

Budgetplan. Es ist eine andere Bezeichnung für einen Haushaltsplan. Bei jeder Finanzplanung sollte das „Prinzip der kaufmännischen Vorsicht" gelten. Die Ausgaben sind höher und die Einnahmen niedriger als erwartet anzusetzen.

D

Dauerauftrag. Er eignet sich für alle wiederkehrenden Zahlungen, die in gleicher Höhe und zum gleichen Zeitpunkt erfolgen, z. B. Miete, Taschengeld, Versicherungsbeiträge. Der Dauerauftrag läuft gewöhnlich unbefristet. Jede Änderung ist im Allgemeinen gebührenpflichtig.

Dienstleistung. Solche Unternehmer stellen selbst keine Waren her oder handeln damit, sondern bieten Dienstleistungen an wie Friseur, Bank, Steuerberater, Kfz-Werkstatt, Hard- und Softwareberatung. Das Dienstleistungsgewerbe verzeichnet steigende Zuwachsraten, schafft neue Arbeitsplätze und gewinnt damit zunehmend an Bedeutung.

E

Einstandspreis. Dies ist der Preis, den wir letztendlich einschließlich der Bezugskosten bezahlen müssen. Skonto und Rabatt, falls gewährt, sind schon abgezogen worden.

Einzelunternehmung. Hier sind die Rechte und Pflichten in einer Person, dem Firmeninhaber, vereint. Vorteile sind: Entscheidungsfreiheit, Verwirklichung eigener Ideen, größere Flexibilität, alleiniger Gewinnanspruch. Als Nachteile fallen an: Haf-

tung mit Betriebs- und Privatvermögen, alleiniges Risiko, größere Gefahr von Fehlentscheidungen, zumindest anfangs hohe arbeitsmäßige Belastung.

Einzugsverfahren (Lastschriftermächtigung). Im Gegensatz zum Dauerauftrag können auch unregelmäßig zu leistende Zahlungen in unterschiedlicher Höhe abgebucht werden wie Einkäufe im Versandhandel oder Telefongebühren. Für den Schuldner fallen keine Gebühren an und er muss sich um nichts kümmern.

Electronic cash. „Electronic cash" mithilfe der ec-Karte setzt sich immer mehr durch. Beim Einkauf schiebt der Kunde seine ec-Karte in ein Lesegerät ein und bestätigt den angezeigten Betrag per Tastendruck. Sobald er seine PIN eingetippt hat, ist der Zahlungsverkehr für ihn abgeschlossen.

Erträge. Mit Ertrag ist der Wertzuwachs in einem Unternehmen gemeint. Das Konto UEFE (Umsatzerlöse für eigene Erzeugnisse bzw. Fertigerzeugnisse) ist ein Ertragskonto. Wie jedes andere Ertragskonto nimmt UEFE im Haben zu. Auf dem Konto UEFE wird stets der Nettowert der Ware gebucht.

Euro. Einheitliche Währung in der Europäischen Union (EU) ab dem Jahr 2002 als Bargeldumlauf. Umrechnungskurs gegenüber der DM: 1,95583; Abkürzung: EUR, Zeichen: €.

F

Forderungen (FO). Damit ist das Geld gemeint, welches uns die Kunden schulden. Dies geschieht, wenn dem Kunden ein Zahlungsziel eingeräumt wird. Das Konto Forderungen ist ein Aktivkonto. Jede Mehrung wird im Soll, jede Minderung im Haben gebucht.

Fremdbauteile. Ein Produktionsunternehmen kauft bestimmte Teile von einem Zulieferer fertig ein und fügt sie dem eigenen Produkt zu, z. B. Schnürsenkel und Stollen für Sportschuhe, Rollen und Scharniere für Möbelstücke. Fremdbauteile als so genannte Vorprodukte werden wie Rohstoffe behandelt. Die Aufwendungen für Fertigbauteile werden im Konto AWF, die Bezugskosten für

Fertigbauteile im Konto BZKF jeweils im Soll gebucht.

G

Geld. Es wird in Münzen und Scheinen ausgegeben und erfüllt folgende Hauptaufgaben:
a) Es wird als gesetzliches Zahlungsmittel anerkannt.
b) Es dient als Tauschmittel und bildet den Wertmaßstab für Güter und Dienstleistungen.
c) Es wird als Recheneinheit eingesetzt und ist in kleinere Einheiten aufteilbar.
d) Es bleibt gültig und gilt als Wertaufbewahrungs- und Wertübertragungsmittel.
e) Geld verdirbt nicht und ist ziemlich fälschungssicher.

Geschäftsfall. Alle betrieblichen Vorgänge, die zu Veränderungen in der Bilanz führen, werden als Geschäftsfälle bezeichnet. Sie können sowohl durch Beziehungen mit der Außenwelt entstehen als auch innerbetriebliche Vorgänge sein. Sie beschränken sich auf notwendige Informationen und werden in Kurzform dargestellt. Unwichtiges Beiwerk entfällt.

Gewinn. Jeder Unternehmer will einen Gewinn erwirtschaften. Der Gewinn dient einerseits zur Entlohnung dafür, dass der Unternehmer seine Arbeitskraft eingebracht hat. Andererseits sollen das Geschäftsrisiko abgedeckt und künftige Investitionen ermöglicht werden. In der Buchführung werden Gewinn und Verlust über die Erfolgskonten ermittelt. Zu den Ertragskonten zählen Umsatzerlöse und Zinserträge, zu den Aufwendungen Werkstoffe, Löhne und Miete.

Girokonto. Der Zahlungsverkehr erfolgt zu 90 % bargeldlos. Darum braucht jeder, der Zahlungen leistet oder Geld verdient, ein Girokonto. Auch Jugendliche dürfen ein Girokonto eröffnen, aber ihr Konto weder überziehen noch Schecks ausstellen. Geld abheben und überweisen ist erlaubt, solange das Konto ein Guthaben aufweist. Die Kontenführung bei Jugendlichen ist bei den Banken und Sparkassen gebührenfrei.

Grundwert, vermehrter. Bei der Berechnung der Umsatzsteuer (UST) taucht das Problem des vermehrten Grundwertes auf. Beträgt der gegebene Wert mehr als 100 %, sprechen wir von vermehrtem Grundwert.

Grundwert, verminderter. Sind Rabatt bzw. Skonto bereits vom Preis abgezogen worden, so beträgt der gegebene Wert weniger als 100 %. Wir sprechen dann vom verminderten Grundwert.

H

Handelsgesetzbuch (HGB). Es ist dasjenige Gesetzbuch, das für jeden Kaufmann die wesentliche rechtliche Grundlage bildet.

Haushaltseinkommen. Das Einkommen einer Familie setzt sich aus mehreren Einzelposten zusammen. Den größten Posten bildet gewöhnlich der Arbeitsverdienst. Das Bruttoeinkommen ist immer höher als das Nettoeinkommen, weil hier noch nicht die Steuern und Sozialabgaben abgezogen worden sind.

Haushaltsplan. Im Haushaltsplan werden alle Einnahmen und Ausgaben erfasst. Wichtig sind: Alle Eintragungen regelmäßig, ehrlich und übersichtlich vornehmen, wöchentlich oder monatlich genau abrechnen und die Belege sorgfältig aufbewahren.

Hilfsstoffe. Damit sind die Nebenbestandteile eines Produktes gemeint, z. B. Leim, Ösen, Farbe usw. Die Aufwendungen für Hilfsstoffe werden im Konto AWH, die Bezugskosten für Hilfsstoffe im Konto BZKH bei Mehrung im Soll gebucht.

I

Internetbanking. Auf diese Weise lassen sich Bankgeschäfte unabhängig von den Öffnungszeiten zu jeder Zeit und von beinahe jedem Ort aus erledigen. Jeder Buchungsvorgang ist sofort am Bildschirm sichtbar. Vor allem Wertpapiergeschäfte lassen sich über das Internet schnell und billig ausführen.

Inventar. Das Inventar ist ein Bestandsverzeichnis und dient als Grundlage für die jährlich aufzustellende Bilanz. Es umfasst in gegliederter Form die Bereiche Anlage- und Umlaufvermögen, Fremd- und Eigenkapital.

Inventur. Wir verstehen darunter die Erfassung aller Vermögensgegenstände und Schulden eines Unternehmens durch Zählen, Wiegen und Messen. Jeder Firmeninhaber muss bei der Gründung und am Anfang eines jeden Geschäftsjahres eine Inventur vornehmen und ein Inventar aufstellen.

J

Just-in-time-Prinzip. In kürzester Form ausgedrückt bedeutet dies: Lieferung zum richtigen Zeitpunkt, in der richtigen Menge, in der richtigen Reihenfolge, am richtigen Ort. Vorteile: Die Lagerkosten werden verringert. Lagerbestände veralten oder verderben nicht. Nachteile: Die Störanfälligkeit ist größer. Bei Lieferengpässen gerät der Herstellungsablauf ins Stocken. Es drohen Verluste.

K

Kapital. Kapital bezieht sich auf die Mittelherkunft. Woher stammen die Mittel in der Firma? Gehört das Kapital uns selbst (Eigenkapital) oder haben wir Schulden (Fremdkapital)?

Kontenplan. Es handelt sich um eine übersichtliche Tabelle aller verwendeten Konten nebst Abkürzungen. Für die 7. Jahrgangsstufe wird eine vereinfachte Form des Kontenplans auf der letzten Buchseite angeboten.

Kreditkarte. Vor allem bei Leuten, die oft ins Ausland verreisen, sind Kreditkarten sehr beliebt. Damit lassen sich ohne große Formalitäten fällige Rechnungen bezahlen. Einmal monatlich erhält der Kunde eine Aufstellung seiner Umsätze. Die Schuldsumme wird dann von seinem Girokonto abgebucht.

L

Liquidität (Flüssigkeit). Die Liquidität besagt, wie schnell sich Vermögensgegenstände in Geld umwandeln lassen. Bargeld ist flüssiger als Vorräte oder Bankguthaben.

Listeneinkaufspreis. Diesen Preis entnimmt der Händler aus einer Angebotsliste. Meist wird der Listeneinkaufspreis vom Hersteller der Ware vorgeschlagen.

P

Produktionsunternehmen. Damit sind Betriebe gemeint, die Güter erzeugen, wie z. B. Auto-, Textil-, Möbel-, Sportartikel- und Computerhersteller.

Prozentrechnung. Die Prozentrechnung ist unverzichtbar im Wirtschaftsleben. Das Prozentzeichen % kommt vom lateinischen „pro centum" und bedeutet „von Hundert". Damit ist also der 100ste Teil eines Ganzen gemeint.

R

Rabatt. Mengenrabatt, z. B. 5 % oder 10 %, wird beim Einkauf einer größeren Menge gewährt. Treuerabatt ist üblich bei langjährigen bzw. regelmäßigen Geschäftsbeziehungen. Sonderrabatt wird bei bestimmten Ereignissen angeboten, z. B. bei Geschäftsaufgabe, älteren Modellen usw. Das Rabattgesetz wird künftig aufgehoben. Die Vertragspartner, also Käufer und Verkäufer, können Nachlässe frei aushandeln. Dies wird sich vor allem bei hochwertigen Gebrauchsgütern durchsetzen.

Rohstoffe. Dies sind die Hauptbestandteile eines Produktes, z. B. Leder und Kunststoffe für Bälle, Holz für Möbel, Wolle für bestimmte Textilien. Aufwendungen für Rohstoffe werden im Konto AWR, Bezugskosten für Rohstoffe im Konto BZKR bei Mehrung im Soll gebucht.

S

Skonto. Dieser Nachlass wird gewährt, wenn Rechnungen innerhalb einer bestimmten Frist schnell bezahlt werden, meist binnen 8 bis 10 Tagen. Der übliche Nachlass beträgt 2–3 %.

Sparen. Sparen bedeutet Konsumverzicht in der Gegenwart für mehr Konsum bzw. Sicherheit in der Zukunft. Sparen heißt weniger auszugeben als man einnimmt. Gespart wird am besten am Monatsanfang. Es ist vernünftig, einen festen Prozentsatz vom Einkommen, z. B. Taschengeld oder Ausbildungsvergütung, zurückzulegen.

Standortwahl, Standortfaktoren. Für den Standort eines Unternehmens sind wichtig: Grundstückspreise, Anschluss an Verkehrsmittel, Versorgung mit Strom, Wasser, Gas und sonstigen wichtigen Rohstoffen, qualifizierte Arbeitskräfte, Umweltschutzauflagen und Kundennähe.

T

Tabellenkalkulation. Dabei handelt es sich um ein für Rechnungswesen unverzichtbares Softwareprogramm zur Erstellung von Tabellen und Grafiken sowie zur Durchführung von Berechnungen am PC.

Taschengeld. Knapp 7 % aller bundesdeutschen Kinder zwischen 6 und 17 Jahren erhalten gar kein Taschengeld. Im Übrigen hängt die Höhe vom Alter und den damit verbundenen Verpflichtungen ab. Wie viel und was muss davon finanziert werden?

T-Konto. Die Veränderungen der Bilanzposten werden auf T-Konten gebucht. Mehrungen in aktiven Bestandskonten erscheinen im Soll, Minderungen in aktiven Bestandskonten im Haben. Mehrungen in passiven Bestandskonten werden im Haben gebucht, Minderungen in passiven Bestandskonten im Soll.

U

Überweisung. Der Schuldner weist seine Bank an, die gewünschte Summe vom eigenen Konto abzubuchen und auf das Konto des Gläubigers gutzuschreiben. Das beauftragte Kreditinstitut erstellt eine Lastschrift für das Konto des Zahlungspflichtigen und eine Gutschrift für das Konto des Empfängers. Überweisungen können auch am Bankautomaten ausgefüllt und abgeschickt werden.

Umlaufvermögen. Damit sind die kurzfristig im Unternehmen verbleibenden Gegenstände gemeint, z. B. Vorräte, Werkstoffe, Kassenbestand, Bankguthaben. Das Umlaufvermögen wird nach der Liquidität (Flüssigkeit) geordnet.

Umsatzerlöse für Fertigerzeugnisse bzw. eigene Erzeugnisse = UEFE. Es handelt sich um ein Ertragskonto. Wie jedes andere Ertragskonto nimmt UEFE im Haben zu. Auf dem Konto UEFE wird stets der Nettowert der Ware gebucht.

Umsatzsteuer. Dies ist die Steuer, die der Staat bei jedem Kauf von Gütern oder Dienstleistungen erhebt. Nettobetrag bedeutet, dass die Umsatzsteuer noch nicht berücksichtigt wurde. Bruttobetrag heißt, dass die Umsatzsteuer schon enthalten ist. Der Umsatzsteuersatz beträgt bei den meisten Produkten 19 %, bei Lebensmitteln und Druckerzeugnissen nur 7 %.

Umweltschutz. Laut Gesetz sind in Unternehmen Lärm, Abgase, Staub, unnötige Abfälle und Abwasser zu vermeiden. Dafür bestehen z. B. folgende Vorschriften: schadstofffreie bzw. schadstoffarme Stoffe verwenden, Lärmschutzfenster einbauen, Staub- und Abgasfilter installieren, Abfall vermeiden bzw. sachgemäß entsorgen.

V

Verbindlichkeiten. Dieser Begriff trifft zu, wenn die gelieferte Ware nicht sofort bezahlt wird. Der Zahlungspflichtige schuldet dem Lieferer Geld. Das Konto Verbindlichkeiten (VE) ist ein Passivkonto. Jede Mehrung wird im Haben, jede Minderung im Soll gebucht.

Vermögen. Während sich Kapital auf die Mittelherkunft bezieht, ist mit Vermögen die Mittelverwendung gemeint. Was geschieht mit dem Geld? Wofür wird Geld ausgegeben oder gespart?

Verrechnungsscheck. Er ist besonders sicher, wenn die Empfängeranschrift vollständig ausgefüllt ist. Der Buchungsweg lässt sich exakt zurückverfolgen, da der Betrag nicht bar ausgezahlt, sondern auf das Konto des Empfängers gutgeschrieben wird. Mit dem Vermerk „Zur Verrechnung" lässt sich jeder Barscheck in einen Verrechnungsscheck umwandeln.

Vorsteuer. Die Umsatzsteuer, die einem Unternehmen beim Einkauf berechnet wird, heißt Vorsteuer (VORST). Die Vorsteuer wird vom Netto-Warenwert berechnet. Die gezahlte Vorsteuer stellt eine Forderung an das Finanzamt dar.

W

Werkstoffe. Sie werden beim Einkauf im Soll eines Aufwandskontos gebucht. Beim Kauf von Werkstoffen fällt immer Vorsteuer (VORST) an. Werkstoffe werden in vier Gruppen unterteilt:
a) Rohstoffe als Hauptbestandteil eines Produkts, z. B. Lederschäfte, Schuhsohlen,
b) Hilfsstoffe als Nebenbestandteil eines Produktes, z. B. Lacke, Farben, Ösen, Klebstoffe,
c) Betriebsstoffe, die beim Produktionsprozess unentbehrlich sind, aber nicht in das Produkt eingehen, z. B. Strom, Wasser, Schmierstoffe, Öl,
d) Fremdbauteile, die von anderen Herstellern (Zulieferern) bezogen und in das eigene Produkt eingebaut werden, wie Stollen für Sportschuhe, Rollen für Koffer.

Wirtschaftskreislauf. Es fließen fortlaufend Güter- und Geldströme. Die vier Wirtschaftseinheiten Staat, Unternehmen, Privathaushalte und Banken stehen ständig miteinander in Beziehung. Jede wichtige Entscheidung wirkt sich auf die übrigen Wirtschaftseinheiten aus. Eine Handlung beeinflusst die andere. Der Wirtschaftskreislauf funktioniert auf Dauer nur dann, wenn er ausgewogen ist.

Z

Zieleinkaufspreis. So wird der Preis nach Abzug von Rabatt genannt. Dabei gehen wir davon aus, dass auf Ziel eingekauft und bezahlt wird.

13.3 Sachwortverzeichnis

A

Abkürzungen: 227
Aktiva, Aktivseite: 124/125, 149/150, 152
Aktivkonten: 143–147, 152, 168
Amtsgericht: 106
Anfangsbestand: 151–154
Angebot: 195
Anlagevermögen: 116/117, 126, 127, 218
Aufwandskonten: 185/186
Aufwendungen: 185/186, 206
Aufwendungen, Betriebsstoffe: 66, 186
Aufwendungen, Fremdbauteile: 66, 186
Aufwendungen, Hilfsstoffe: 66, 186
Aufwendungen, Rohstoffe: 66, 186
Ausgaben, fixe: 20–22, 29, 32, 218
Ausgaben, variable: 20–22, 29, 32, 218
Ausgangsrechnung: 195/196, 214

B

Bank: 76–80, 89, 99–102, 143–146
Bareinkaufspreis: 178, 218
Bargeldloser Zahlungsverkehr: 88–102
Barscheck: 93, 218
Bedürfnis: 12
Behörde: 71, 218
Belege: 55–63, 135–137, 218
Belege, Abbildungen: 56, 61–63, 92, 142, 144,
    177, 180, 188, 191, 193, 196, 208, 210, 214
Bestandskonten: 151–153, 198
Betrieb: 64–70, 103–113
Betriebsstoffe: 67, 184, 186, 218
Bezugskosten: 178, 189–191, 218
Bilanz: 122–127, 143–146, 149–153, 218
Bilanzveränderungen: 218
Brutto: 57–60, 164/165, 177, 196
Buchführung: 114/115, 134/135, 218/219
Buchungslesen: 170/171
Buchungssatz, einfacher: 157–159, 219
Buchungssatz, zusammengesetzter: 162/163
Budgetplan: 31–33, 77, 219
Bundeshaushalt: 76/77

C

Computer: 38–46, 74, 107/108

D

Dauerauftrag: 96/97, 219
Dienstleistung: 71–73, 219
Dreisatz: 50–52, 57/58

E

ec-Karte: 88/89, 94/95, 219
Eigenbeleg: 137
Eigenkapital: 116–118
Einfacher Buchungssatz: 157–159, 219
Eingangsrechnung: 58, 174–178, 191, 193, 208,
    210
Einkaufskalkulation: 178
Einkommen: 13–18, 31/32
Einstandspreis: 178, 219
Einzelunternehmung: 64, 103–105, 219
Einzugsverfahren: 97/98, 219
Electronic cash: 88/89, 94/95
Erträge: 194–202, 206, 219
Euro: 8, 219

F

Familieneinkommen: 13–18, 31/32
Fehlerteufel: 14, 30, 85, 94, 130, 209, 211
Fertigerzeugnisse: 194–202
Finanzamt: 203
Finanzplanung: 24
Firmengründung: 64/65, 105–110, 115/116
Firmenlogo: 64, 105, 108
Firmenname: 64, 105/106
Fixe Ausgaben: 20–22, 29, 32, 218
Flüssigkeit (Liquidität): 126/127, 221
Forderungen: 112, 114, 126, 198, 202, 219
Frachtkosten: 178
Fremdbauteile: 67, 184, 186, 219

Fremdbeleg: 137
Fremdkapital: 116–118

G

Geld: 7/8, 81–86, 220
Geschäftsfall: 131/132, 142–147, 220
Geschäftsfähigkeit: 93
Gewinn: 206, 220
Girokonto: 88–90, 92/93, 220
Grundbegriffe/Grundwissen: 218–222
Grundgesetz: 104
Grundwert: 50–52, 58/59, 166
Grundwert, vermehrter: 58/59, 166, 220
Grundwert, verminderter: 180/181, 220
Grundwissen/Grundbegriffe: 218–223

H

Habenseite: 151–154
Handel: 71
Handeln, wirtschaftliches: 12, 64–73
Handelsgesetzbuch (HGB): 106, 112, 114/115,
    122, 220
Handelsregister: 105/106, 109
Haushalten: 20–22
Haushaltsbuch: 30–32
Haushaltseinkommen: 13–18, 220
Haushaltsplan: 23–26, 29, 33, 220
Hilfsstoffe: 66, 184, 186, 220

I

Internetbanking: 99–102, 220
Inventar: 110–118, 127, 221
Inventur: 110–118, 126, 221

J

Just in time: 185, 221

K

Kalkulation: 178

Kapital: 113/114, 117, 125, 221
Kindergeld: 14
Konsum: 18/19, 27/28, 78/79
Konten: 149–154
Kontenplan: 228
Kontoeröffnung: 86–90
Kreditkarte: 95/96, 221
Kundenrabatt: 174–176, 196

L

Lastschriftverfahren: 97/98
Lebensstandard: 79
Lexikon: 83, 106, 107, 108
Liquidität (Flüssigkeit): 126/127, 221
Listeneinkaufspreis: 177/178, 221
Listenverkaufspreis: 196

M

Mengenrabatt: 175, 177/178, 196, 221

N

Nebenverdienst: 37
Netto: 57–60, 164/165, 177, 196

P

Passiva, Passivseite: 124/125, 149/150, 152
Passivkonten: 144–147, 152, 168
PC: 38–46
PIN: 88/89, 94/95, 100/101
Produktion: 71
Produktionsunternehmen: 221
Prozentrechnung: 49–54, 58/59, 221
Prozentsatz: 51/52
Prozentwert: 50–52

R

Rabatt: 173–175, 177/178, 196, 221
Rätsel: 15, 85/86
Rechenblatt: 42–44

Rechnung: 58, 174–178, 191, 193, 196, 208, 210
Rechnungsüberprüfung: 180/181
Rechtsform: 105–107, 110
Rohstoffe: 66, 184, 186, 221

S

Schätzen: 52
Scheck: 92–94
Scheckkarte: 93–95
Schulden: 21/22, 28, 112/113, 116/117, 144–146
Skonto: 175/176, 177/178, 222
Sollseite: 151–154
Sonderrabatt: 175
Sozialleistungen: 77/78
Spalten (Tabellenkalkulation): 41
Sparen: 18–20, 27/28, 36, 49, 222
Sparziele: 25, 36
Staat: 76–80
Standort: 64/65, 222
Steuern: 78/79

T

TAN: 101
Tabellenkalkulation: 39/40, 41–46, 222
Taschengeld: 33–37, 87, 222
Taschengeldplan(er): 30, 36
Telefonrechnung: 55–57
T-Kontenform: 151–154, 222
Treuerabatt: 175

U

Überschuldung: 21/22
Überweisung: 91–93, 222
Umlaufvermögen: 116/117, 126/127, 222
Umsatz: 194
Umsatzerlöse (UEFE): 194–200, 222
Umsatzsteuer (UST): 55–58, 164 –169, 196, 200–203, 222
Umsatzsteuergesetz (UStG): 201
Umweltschutz: 69/70, 222
Unternehmen, Aufbau: 64–67, 103–113
Urheberrecht: 105

V

Variable Ausgaben: 20–22, 29, 32, 218
Verbindlichkeiten (VE): 112, 113, 126, 146, 222
Vermehrter Grundwert: 58/59, 166,220
Verminderter Grundwert: 180/181, 220
Vermögen: 111–117, 125–127, 222
Verrechnungsscheck: 92/93, 223
Versicherungen: 32, 110
Volljährigkeit: 93
Vorsteuer (VORST): 164–168, 185, 202, 223

W

Werkstoffe: 184–186, 189, 223
Wirtschaft: 12
Wirtschaftliches Handeln: 12, 64–73
Wirtschaftskreislauf: 74–80, 223
Wirtschaftspauk: 215–217
Wirtschaftszweige: 71–73
Wunschliste/Wunschdose: 36/37

Z

Zahllast: 201, 203
Zahlungsverkehr: 86–102
Zahlungsverkehr, bargeldlos: 88–102
Zahlungsziel: 177, 196
Zelle (Tabellenkalkulation): 41–46
Zieleinkaufspreis: 178, 223
Zusammengesetzter Buchungssatz: 162/163

13.4 Wichtige Abkürzungen

A

AG	Aktiengesellschaft
AWB	Aufwendungen für Betriebsstoffe
AWF	Aufwendungen für Fremdbauteile (Vorprodukte)
AWH	Aufwendungen für Hilfsstoffe AWR
AWMP	Aufwendungen für Mieten und Pachten
AWR	Aufwendungen für Rohstoffe

B

BA	Büroausstattung
BK	Bankguthaben
BGB	Bürgerliches Gesetzbuch
BGR	Bebaute Grundstücke
BM	Büromaschinen
BMT	Büromaterial
BVG	Betriebs- und Verwaltungsgebäude
BZKB	Bezugskosten für Betriebsstoffe
BZKF	Bezugskosten für Fremdbauteile (Vorprodukte)
BZKH	Bezugskosten für Hilfsstoffe
BZKR	Bezugskosten für Rohstoffe

E

EK	Eigenkapital
EMP	Erlöse aus Mieten und Pachten
EU	Europäische Union

F

FO	Forderungen aus Lieferungen und Leistungen
FP	Fuhrpark

G

G	Gehälter
GG	Grundgesetz
GmbH	Gesellschaft mit beschränkter Haftung

H

HGB	Handelsgesetzbuch
HR	Handelsregister
HWK	Handwerkskammer

I

IHK	Industrie- und Handelskammer

K

KA	Kasse
KBKV	kurzfristige Bankverbindlichkeiten (bis zu einem Jahr)
KG	Kommanditgesellschaft

L

L	Löhne
LBKV	langfristige Bankverbindlichkeiten (über ein Jahr)
LEP	Listeneinkaufspreis
LVP	Listenverkaufspreis

M

MA	Maschinen und Anlagen

O

OHG	Offene Handelsgesellschaft

T

TAN	Transaktionsnummer

U

UEFE	Umsatzerlöse für eigene Erzeugnisse (Fertigerzeugnisse)
UGR	Unbebaute Grundstücke
UST	Umsatzsteuer
UStG	Umsatzsteuergesetz

V

VE	Verbindlichkeiten aus Lieferungen und Leistungen
VORST	Vorsteuer

Z

ZE	Zinserträge
ZV	zur Verrechnung

13.5 Kontenplan und Abkürzungsverzeichnis nach dem IKR (Industriekontenrahmen – vereinfachte Form für die 7. Klasse)

AKTIVKONTEN

Sachanlagen:

Unbebaute Grundstücke	UGR
Bebaute Grundstücke	BGR
Betriebs- u. Verwaltungsgebäude	BVG
Maschinen und Anlagen	MA
Fuhrpark	FP
Büromaschinen	BM
Büroausstattung	BA

Forderungen und sonstige Vermögensteile:

Forderungen aus Lieferungen u. Leistungen	FO
Vorsteuer	VORST
Bankguthaben	BK
Kassenbestand	KA

PASSIVKONTEN

Eigenkapital	EK

Verbindlichkeiten:

kurzfristige Bankverbindlichkeiten (bis zu einem Jahr)	KBKV
langfristige Bankverbindlichkeiten	LBKV
Verbindlichkeiten aus Lieferungen und Leistungen	VE
Umsatzsteuer	UST

AUFWENDUNGEN

Materialaufwand:

Aufwendungen für Rohstoffe	AWR
Bezugskosten für Rohstoffe	BZKR
Aufwendungen für Fremdbauteile (Vorprodukte)	AWF
Bezugskosten für Fremdbauteile (Vorprodukte)	BZKF
Aufwendungen für Hilfsstoffe	AWH
Bezugskosten für Hilfsstoffe	BZKH
Aufwendungen für Betriebsstoffe	AWB
Bezugskosten für Betriebsstoffe	BZKB

Personalaufwand:

Löhne	L
Gehälter	G

Sonstige betriebliche Aufwendungen:

Mieten und Pachten	AWMP
Büromaterial	BMT

ERTRÄGE

Umsatzerlöse:

für eigene Erzeugnisse (Fertigerzeugnisse)	UEFE

Sonstige betriebliche Erträge:

Erlöse aus Vermietung und Verpachtung	EMP
Zinserträge	ZE